# 本书编委会

顾　问：孟　建　蓝蔚青　屠启宇　胡海定　周　膺　沈金华　张京祥

主　编：张卫良　黄宝连　林　航

成　员（按姓氏笔画排序）：

乔桂强　许振晓　孙　超　李俊洁　张卫良　张　燕　陈　良
陈　珏　林　航　胡凯云　胡悦晗　施华辉　柴文韬　钱　锋
徐海松　黄宝连　韩千烨　傅培恩　魏燕萍

# 杭州城市国际化
# 发展报告 （2022）

ANNUAL REPORT OF HANGZHOU
INTERNATIONALIZATION (2022)

杭州师范大学杭州城市国际化研究院 编著

人民出版社

责任编辑：杨美艳

**图书在版编目(CIP)数据**

杭州城市国际化发展报告.2022/杭州师范大学杭州城市国际化研究院
　编著. —北京：人民出版社,2023.5
ISBN 978－7－01－025607－8

Ⅰ.①杭…　Ⅱ.①杭…　Ⅲ.①城市-国际化-研究报告-杭州-2022
　Ⅳ.①F299.275.51

中国国家版本馆 CIP 数据核字(2023)第 066613 号

**杭州城市国际化发展报告(2022)**

HANGZHOU CHENGSHI GUOJIHUA FAZHAN BAOGAO(2022)

杭州师范大学杭州城市国际化研究院　编著

**人民出版社** 出版发行
(100706　北京市东城区隆福寺街99号)

北京九州迅驰传媒文化有限公司印刷　新华书店经销

2023 年 5 月第 1 版　2023 年 5 月北京第 1 次印刷
开本：710 毫米×1000 毫米 1/16　印张：20.25
字数：300 千字

ISBN 978－7－01－025607－8　定价：98.00 元

邮购地址 100706　北京市东城区隆福寺街 99 号
人民东方图书销售中心　电话 (010)65250042　65289539

# 前　言

　　2022 年亚运会对于杭州这座城市来说是一个历史大事件,这是继北京、广州之后,中国第三个举办亚运会的城市。杭州立足"中国新时代、杭州新亚运"的定位,充分把握举办亚运会的契机,高度重视亚运会筹办工作,坚持"四个杭州""四个一流"的要求,力争把 2022 年杭州亚运会办成一场"中国特色、浙江风采、杭州韵味、精彩纷呈"的体育文化盛会。虽然新冠疫情带来了很多的困难,但各级政府坚强领导,攻坚克难,创新体制机制,坚持疫情防控与筹办工作"两手抓",做实做细各项筹备工作,正如时任省委书记袁家军指出的,"确保将 2022 年杭州亚运会、亚残运会打造成为我省建设'重要窗口'和高质量发展建设共同富裕示范区的标志性工程,向习近平总书记和党中央,向历史、向全国人民交出一份完美的答卷。"

　　G20 杭州峰会使杭州迈向了世界舞台,城市国际化上了一个新台阶。2022 年亚运会也必将把杭州带入一个新高度,开启一个历史新篇章。自 2015 年杭州成功申办 2022 年第 19 届亚运会、第 4 届亚残运会以来,杭州城市架构、人口规模和经济总量持续扩大,人口超过 1200 万,经济总量突破 1.5 万亿元,在全国城市中居于前列。"办好一个会,提升一座城",筹办亚运会加快了杭州的城市蝶变:一方面,城市公共基础设施水平大大提升。杭州萧山国际机场、城市轨道交通、高铁新站与路网、城市快速路、体育场馆以及其他公共服务设施迭代升级,城市面貌焕然一新。"大莲花""小莲花""玉琮""油纸伞""小白碗"等充满江南地域特色的现代大型比赛场馆及其设施纷纷建成,并将闪亮登场,震惊世界。与此相关,亚运会

1

也为杭州带来了巨大的经济能量。据浙江省统计局的 GDP 模型测算,亚运会投资对杭州市 GDP 的拉动量约为 4141 亿元,占同期 GDP 的 7.6%;对财政收入的拉动量约为 1033 亿元,占同期财政收入的 8.2%;对就业人数的拉动量约为 67 万人,占同期就业人数的 2.4%。另一方面,亚运会既是一场体育盛会,也是一场亚洲文明的交流盛会。第 19 届亚运会、第 4 届亚残运会是亚洲国家和地区的大聚会,将有来自 45 个国家和地区的上万名代表参与,筹办亚运会将加快提升杭州服务大型赛事和呈现亚洲文明交流的能力与水平,同时,杭州亚运会、亚残运会将成为向世界展示杭州、展示浙江和展示中国社会主义现代化建设的"重要窗口",在亚运会大舞台上,我们需要讲好杭州故事、讲好浙江故事、讲好中国故事,促进亚洲文明交流互鉴,弘扬奥林匹克精神,推进人类命运共同体建设,为后人留下宝贵的亚运遗产。

《杭州城市国际化发展报告(2022)》是已经出版的前两个年度报告的延续,自 2020 年开始,课题组就着手这一报告,经过多次讨论,确定以杭州亚运会筹办为主题,围绕城市国际化主线,全面讨论与杭州亚运会相关的问题,展现杭州城市国际化的丰富内涵。本《报告》分成两大部分,第一部分是总报告,对 2020 年度杭州城市国际化进行全面的回顾、分析与展望,其中,一是阐述杭州城市国际化的年度发展状况,二是分析杭州城市国际化发展面临的新形势与挑战,三是进一步加快杭州城市国际化的对策建议。第二部分是有关杭州亚运会主题的分报告,共分四编,第一编是"亚运时代":赛会组织筹备报告,第二编是"亚运财富":"赛会+"产业发展报告,第三编是"亚运之光":城市文明行动报告,第四编是"亚运遗产":赛事之都建设报告,集中展示杭州亚运会的规划、筹备、动员与推进的过程,并就相关问题进行了讨论。

本报告的编撰历时近两年,课题组围绕有关"亚运城市"建设,实地考察了城市建设现场,调研了第 19 届亚运会和第 4 届亚残运会组委会(杭州亚组委)、杭州市相关部门以及其他单位,经过反复讨论、协调与修改,不断完善书稿。虽然我们的主观愿望是尽可能写出一个好报告,但在实际推进过程中,我们发现其中的艰难,因为我们的城市建设日新月异,经常是思想跟不上行动,所以要写出完美而精准的报告不仅需要付出长期的努力,追踪城市的发展趋势,而且需要不断地学习精进,才能不负使命。在书稿交出版社以后,亚奥理事会执委会于 2022 年 5 月 6 日宣布杭州 2022 年第 19 届亚运会延期举办,赛事名称和标识保持不变。这样的变化虽然给《报告》的一些表述带来了问题,但基本内容未受太大的影响,我们据此进行了文稿完善。在此,真诚地感谢亚组委、杭州市相关部门领导、专家学者和出版社的鼎力支持,也深深地感谢课题组全体成员,大家不忘初心,同心协力,完成了预定的目标。当然,本报告一定存在这样或那样的不足,期望相关领导、专家学者和各位同仁的批评指教。

《杭州城市国际化发展报告(2022)》课题组

# 目　　录

### 第三编 "亚运之光"：城市文明行动报告

### 第四编 "亚运遗产"：赛事之都建设报告

# 第Ⅰ部分

## 总 报 告

# "亚运盛会":杭州城市国际化新里程碑

在建党一百周年特别是 2022 年亚运会即将来临之际,全面梳理杭州城市国际化发展成就,分析国际变化新形势,思考未来国际化新趋势,采取国际化新对策,无疑具有重大的价值和意义。今天的杭州已经不再是昨日的杭州,现如今杭州是长三角城市群中市域面积最大的城市,也是一个迅速迈向现代化的国际大都市。对于杭州来说,2022 年亚运会既是全面展示城市国际化成就的大考,也是杭州全面提升城市国际化水平的又一重大契机。"办好一个会,提升一座城",加快国际门户枢纽建设,加快城市公共基础设施建设,加快"数智杭州·宜居天堂"建设,开启杭州城市国际化的新征程,以高水平建设社会主义现代化国际大都市,争当浙江"重要窗口"和高质量发展与共同富裕示范区的城市范例,为亚洲奥林匹克运动做出应有的贡献。

## 一、杭州城市国际化发展状况

G20 峰会曾经是杭州城市国际化的高光时刻,提升了杭州的国内外知名度,增强了杭州的城市国际化自信。2016 年中共杭州市委出台的《关于全面提升城市国际化水平的若干意见》对杭州城市国际化制定了明确的计划,提出了三个阶段的发展目标。第一阶段,到 2020 年,杭州成为具有较高全球知名度的国际城市。在这一阶段中,杭州国内外声誉鹊起,赢得了各种赞、各种夸,基本完成了这一阶段的城市国际化目标,杭州城市综合能级、核心竞争力和国际美誉度有了大幅提升。在 2021 年美国尼尔科管理咨询公司发布的《全球城市报告》综合排名中,杭州升至全球第 80 位,比 2020 年上升了 2 位,在内地城市中居于第 5 位,国际知名度获得了提升。在"十三五"收官之年和"十四五"开局之年,虽然面对严峻的国际形势和新冠疫情冲击,杭州依然坚持城市国际化战略,努力推进城市国际化举措,连续 9 年成为"外籍人才眼中最具吸引力的中国城市",人才净流入率继续位居全国第一。在 2021 年发布的中国最具幸福感城市调查推选结果中,杭州是全国唯一连续 15 年蝉联"最具幸福感城市"称号的城市,被授予全国唯一"幸福示范标杆城市"。

**(一) 数字经济彰显"创新创业之城"**

1. 抗击疫情,确保经济稳定增长。2020 年初,新冠疫情突发,防控形势严峻,正常的经济秩序受到阻碍,对外贸易也遇到极大的困难。与全国的大多数城市一样,杭州一方面全力开展疫情防控阻击战,另一方面,统筹推进疫情防控和经济社会发展两手抓,有序做好复工复产复市复学。出台"1+12"惠企政策,深入开展"助万企、帮万户"活动,全国首创政商"亲清在线"数字平台,推出"读地云",发布产业用地全球招商计划,鼓励在线办公、在线教育等发展,加快恢复城市生产生活秩序。经过持续不懈的努力,2020 年杭州经济成绩已然亮眼,实现地区生产总值 16106 亿元,比上年(15419 亿元)增长 4.8%。全市规模以上工业企业利润总额 1239 亿元,增长 11.8%。工业增加值 4221 亿元,增长 2.6%,其中规模以上工业增加值 3634 亿元,增长 3.8%;而规模以上高新技术产业实现的增加值更高,达到 2448 亿元,增长 8.6%。相比之下,17 个传统制造业增加值下降 3.1%,八大高耗能行业增加值占比 20.4%,占比下降 3.2 个百分点。在新形势下,规模以上工业销售产值 14309 亿元,下降 0.6%,其中,出口交货值 1874 亿元,下降 2.5%,总体下降比例并不大。①

对外贸易进出口受到国际经贸摩擦和新冠疫情双重影响,但杭州依

---

① 本部分统计数据见《2020 年杭州市国民经济和社会发展统计公报》,《杭州日报》2021 年 3 月 18 日。

然实现了逆势增长。2020 年,杭州全年货物进出口总额 5934 亿元,增长 5.9%。实际上,我们在图 1 中可以看到,自 2015 年开始,杭州货物进出口总额呈现不断增长的趋势,从 2015 年的 4132 亿元增加到 2020 年的 5934 亿元,虽然增速有较大的变化,前三年(2015—2017 年)增速很快,而后三年(2018—2020 年)增速较慢,但增长的总趋势没有变化(参见图1)。在 2020 年的货物进出口总额中,出口达到 3693 亿元,增长 2.1%;进口 2241 亿元,增长 12.9%。高新技术产品出口 649 亿元,增长 14.1%;机电产品出口 1659 亿元,增长 4.1%。对"一带一路"沿线国家出口 1170 亿元,占出口总额的 31.7%;对美国、欧盟 28 国出口分别增长 5.7% 和 8.5%;对日本、韩国出口分别下降 4.9% 和 1.8%。服务贸易出口 138.4 亿美元,增长 10.8%。从进出口对象数据看,杭州参与"一带一路"建设成果明显,全市对"一带一路"沿线国家的进出口增长最快,2020 年达到 1809.60 亿元,年均增长 11.5%。

**图 1 2015—2020 年杭州货物进出口总额及增速**

2020 年境内外投资十分活跃,有力地推动了经济的发展。2020 年末,全市设立各类境外投资企业(机构)2445 个,增长 9.3%。数据显示,万向、吉利、红狮等一批大型跨国公司延伸了全球产业链范围。在境外服务方面,2020 年对外承包工程和劳务合作营业额 18.6 亿美元,下降 31.9%;离岸服务外包合同执行额 77.7 亿美元,增长 8.1%。在利用外资方面,杭州位居全省第一。2020 年全年新引进外商投资项目 804 个,其中总投资 3000 万美元以上项目 98 个。实际利用外资 72.0 亿美元,增长17.5%,其中第二产业实际利用外资 23.3 亿美元,增长 218.8%,第三产业实际利用外资 48.7 亿美元,下降 9.7%。至年末,126 家世界 500 强企业业来杭投资 222 个项目。

2. 数字经济,凸显"数字经济第一城"。数字经济作为杭州一大特色,为"十三五"时期杭州经济发展注入鲜活动能,杭州数字经济核心产业增加值年均增长 14.5%,杭州经济总量也从 1.05 万亿元增加到 1.61万亿元。2020 年数字经济总表现更加突出,其中数字经济核心产业增加值 4290 亿元,比上年增长 13.3%,高于 GDP 增速 9.4 个百分点,占 GDP的 26.6%,数字经济核心产业增加值占全省比重 61.1%。杭州作为全国电商之都,出台直播电商扶持政策,新培育集聚头部直播电商平台 20 家,头部多频道网络服务(MCN)机构 40 家,60% 以上的 MCN 机构都聚集杭州。在数字经济的带动下,杭州全市第三产业实现增加值 10959 亿元,对GDP 增长贡献率达到了 79.4%,较 2019 年提高了 6.5 个百分点。杭州充分发挥电子商务资源优势,搭建全球首个公共服务平台电子世界贸易平台(eWTP),在全国率先探索"保税进口+零售加工"新模式。2020 年,杭州全年跨境电商进出口总额 1084.2 亿元,增长 13.9%。其中出口756.8 亿元、进口 327.4 亿元,分别增长 14.9% 和 11.6%。这样的经济成绩单展示了杭州的经济特色、可持续发展水平与对外影响力。

2020 年,杭州加快推进数字产业化,全力服务"互联网+"、生命健康和新材料三大科创高地建设。集成电路产业取得突破,阿里巴巴平头哥发布 AI 芯片,中欣晶圆大尺寸半导体硅片项目投产。海康威视获批国家视频感知新一代人工智能开放创新平台。数字"新基建"建设成绩斐然,首个国家(杭州)新型互联网交换中心启用,联合国大数据全球平台中国区域中心落户。5G 商用和产业化进度加快,建成基站数居国内城市首位。加快建设国家新一代人工智能创新发展试验区,人工智能产业营收达 1557.6 亿。以新产业、新业态、新模式为主要特征的"三新"经济增加值占 GDP 的 35.5%。电子信息产品制造、软件与信息服务、数字内容和机器人产业分别增长 14.7%、12.9%、12.7%和 12.3%。

加快产业数字化升级行动。大力推进数字化改造"百千万"工程,规模以上工业企业数字化改造覆盖率达 97.4%。在规模以上工业中,高新技术产业、战略性新兴产业、装备制造业增加值分别增长 8.6%、8.1%和 11.8%,占规模以上工业的 67.4%、38.9%和 50.6%。组织开展制造业数字化改造行动,实施智能制造攻关项目 139 个、推广项目 1093 个,新增上云企业超过 1.5 万家,23 家企业被认定为全省数字化车间或智能工厂。城市数字化扩面提质。深入推进城市大脑建设,加快从治堵向治城拓展,148 个数字驾驶舱和 48 个应用场景同步推进。便捷泊车、舒心就医、欢快旅游应用上线,基本实现"先离场后付费""先看病后付费""20 秒景点入园"。

3.创新创业,加快创新活力之城建设。杭州创新创业活跃,政府高度重视,2015 年发布了《杭州"创新创业新天堂"行动实施方案》,最近两年先后出台了《关于全面提升杭州市领军型创新创业团队引进培育计划的实施意见》(2019 年)、《关于推动创新创业高质量发展打造全国"双创"示范城的实施意见》(2019 年)和《杭向未来·大学生创业创新三年行动计划》(2020 年)等一系列政策,优化杭州的创新创业体系。2019 年,杭州成功举办了第五届中国"互联网+"大学生创新创业大赛,新增大学生创业企业 2390 家。2020 年,举办"创客天下·杭向未来 2020 杭州海外高层次人才创新创业大赛",有效集聚国内外创新创业资源,使杭州成为具有全球影响力的"互联网+"创新创业中心,成为年轻人向往的"创业者的天堂"。2019 年,杭州以 55.4 万的人口增量首次位列全国第一,2020 年引进 35 岁以下大学生达 43.6 万人,人才净流入率、互联网人才净流入率持续保持全国城市第一。

杭州拥有高新技术产业开发区、未来科技城、阿里巴巴集团、钱塘新区、浙江大学、万向集团公司等 6 个国家"双创"示范基地,拥有国家级众创空间 68 家;拥有国家级企业孵化器 41 家,位居副省级城市首位。城西科创大走廊聚集了浙江大学、西湖大学、之江实验室、良渚实验室、阿里达摩院等创新载体;获批建设国家新一代人工智能创新发展试验区,阿里云

"城市大脑"和海康威视"视频感知"入选国家新一代人工智能开放创新平台,落户工信部智能网联汽车驾驶测试仿真实验室。

2020 年,杭州深入推进"鲲鹏计划""凤凰行动""雄鹰行动"和"雏鹰行动",新培育百亿级制造业企业 4 家、境内外上市公司 28 家、"单项冠军"企业 5 家、专精特新"小巨人"企业 19 家、"隐形冠军"企业 11 家;新增国家高新技术企业 2440 家。全市累计拥有市级以上企业技术中心 817 家,其中国家级 45 家;国家技术创新示范企业 11 家,省级技术创新示范企业 11 家。科技企业孵化器 209 家,其中国家级 41 家,省级 107 家。众创空间 181 家,其中国家级 68 家,省级 144 家。在胡润百富公司的《2021 全球独角兽榜》的 221 个城市中,杭州以 22 家的数量位列全球第 8,国内仅位于北京、上海和深圳之后。

杭州持续深化"三名工程",夯实创新基底。2020 年,杭州新成立或引进高校和科研院所 34 家;全市研发与试验发展经费支出与地区生产总值之比从 3% 提升到 3.5%,市场主体从 75.5 万户增加到 140.3 万户。2020 全年发明专利申请量和发明专利授权量分别为 55344 件和 17328 件,增长 27.7% 和 47.5%。2020 年,全市有效发明专利拥有量 7.3 万件,增长 25.2%,位居省会城市第一。阿里云的"神龙新一代软硬一体化虚拟技术架构"和浙江大学、之江实验室的"亿级神经元的神经拟态类脑计算机"获 2020 年 2 项世界互联网领先科技成果(总计 15 项)。

**(二) 会展业品牌助力国际会议目的地城市建设**

1. 会展形态丰富,世界排名持续上升。杭州是中国现代会展业的发祥地之一,1929 年西湖博览会开启中国现代博览会的先河,历时 137 天,吸引了 2000 余万人次参观。其后虽有中断,但会展事业薪火相传,会展业逐渐发展。据统计,杭州在 2010—2019 年共举办了 253 个符合国际大会与会议协会(ICCA)标准的国际会议,其中,G20 峰会是杭州的高光时刻,带给世界惊奇。这几年,杭州持续举办世界短池游泳锦标赛、全国双创活动周、杭州西湖博览会、中国国际动漫节、世界休闲博览会、杭州茶文化旅游博览会、中国(杭州)国际电子商务博览会、云栖大会等重大会议、活动、赛事，国际化展会越来越多，规模大、层次高、影响大。2020年5月，国际大会与会议协会（ICCA）发布了2019年度全球目的地城市国际会议数量排行榜，杭州以世界环境日全球主场活动、APEC工商领导人中国论坛、第22届ISO国际标准化组织纳米技术委员会全会、2019年亚洲和大洋洲帕金森病与运动障碍会议、第26届IEEE国际集成电路物理与故障分析研讨会等38个专业领域国际会议在全球5214个城市中排名位居第74，较上一年提升了23位；在亚太870个城市中排名位居第17，较上一年提升了4位；在中国大陆第3位，排名仅次于北京和上海，这是杭州第三次入围ICCA全球城市百强名单。

2. **基础设施提升，会展业场馆资源丰富。** 杭州拥有西湖、湖滨、钱江新城、西溪、武林—黄龙、运河、滨江、萧山、千岛湖等9个会议酒店集群，拥有杭州国际博览中心、杭州和平国际会展中心、白马湖国际会展中心、浙江世界贸易国际展览中心、杭州市国际会展中心、浙江国际会议会展中心等6个大型专业会展中心，云栖小镇、梦想小镇、大创小镇、玉皇山南基金小镇、艺创小镇、运河财富小镇、医药港小镇、龙坞茶镇、萧山机器人小镇、临安微纳智造小镇等10个具有会议设施的特色小镇、40余个1000平方米以上的会场，既能满足大型学术会议集中召开，也能满足多个小型会议同时分场地举行的需求。2019年8月，杭州钱江世纪会展产业园成立，作为杭州国际会展之都的主承载平台，以"重点类会展集聚区"+"培育类双创集聚区"为目标，打造兼具商贸、旅游、演艺、赛事等功能的"中国一流的会展产业园"。2020年年底，位于萧山南阳街道的杭州大会展中心项目一期工程开工建设，将极大地提升杭州市大型会展项目的承载能力。杭州国际会展之都建设进入了新阶段。2022年第19届亚运会将是杭州历史上举行的首次重大赛会，高品质建成"亚运三馆三村"等重大工程，能够极大地提升杭州城市品牌号召力，并吸引一大批国内外核心会展资源。

3. **出台激励政策，打造会展业特色品牌。** 最近几年，杭州出台一系列政策措施，推动会展业的发展。2018年，杭州发布《杭州市加快推进会展业发展三年行动计划（2018—2020年）》，着力三个方面的工作，一是推进会展设施规划和建设,二是提升会展业的国际化水平,三是提升会展业的市场化水平。2019年,出台《杭州市会展业发展扶持资金管理使用办法》,对于七类展会进行资金扶持,最高金额可达110万元,促进杭州会展之都、赛事之城和国际会议目的地城市建设。2020年虽然受疫情影响,但杭州西湖国际博览会、中国国际动漫节、杭州文化创意博览会等品牌展会仍以不同方式开展,2020年5月,中国丝绸博物馆举办了"2020丝绸之路周",与中国百余家文博机构以主题展览、学术活动和线上直播的形式,开展丝绸文化的交流,产生了积极的社会影响。

杭州西湖国际博览会　自2000年以来,杭州恢复举办西湖国际博览会,坚持每年举办一届,现已经举办了23届,它是杭州的"金名片"。每届西博会紧扣时代发展主题,吸引来自世界各地友好城市、国内主要城市及企业参展,数万名专业观众和大量市民参加,成交额逐年增加。2019年第二十一届杭州西湖国际博览会举办体制转型,以第四届世界休闲博览会、首届中国(杭州)国际智能产品博览会、第六届中国(杭州)国际电子商务博览会为主要内容,突出"国际化、市场化、专业化、高端化、品牌化"目标,共吸引了来自50个国家和地区的500多位海外嘉宾参加,100余家国际企业、1000余家国内企业参展,吸引12.5万人次的观众参展参会,意向成交额达2.5亿元,其中网络直播销售6000余万元。2020年,因疫情未有正常开展,2021年10月,第二十三届中国杭州西湖国际博览会暨第五届世界休闲博览会如期开展,以"数智生活·休闲天堂"为主题,分两个阶段举办"丝鹿东方·2021中国国际丝绸博览会""电商中国·第八届中国(杭州)国际电子商务博览会""第二十二届中国(杭州)美食节/知味中国·第三届中国(杭州)国际美食博览会"三大项目和亚洲设计管理论坛暨生活创新展(ADM)、"行野行也"出行方式展、首届中国休闲垂钓博览会及2021中国(杭州)国际智能产品博览会,形式多样,内容丰富,吸引了大量的参观者。

中国国际动漫节　中国国际动漫节是唯一国家级的动漫专业节展,也是规模最大、人气最旺、影响最广的动漫专业盛会。据官方统计,截至2019年第十五届中国国际动漫节,共吸引来自五大洲、80多个国家和地区参与，参展企业和机构累计 14400 余家，参与人数累计 1764.14 万人次，交易额累计约 1651.4 亿元。2020 年第十六届中国国际动漫节因疫情影响延迟至 9 月举行，但依然吸引了国内外 200 余家企业参展，共有约 1086 万人次通过线上线下方式参与互动，其中线下吸引 73.92 万人次参加，充分彰显了动漫节的平台价值。2021 年 10 月，第十七届中国国际动漫节举行，此次活动充分运用了数字化、智慧化、精细化疫情防控手段，确保参展参会人员和广大观众健康安全，吸引了 56 个国家和地区、335 家中外企业机构、4031 名展商客商和专业人士通过"云上国漫"平台线上线下参与各项活动，参与动漫节互动人数超过 1300 万人次，现场签约金额 4.8 亿元人民币。中国国际动漫节不仅推动了杭州"动漫之都"的建设，而且也进一步推进了具有国际影响力的"会展之都"的建设。

杭州文化创意产业博览会　杭州文博会是中国四大重点综合性文化会展活动之一。杭州文化产业基础厚实，企业众多。2020 年全市文化产业增加值实现 2285 亿元，同比增长 8.2%，占 GDP 比重为 14.2%；2019 年全市文化产业增加值实现 2105 亿元，占全市 GDP 比重 13.7%，杭州文化产业总实力已跃居全国副省级城市第一位。2019 年 9 月，第十三届杭州文化创意产业博览会邀请了 53 个国家与地区的 400 余家境外文化机构、企业参展，还有上海、南京、苏州、成都等城市应邀参展或参与文博会相关活动。2020 年 10 月，第十四届杭州文化创意产业博览会以"创意杭州·联通世界——新文化·新消费·新生活"为主题，设有白马湖国际会展中心线下主会场和杭州创意设计中心、中国网络作家村、最葵园、浙江省展览馆、中国笔业国际博览中心五个线下分会场，以及抖音"创意精抖云"和"东家风物"两个线上分会场，展会期间还举办了 20 余场高峰论坛和专业指数发布等活动，产生了积极的社会效益和经济效益。2021 年 11 月，第十五届杭州文化创意产业博览会以"创意杭州·联通世界——文化引领美好生活"为主题，采取"线上文博会+线下论坛及指数发布活动"相结合的方式办展，参展企业达 3000 余家，集中展示国内外最新的文化产业发展成果和各类文化精品，突显中华传统优秀文化、红色文化和宋韵文化。

4. 开发数字化线上平台,增强会展业新内涵。2020 年上半年,新冠疫情使会展业活动几乎停滞,在疫情缓解以后,杭州在全国率先宣布重启会展活动。4 月,杭州推出国内首个"云上动漫游戏产业交易会",突出5G、人工智能、VR 等现代科技元素的应用,创新运用短视频、直播等方式,为海内外观众搭建了"云上交易""云上展售""云上互动"三大平台。6 月,举办杭州会展博览会,以会展促进消费并带动复工复产。9 月,杭州先后举办"数字杭州"会展合作大会,成为全国第一个发布会展地图和首个拥有会展代言人的城市;以"新挑战、新场景、新融合"为主题,举办2020 杭州文旅峰会新经济会议目的地产业交易会,推出包括云栖小镇、梦想小镇等十大新经济会议小镇,进一步打造国际会议目的地城市名片。同月,2020 杭州·云栖大会以"数智未来·全速重构"为主题,首次全程在线上举办,以"3+300"的内容场次设置,为全球科技人带来 3 场主论坛和展厅、100 场分论坛和专场、100 个城市站点线上线下联动和 100 种新品发布,参与者达千万人次。

### (三) 新冠疫情反复激发文旅融合新活力

1. 旅游产业遭遇滑铁卢。与全国的大多数城市相似,进入 2020 年以来,杭州旅游休闲产业受到疫情的不断冲击,不仅入境过夜旅客大幅度减少,旅客总人数也在下降,而且整个旅游产业深受影响,增值大幅度下降,行业景气指数严重下滑。2020 年杭州旅游总人数 17573.1 万人次,下降15.6%,其中接待入境过夜游客 14.3 万人次,下降 87.4%;旅游总收入3335.4 亿元,下降 16.7%;旅游休闲产业增加值 999 亿元,下降 16.3%。与 2019 年相比,这些数值是非常明显的。2019 年杭州旅游业达到了近些年的峰值,旅游总人数 20813.7 万人次,比上年增长 15.1%,其中接待入境过夜游客 113.3 万人次,增长 5.7%;旅游总收入 4005 亿元,增长18.3%;全年旅游休闲产业增加值 1191 亿元,增长 12.1%。当然,像 2020年这样的旅游产业下降幅度是历年来罕见的,疫情带来的冲击还将持续一段时间。

2. 创新手段提振文旅消费信心。2020 年年初,新冠疫情形势严峻时期,为抗击疫情停工、停产与停业,妥善处置好涉疫停团退费工作,实现问题和解率、办结率100%;出台"旅八条"助企纾困政策,兑现资金1278万元,暂退旅行社质保金18591万元。在疫情形势缓解的情况下,组织开展与疫情防控相适应的"家门口的健康游——欢乐游杭州"系列活动,推出10大主题、100项户外生态健康旅游特色产品线路和240余项文旅惠民举措,带动地方旅游产业的发展。为了鼓励"多游一小时"的目标,依托"城市大脑"系统,在全市195个景点、206家文化和旅游消费场所及515家酒店推出"10秒找空房""20秒景点入园""30秒酒店入住""一只手机游双溪"等数字应用场景,大力推广无接触服务和消费,在杭州重点景点的客源数据中,2020年杭州人游杭州的比例上升了14.6%。与上海、南京、苏州等九城市文旅部门共同联手,举行"长三角·杭州都市圈旅游合作采购大会",加强长三角城市文化旅游合作,促进文化旅游市场复苏、振兴,提振文旅消费信心。充分开发数字化手段,增强游客新体验,西湖、西溪、良渚古城遗址公园等景区积极开发电子地图,开展智能导游导览;上线"西湖一键智慧游",覆盖景区近60平方千米区域,将西湖打造成国内目前面积最大的"数字景区",为游客提供全方位、多角度的智慧旅游服务,极大增强了游客体验度,2020年杭州入选首批"全国文化和旅游消费示范城市"。

3.文旅融合激发旅游新业态。2020年,杭州加快文化旅游的深度融合,增加新项目、新线路和新内容。围绕西湖、大运河、良渚古城三大世界遗产,推动历史文化遗址、历史文化街区、历史文化建筑和历史文化村落串点成线。通过杭州奇妙夜、宋韵杭式生活节、苏东坡文化旅游节、中国大学生旅游节等一系列文旅节庆活动,打造具有杭州特色的文旅融合IP。策划推广文旅线路,围绕大运河、"三江两岸"、千岛湖等山水资源,策划浙东唐诗之路、钱塘江唐诗之路、京杭运河游,围绕西湖沿线历史遗迹和"最美浙江人"展示馆、五四宪法馆等人文景点,开发爱国文化、修身文化、廉政文化专线。围绕民俗展示和传统体验,推出蚕桑文化之旅、年味江南之旅、国画印学之旅。其中,首创的文旅夜经济IP"杭州奇妙夜",突出"杭州韵、中国风、国际范、时尚潮",打造融展示、演艺、体验、消费于一体的"新"夜间集市模式,产生了积极的影响。在全国首推阿里巴巴(中国)有限公司、杭州海康威视数字技术股份有限公司、云栖小镇＆杭州城市大脑有限公司、萧山信息港小镇、图灵小镇、阿里云工业互联网有限公司、大创小镇、浙江大华智联有限公司、浙江萧山机器人小镇、华数数字电视传媒集团有限公司等"杭州数字经济旅游十景",作为杭州文旅的新标杆,体现了"数字经济+旅游"的有机结合,使其成为经济和旅游双招牌的"复合金名片"。

开展激活文物推广工程　联合浙江省博物馆等 8 家重点博物馆(院)推出"杭州宝贝过大年"系列活动。依托中国共产党杭州历史馆、五四宪法馆等,新开发 10 条"红色走读路线"。整合胡庆余堂中药文化等十余项涵盖国家级、省级的非遗项目,打造文旅融合体验基地。打造书香杭州,建成杭州书房 68 家。融演艺于旅游,围绕"中国演艺之都"建设,大力发展现代演艺产业,打造了《宋城千古情》《最忆是杭州》等演艺精品,推出了西溪湿地的《今夕共西溪》、建德的《江清月近人》、淳安的《水之灵》等文旅演艺项目,引进了全球顶尖太阳马戏《X 绮幻之境》入驻杭州新天地太阳剧场,形成了"来杭州旅游,看杭州演艺"的良好口碑。融文创于旅游,发挥中国动漫节品牌效应,积极探索"动漫+旅游"模式,将动漫文创产品与文化旅游紧密结合,推动动漫产业与旅游产业融合。推动传统工艺活化利用,推出了万事利丝绸、朱炳仁铜雕等一批文旅产品。文旅融合转型升级,丰富了杭州休闲旅游的内涵。

加快推进全域旅游,培育旅游增长点　2020 年,桐庐县成功入选"第二批国家全域旅游示范区",淳安千岛湖旅游度假区成功创建国家级旅游度假区,滨江区白马湖生态创意城成功创建国家级文化产业示范园区。西湖区艺创小镇入选创建国家级视听创新创业基地。桐庐入选美国《国家地理》,成为 25 个全球最佳旅行目的地之一。大运河、钱塘江诗路、钱塘潮涌文化传承生态保护区列入省级文化传承生态保护区创建名单,新增省 5A 级景区城 1 个、4A 级景区城 1 个、5A 级景区镇 2 个、3A 级景区村庄 43 个。新启动建设精品村 72 个、风情小镇 7 个、精品示范线 8 条,新打造 3A 级村落景区 59 个,美丽乡村覆盖面达 46.2%。至此，基本建成具有国际影响力的历史文化名城和世界一流的旅游目的地。

4.加快建设国际重要的旅游休闲中心。杭州作为中国最佳旅游城市和 UNWTO 向全球推荐的旅游城市典范，"全球 15 个旅游最佳实践样本城市"，在旅游国际化方面成绩出色，享有较高的国际知名度，这得益于三项工作。一是世界旅游组织发挥积极作用。落户杭州的世界旅游联盟（WTA）每年举办相关活动，2020 年举办"杭州之夜"，2021 年举办湘湖对话，增强了杭州的旅游休闲的国际影响力。二是制定旅游国际化行动规划。坚持国际化导向，制定《杭州市旅游国际化行动计划（2021—2025年）》，加快建设"国际重要的旅游休闲中心""世界一流旅游目的地"。最近两年，杭州先后在日本大阪、中国台北设立"杭州文化和旅游展示中心"，并赴美国、日本、韩国、越南和非洲等国家和地区开展旅游促销，2019 年在法国巴黎、捷克布拉格、奥地利维也纳、英国伦敦等全球 10 个城市开启一系列精彩的"全球旗袍日"活动，积极拓展境外重要客源市场。三是着力讲好国际特色的"杭州故事"。作为杭州推进城市国际化的法定节日"国际日"，今年已是第四届，正值 G20 杭州峰会 5 周年和杭州亚运会即将进入倒计时 1 周年，"国际日"举办了由部分国际邀请展、国际友城和"一带一路"地方合作委员会成果展以及经贸产业展等五大板块组成的主题展，全面展示杭州努力推进国际交流合作和城市国际化方面的实践成果，其中，法国、意大利、俄罗斯、塔吉克斯坦、乌兹别克斯坦等十二国艺术作品参与了国际邀请展。2020 年 9 月 5 日，第三届"杭州国际日"有 26 个国家的驻华使节、商务机构和文化机构代表、国际友人参加，在疫情背景下，德国德累斯顿、俄罗斯喀山、意大利维罗纳、日本福井、韩国西归浦等 20 个杭州国际友好城市市长参与了线上互动，"杭州国际日"已经成为杭州城市国际化成就的一个重要展示载体。围绕三大世界文化遗产，2020 年杭州市人大立法通过 6 月 24 日为"杭州西湖日"、7 月 6 日为"杭州良渚日"，开展系列世界文化遗产保护与纪念活动，讲好杭州三大世界文化遗产的"杭州故事"。

### （四）文化培植夯实东方文化国际交流重要城市

1. 开展世界文化遗产保护建设。杭州拥有丰富的历史文化资源，跨湖桥文化、良渚文化、吴越文化、南宋文化、丝绸文化、茶叶文化、书籍文化等地域文化影响深远。自 2012 年以来，杭州先后成功申报了西湖、京杭大运河（杭州段）和良渚古城三大世界文化遗产，数量位居全国省会城市前列，世界遗产是杭州开展国际交流的新平台，增加了杭州在海内外的辨识度与知名度。为进一步开展历史文化保护，挖掘城市历史文化资源，在 2020 年的"文化和自然遗产日"主场活动上，杭州成立了首个世界遗产联盟，由杭州市历史文化名城保护委员会发起，以西湖、大运河、良渚古城遗址三处世界文化遗产地和天目窑遗址群、钱塘江古海塘遗址、南宋皇城遗址等世界遗产后备项目所在地政府为成员单位，世界遗产联盟建立例会工作机制，定期开展遗产保护工作交流和相关工作协调，形成文化遗产保护、研究、传承和利用合力，加快世界名城建设。2020 年发布了《杭州市大运河世界文化遗产影响评价实施办法》，启动了德寿宫遗址保护工程暨南宋博物院建设；严州古城综合保护与开发工程形成初步成果，重现千年古城风貌，厚实了杭州历史文化名城内涵。2021 年推出了《杭州市大运河文化保护传承利用暨国家文化公园建设方案》，高水平推进杭州市大运河文化保护传承利用和国家文化公园建设工作，努力打造大运河国家文化公园经典园、中国大运河最美段、中国大运河文化核心展示窗，为杭州世界名城建设筑好基础。

2. 加强国际文化教育交流。作为省会城市，杭州拥有众多的高校、中小学和其他教育机构，国际文化教育交流十分频繁，杭州的国际文化教育交流活动位于全省前列。2020 年在杭普通高等学校 45 所，其中，"双一流"高校 2 所，普通本科院校 21 所、高等职业学校 19 所、民办普通高校 5 所，在杭普通高校全日制在校生（含研究生）55.06 万人，比上年增长 2.23%；民办普通本专科学校在校生 4.55 万人。① 其中，2020 年在杭高校国际留学生有 2 万多人，根据全国第三方大学研究机构校友会网站统

---

① 杭州市教育局：2020 年杭州市教育事业统计公告（hangzhou.gov.cn）。

计并公布的全国(大陆地区)各大高校国际留学生人数排名数据,浙江大学国际留学生在校人数达 7193 人、浙江工业大学 2300 人、浙江科技学院 2207 人、浙江工商大学 2150 人、杭州师范大学 1870 人、浙江理工大学 1254 人、浙江农林大学 1139 人、杭州电子科技大学 1122 人、浙江中医药大学 863 人、浙江财经大学 651 人,还有未进入统计学校的留学生。杭州每年有大量的学生出国留学和交流访问学习,各重点高中毕业生选择国外升学的人数稳定增长,杭州外国语学校每年有三分之一的毕业生出国留学,杭州第二中学、学军中学每年也会有几十位学生选择出国留学。中小学国际交流活动十分抢眼。至 2020 年,杭州教育国际化示范校创建已达 100 多所,国际理解教育项目立项已达 130 多项。其中,全市 100 多所中小学结对海外学校 600 多所(对),年度交流互访学生 6000 多名、教师 1200 多名,年度赴海外培训研修达 3 周的教师 600 多名,高中段学校聘有外教的达 50%以上,市属高校与国外大学建立交流合作关系的 50 对以上,外派交换生、交流生达 2.3%,赴海外访学 3 个月以上的专任教师达 15%,留学生达 1500 名,外教占专任教师的 3%;还有社区大学、区(县、市)社区学院与海外成人教育机构建立交流合作关系,各类中外合作办学机构与项目达 85 个,专门招收外籍人员子女的国际学校 8 所。国际文化学术交流虽受新冠疫情影响,但一些交流活动仍在进行。2021 年 1 月,浙江大学举办了首届亚洲文明交流与互鉴高端论坛,并成立亚洲文明研究院,开展相关学术研究与交流活动。

3. 加强公共文化建设,提升城市软实力。大力推进大运河文化带、之江文化产业带建设,加强公共文化服务基础建设,全市公共文化设施面积达到 500 万平方米。推进数字化改革,提升公共文化服务水平与能力。2020 年,杭州拥有博物馆和纪念馆总数 78 家、公共图书馆 15 家、文化馆 15 家、剧场 11 个、音乐厅 12 个,累计建成"杭州书房"47 家、社区文化家园 260 家,广播、电视人口覆盖率达 100%。公共文化服务不断向基层延伸,新建农村文化礼堂 356 个,行政村覆盖率累计达到 71.3%。杭州拥有"国内一流、国际领先"的公共图书服务网络体系,24 小时借阅的微型图书馆,公共图书馆数字化水平高,"一键借阅"服务市民 62 万人次。2018

年杭州成立了中国—中东欧国家图书馆联盟,秘书处设在杭州,每两年举行一次中国—中东欧国家图书馆联盟馆长论坛,2020年因疫情延迟举办。2021年5月,"杭州·亚运文化空间"在杭州图书馆正式向读者开放,同期举行"亚运文化系列展览"。杭州图书馆还与境外图书馆建立友好关系,推出"馆员交换"项目,设立友城图书展示专区。2020年国家级短视频基地、北影(杭州)电影产业基地、中国(浙江)影视产业国际合作区等落户杭州,杭州演艺集团成立。优秀文化作品不断涌现,图书《精准脱贫的下姜模式》和电视剧《麦香》获第十五届全国"五个一工程"奖,杭州歌舞剧院舞剧"遇见大运河"向世界巡演,《外交风云》获"飞天奖"优秀电视剧奖,杭州摊簧《淑英救弟》获牡丹奖。

4.增强国际化的音乐艺术活动。2019年10月,杭州牵头承办第四届中国—阿拉伯国家广播电视合作论坛。2020年9月,杭州国际音乐节是自2019年首届杭州国际音乐节的成功举办以来的第二届,包括驻节演出15场、公益普及演出10场、云上音乐会4场、大师公开课4场、音乐讲堂3场以及城市灯光秀等37个系列活动,虽受疫情影响,但观众参与程度高。2020年10月,杭州国际戏剧节如期举办,共有26部国内剧目参演,其中13部国内是特邀剧目,演出40场,2万余名观众观看演出,还有包括艺术现场、VR展演、快闪朗诵、摄影展览、工作坊、讲座在内的艺术活动40余场,与观众进行线上线下同步互动,8万人次观众参与。自2012年首次举办以来,杭州国际戏剧节已经成为杭州的一张金名片。这几年,杭州文化艺术海外交流活动获得好评。杭州爱乐乐团曾经开展"一带一路"中东欧五国巡演,而杭州大剧院上演了经典剧目《哈姆雷特》、法语音乐剧《巴黎圣母院》和音乐剧《贝隆夫人》等。中外艺术交流不仅增加了艺术氛围,而且提升了城市大众的艺术素养。

**(五)美丽生态增强现代化大都市宜居环境营造**

1.建设美丽杭州,擦亮生态环境"金名片"。生态文明是杭州城市发展的金名片,优越的生态环境是杭州独特的资源禀赋。2020年,杭州出台《新时代美丽杭州建设实施纲要(2020—2035年)》和三年行动计划,全面落实习近平总书记提出的"统筹好生产、生活、生态三大空间布局,在建设人与自然和谐相处、共生共荣的宜居城市方面创造更多经验"工作要求,明确了未来十五年的任务书、路线图、时间表,着力打造长三角地区生态文明传承与创新引领区、国家生态文明建设先试先行区和国际生态城市最佳实践区。在2020年12月公布的《2019年浙江省生态文明建设年度评价结果公报》中,杭州获得全省第一,收获了"美丽浙江"考核优秀,捧回了省"五水共治"考核大禹鼎,这是杭州自2016年起连续4年获得省"五水共治"考核"大禹鼎",在所属县市中,建德市获得"大禹鼎"银鼎,西湖区、萧山、余杭区和临安区均获得"大禹鼎"。2020年,富阳区成功创建第四批"国家生态文明建设示范县",拱墅区成功创建第四批"省级生态文明建设示范县",2021年余杭区(含临平区)被授牌"国家生态文明建设示范区"。

2.高标准推进生态文明建设。2020年,杭州全市森林覆盖率达66.85%,居全国省会城市第一;建成和改造绿道597千米,新增绿地面积776.5万平方米,造林5.7万亩;修复"三江两岸"生态岸线174千米。打好治气治水治废组合拳,经过"蓝天保卫战"综合整治和PM2.5与臭氧($O_3$)"双控双减"行动,杭州市区PM2.5平均浓度29.8微克/立方米,同比下降21%;臭氧浓度151微克/立方米,同比改善16.6%,改善幅度全省第三。杭州市区空气质量有明显改善,首次实现空气质量六项指标全达标,全年市区空气优良天数334天,同比增加47天,市区空气质量优良率91.3%,同比上升12.7个百分点,优良率改善幅度居全省第一。经过环保督察整改,2020年全市县级以上集中式饮用水水源地水质达标率为100%;跨行政区河流交接断面考核结果为优秀,达标率和优于Ⅲ类比例均为100%,国考断面优于Ⅲ类比例为100%,省考断面优于Ⅲ类比例为100%,市控以上断面优于Ⅲ类比例为98.1%,功能区达标率为100%,全市县控以上断面中无劣Ⅴ类。2020年,杭州完成112个镇街、1403个生活小区、49个工业集聚区"污水零直排"建设,创建省级美丽河湖23条422.4千米,建设项目个数和里程数均居全省第一。2020年出台《杭州全域"无废城市"建设工作方案》,杭州临江环境能源工程项目建成投运,天子岭填埋场关停,建成市第三固废处置中心,易腐垃圾设施化处理实现县市全覆盖,工业固废无害化处置利用率进一步提升。推动杭钢半山基地等重点污染地块治理修复,全市污染地块安全利用率100%。

3. 推进淳安特别生态功能区建设。淳安有一流的生态资源环境,2019年9月,浙江省政府批复同意设立淳安特别生态功能区。2020年全县环境空气优良天数351天,优良天数比例96.2%。PM2.5平均浓度20微克/立方米,臭氧($O_3$)浓度86微克/立方米。淳安因水而兴,被誉为"天下第一秀水"。千岛湖总体水质符合《地表水环境质量标准》(GB3838—2002)Ⅱ类水标准,整体水质状况为优且基本保持稳定。在13个监测断面中,河流断面街口符合Ⅱ类水标准,湖库断面中威坪林场符合Ⅲ类标准,排岭水厂、航头岛、小金山、崂山出口、百亩畈5个断面符合Ⅱ类标准,其余6个断面均符合Ⅰ类水标准,在所有湖库监测断面中,Ⅰ类、Ⅱ类、Ⅲ类所占比率分别为50.00%、41.67%和8.33%。[1] 2020年11月,淳安成功入选第四批全国"绿水青山就是金山银山"实践创新基地,完成《淳安县生态文明建设规划(2020—2030年)》编制,淳安立足一流的生态资源优势,开展"两山银行"改革试点,建成GEP(生态系统生产总值)信息化核算平台及常态化核算体系,全面实施以GEP核算为导向的乡镇绿色发展奖补机制,依托全国首个"两山银行"数字驾驶舱搭建资源点对点交易平台,建立健全价值评估、项目筛选以及招商决策、利益共享等机制,高水平实施一批生态资源转化项目;探索生态资产产权、水权、碳汇等交易试点,推进村集体经营性用地入市、生态公益林占补平衡、绿色金融、空心村有机更新等实践创新,走出一条具有淳安特色的绿色可持续发展道路。

## (六)保障亚运会提速亚太门户枢纽建设

1. 增加交通投资保障2022年亚运会。2022年亚运两会是杭州的一

---

[1] 《2020年度淳安县环境质量公报》,www.qdh.gov.cn/art/2021/1/20/art_1320462_58960641.html。

个大事件，也是杭州城市交通基础设施建设成就的一次大考。2018 年，杭州启动"5433"综合交通大会战，计划在 2022 年亚运前实现这一宏伟的交通蓝图。"5"是新建总里程 552 千米的快速路和高速公路，"4"是新建 400 千米轨道交通，第一个"3"是新建总里程 350 千米的 4 条铁路线，第二个"3"是水陆空三大枢纽工程，涉及 81 个重大交通项目。最近几年，杭州以亚太门户枢纽和国家综合交通枢纽为目标，大力推进以航空、铁路、公路、水运多种交通方式为一体的设施建设，加快形成一个现代化的分工有序、客货分流、换乘联运便捷、内外交通衔接良好的综合交通网络，"5433"工程取得了重大突破。2020 年，全年综合投资完成 1308 亿元，同比增长 50.5%，铁路与轨道交通投资是主力，铁路与轨道交通完成投资 819 亿元，完成年度目标（746 亿元）的 109.8%，公路、水运和机场共完成投资 488.8 亿元，完成全年目标（396 亿元）的 123.4%，机场投资增速最快。①

2. 机场门户枢纽功能快速提升。作为 2022 年杭州亚运会配套项目，2018 年 10 月启动第 3 次扩建工程（第三期工程），新建 T4 航站楼 69 万平方米，机场综合交通中心 53 万平方米，改造 T1 航站楼；新建 1 座机场高铁站，杭黄、杭长、杭绍台、杭义温、沪乍杭高铁线路将进入机场；已引入地铁 1 号线和 7 号线，将建成机场地铁快线；另有其他的机场配套项目。目前，机场第三期工程进展快速，能够在亚运会举行前完成主要工程，届时，杭州萧山国际机场航站楼在建筑面积、设计容量、机位数量方面在长三角区域是仅次于浦东国际机场的第二大航空港，民航、高铁、地铁、道路客运将在机场实现无缝对接，从而成为一个全新的"空地铁"复合式的综合交通枢纽门户，并与浦东、虹桥机场共同助力长三角世界级机场群建设。机场国际化水平明显提高。2019 年以来，杭州萧山国际机场加快开辟新航线新航班，优化航线网络、构建联通国内主要地区和城市的运输大通道，新增了至意大利罗马、俄罗斯圣彼得堡、缅甸曼德勒、老挝万象、埃及开罗、泰国清迈、日本名古屋的定期客运航班，航线网络已经通达五大

---

① 《2020 年杭州市交通经济运行分析报告》，www.hangzhou.gov.cn/art/2021/6/8/art_1229063408_3879363.html。

洲。至 2020 年年末,杭州萧山国际机场已经开通航线 336 条,其中国际航线 69 条,港澳台航线 6 条,国内航线 261 条。作为长三角世界级机场群的一个核心机场,杭州萧山国际机场 2020 年因新冠疫情影响,与世界各地机场情况相似,旅客吞吐量有明显下降,仅为 2822.43 万人次,相比 2019 年同期 4010.84 万人次减少了 1188.41 万人次,同比下降 29.6%,似乎回到了 2015 年的水平(参见图 2)。2020 年受新冠疫情影响的一年,全球航空客运下跌 65.9%,全行业亏损高达 1180 亿美元。① 面临严峻形势,杭州萧山国际机场加紧修炼内功,提升机场运行水平,机场口岸于 9 月 30 日全面实现 24 小时无障碍通关,对所有国际航班、旅客和进出口货物做到随到随检、快速通关,全天候保障通关模式将大幅压缩过关时间,降低综合成本,为国际航线的市场拓展带来极大便利。从月度情况看,全年旅客吞吐量走势呈不规则"V"形,2 月份旅客吞吐量到达峰谷,仅为上年同期的 13.9%,随后旅客吞吐量逐月稳步回升,9 月份增至上年同期的 93.5%,继续持续回暖(参见图 3)。杭州机场旅客吞吐量占全省总量的近 6 成(56.5%),稳居全省第一位。② 在未来的发展中,杭州萧山国际机场将进一步发挥亚太门户枢纽的功能,为杭州城市国际化做出新的贡献。

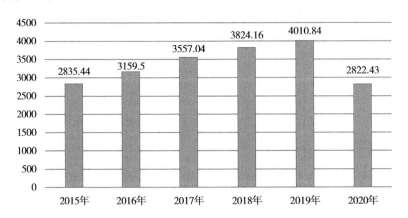

**图 2　2015—2020 年杭州萧山机场航班旅客吞吐量(万人次)**

---

① 周武英:《全球航空业重燃希望 革新步伐加快》,《经济参考报》2021 年 2 月 25 日。
② 《2020 年杭州市交通经济运行分析报告》,www.hangzhou.gov.cn/art/2021/6/8/art_1229063408_3879363.html。

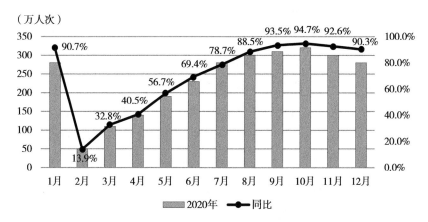

图3　2020年杭州萧山国际机场旅客吞吐量走势

　　3. 完善铁路枢纽体系。经过最近几年的交通基础建设,杭州铁路网络不断加密,辐射范围不断扩大,已经建成杭州站、杭州东站、杭州南站,并正在推进杭州西站和机场站两个主站建设,还有临平站、富阳站、桐庐站和淳安站,初步形成"一轴五向"的高速铁路客运网络,将衔接上海、南京(北京)、合肥、黄山、武汉、南昌、温州、台州、宁波等9个方向,形成一个拥有14条干线(11条高铁和3条普速铁路)的大型铁路枢纽。杭州南站投入使用,杭黄高铁建成通车,填补了杭州至黄山方向的高速铁路空白。2020年,因新冠疫情、杭州火车南站开通等因素影响,铁路首超公路成为运输主力军,实现客运发送量5802万人次,虽同比下降30.4%,但综合运输占比为47.8%,高出公路占比(37.4%)10.4个百分点。① 其中,杭州东站是亚洲最大的铁路枢纽之一,总建筑面积达到134万平方米,24小时内可容纳70余万人次进出。2019年杭州东站总换乘客流2.6亿人次,铁路到发客流量1.37亿人次,平均每天到发客流量37.5万人次。经过综合整治,杭州东站的数字化治理程度明显提高,旅游专线、便捷停车、交通优化、智慧电梯、智能垃圾清运等发挥更好的效能,在设施改造、标识标牌双语设置、货币兑换、服务供给等各个方面加入国际化元素,使杭州

----

① 《2020年杭州市交通经济运行分析报告》,www.hangzhou.gov.cn/art/2021/6/8/art_1229063408_3879363.html。

东站更具现代国际大都市风范。加快杭州西站建设。采用 TOD 开发理念,实现高效率、高品质、强链接的"站城一体"发展模式,总建筑面积约 51 万平方米,其中站房建筑面积约 10 万平方米,站台规模为 11 台 20 线,是集高铁站场、多条地铁、城市配套工程等一体的特大型综合交通枢纽。杭州西站枢纽站房现已初具形态,拟于亚运会前开通运行。

4. 城市交通网络迈上新台阶。2020 年,杭州新开通地铁线路 6 条,包括地铁 5 号线后通段,地铁 6 号线一期、6 号线富阳段,地铁 16 号线,其中,连接机场的地铁 1 号线三期和 7 号线江南段开通,首次实现了市民直接坐地铁去萧山国际机场的愿景。杭州实现了 10 个城区地铁全覆盖,地铁运营里程 306 公里,地铁运营里程列长三角地区城市第 3 位和全国城市第 9 位。2020 年,杭州市开行地铁班列 739431 列次,同比增长 20.7%;轨道交通运载 58133.8 万人次。① 2021 年,开通地铁 4 号线二期、6 号线二期、8 号线一期、9 号线一期,6 月,开通了杭海城际和杭绍城际。目前正加快建设机场轨道快线、3 号线、10 号线以及其他线路 125 公里,实现亚运会之前 516 公里轨道交通运营里程目标任务。2020 年,杭州境内公路总里程达到 16919 千米,其中建成绕城西复线杭绍段、建金高速、千黄高速淳安段,新增高速里程 168 千米,高速公路总里程 801 千米;城市快速路加速成网,望江路过江隧道、留石快速路北延、之浦路三期等建成通车。年末,主城区公共交通运营线路 367 条,其中新辟线路 24 条,优化线路 29 条。城市快速路网系统不断趋于完善,为构建现代化综合交通运输体系打下坚实的基础。

## (七) 数字化赋能现代城市治理体系

1. 全面推进城市治理现代化。2020 年,杭州发布的《关于高水平推进杭州城市治理现代化的决定》指出,坚决扛起浙江"三个地"省会城市的责任担当,模范践行中国特色社会主义制度,高水平推进城市治理现代

---

① 《2020 年杭州市交通经济运行分析报告》,www.hangzhou.gov.cn/art/2021/6/8/art_1229063408_3879363.html。

化。其中，"善治六策"是杭州给出的一套具有可操作性的方法，即统筹之治、科技之治、良法之治、协商之治、人文之治和开放之治。统筹之治主要是在区域、动能、空间、财权和城乡等方面，强化统筹发展，提高中心区域与边缘区域的资源合理配置，以实现共同发展目标。科技之治主要是充分发挥数字化优势，做强"城市大脑"，加快"移动办事之城"建设，提高"最多跑一次"服务能力，满足群众日益增长的需求。良法之治主要是构建完备的法律规范体系，全面提升城市法治水平，完善信用体系建设，提高市域社会治理现代化水平。协商之治主要是健全社会治理"六和塔"工作体系，推进党建领和、政府主和、社会协和、智慧促和、法治守和、文化育和，完善为民办实事长效机制、基层协商民主和"民意直通车"机制，健全"走亲连心三服务"网格员机制，发挥基层社群作用。人文之治主要是打造有情怀的城市，把世界遗产群落建设与"城市记忆"工程、城乡公共服务体系和文化精品工程相结合，创建文明城市和幸福城市。开放之治主要是对标世界银行标准，营造国际一流的营商环境，以举办亚运会为契机，全面提升杭州城市国际化水平。

2. 数字化治理成效突出。在新冠疫情背景下，杭州"城市大脑"发挥了重要的作用，其拥有健康码、人才码、亲清在线、数字城管、数字驾驶舱、两山银行等 48 个数字化应用场景，涉及党政机关、数字政府、数字社会、数字法治、数字经济等五大领域，可以实现综合应用，助推着杭州城市治理体系和治理能力的现代化。健康码——杭州首创的用于社会治理的互联网产品，三色赋码，管住重点人群，放开健康人群，实现精密治控，为疫情防控、复工复产和经济社会有序发展发挥重大作用。截至 2021 年 3 月 22 日，健康码总申请 3642 万人，亮码 39 亿次。人才码——让人才生态从"找服务"到"送服务"，自人才码上线以来，杭州已有 13.6 万人才领码，累计服务人才 161.6 万人次，解决数据协同技术问题 3770 个，实现高层次人才各类补贴"政策主动提醒、系统自动审核、兑现即时到账"，兑现 6.28 万名的人才政策资金超 8.3 亿元。亲清在线——一个新型政商关系数字化平台，"申报零材料""审批零人工""兑现秒到账"，实现了从"大水漫灌"到"精准滴灌"的改变，政企之间做到了亲清一家。至 2021

年 3 月 22 日,"亲清在线"累计上线政策 340 条,兑付企业 318364 家,累计兑付金额 94 亿元。① 在公共场所治理上,杭州以数字化手段推动全市交通设施、旅游景区、文化场馆、商圈、市场、公共体育场馆、医疗场所、车辆检测站、城乡公共厕所等 9 类公共场所管理,强群众体验、优服务环境、提治理效能,基本实现了 30 秒酒店入住、先离场后付费、先看病后付费。在杭州,数字化变革已渗透到城市治理的每一个角落,城市大脑正在成为城市治理现代化的"杭州样本"。

3. 国际一流营商环境建设。2020 年 9 月,杭州市被确定为全国"2+4"首批营商环境创新试点城市,与北京、上海、重庆、广州、深圳等城市并列。根据国家发改委发布的首部《中国营商环境报告 2020》,杭州排位从第八上升到第五(北深广上杭),18 项指标杭州有 16 项被评为全国标杆。2020 年 11 月,全国工商联 2020 年"万家民营企业评营商环境"杭州连续两年排名全国城市第一,被命名为"营商环境最佳口碑城市"。最近几年,杭州深入推进"放管服"改革,全力打造便利化、数字化、市场化、法治化、国际化的营商环境。2019 年 10 月,杭州市被列入世界银行营商环境评估备选样本城市,杭州以此为契机,全面贯彻"最多跑一次"改革理念,持续深化"多证合一、证照联办、一网通办"商事登记制度改革,推行"标准地+承诺制"投资审批制度改革,实现常态化企业开办全流程"一日办结"和地方设置涉企事项"零许可",实现一般企业投资项目全过程审批"最多 80 天"并持续提速,推动更多"一件事"全流程"最多跑一次",其中,"亲清在线"实现普惠性享受公共服务"一次都不用跑",数字赋能解决惠企政策直达难题的做法得到广泛认可,杭州经验在全国范围内得到推广。

### (八) 开放创新构建区域协同发展新格局

1. 杭州行政区划再调整。杭州行政区划是一个历史问题,原有中心

---

① 相关数据转自《城市大脑:"数智杭州"的新密码》,《杭州日报》2021 年 3 月 23 日第 1 版。

城区极小，随着萧山、余杭、富阳、临安四市的"撤市设区"，杭州市区行政面积从683平方千米猛增至8003平方千米，跃升为长三角区域陆域面积最大的城市，由此形成行政区管辖面积"小的过小，大的过大"的问题，位于老城区的上城区面积不到30平方千米，而余杭区超过1000平方千米，随之产生巨大的不均衡，中心城区没有发展空间、大城市病严重，而新的行政区域城市化进程快，但公共基础设施严重缺乏，制约城市综合能级的提升。为了进一步强化市域大统筹，促进区域协调发展，增强城市承载力和辐射力，虽然在新世纪已有三轮行政区划调整，但依然没有解决问题，行政区划的再调整无可避免。2021年4月，经国务院批复，杭州6个行政区进行调整，其中撤销江干区和下城区，新设临平区和钱塘区，总建制数未变，仍维持10个区、2个县，代管1个县级市的格局。这次调整，无疑优化了城市内部空间结构，城市开始从市区、市域向都市区都市圈转变，其中核心区主体功能更加突出，城区行政区域更加均衡，有利于提升城市综合能级与国际竞争力。

2.重塑"大杭州"发展格局。在拥江发展、区域再调整和城市高质量发展的背景下，杭州提出"一核九星"空间新架构。"一核"即核心城区，由上城、拱墅、西湖、滨江四个区组成，总面积约600平方千米；"九星"即萧山、余杭、临平、钱塘、富阳、临安、桐庐、淳安、建德等"九大星城"，总面积1.62万平方千米。发展目标是"优核强星"，优化提升核心城区中央活动区功能，努力成为"大杭州"的强劲极核；切实增强"九大星城"的综合承载力，与核心城区形成有效联动，提升城市整体功能，坚持以产兴城和依城兴业相结合，打造产城融合、职住平衡、生态宜居、交通便利的综合节点性城市。其中，萧山、余杭、临平与核心城区高度关联，产业先发优势明显，城市建设相对成熟，要优化科技研发、高新技术等创新供给，打造产业高地、科创高地，努力成为"大杭州"的重要增长极。钱塘、富阳、临安是融核提升型。这三个城区毗邻核心城区，具有比较广阔的产业空间和发展腹地，要加速与核心城区互联互通，做强产业链支撑，努力成为"大杭州"的魅力新城区。桐庐、淳安、建德是生态赋能型。这三个县市山水资源丰富、文化底蕴深厚，要打造诗画走廊、生态屏障，努力成为"大杭州"的靓丽后花园。

3. 创设杭州滨富特别合作区。杭州高新区(滨江区)和富阳区是两个互相独立、经济发展存在较大差异的行政区,为推动区域优势互补和协作共进的目标,2019 年 8 月,杭州高新区(滨江区)富阳特别合作区挂牌成立,面积 5.8 平方千米,成为全国三个特别合作区之一。两区按照"合作共赢、优势互补、权责清晰、创新机制"的原则,确定"高新区(滨江区)做产业、富阳区交净地"的运营模式,共同打造"合作发展示范区、自主创新拓展区、新制造业先行区",高新区(滨江区)重点负责产业招引、产业培育、项目落地,富阳区负责征地拆迁、基础配套、社会治理等事项。在运营主体上,两地明确特别合作区管理委员会是杭州高新区(滨江区)的派出机构,负责合作区的产业政策制定和落实,统筹产业项目招商、建设、管理、运营,协调行政审批服务。管委会下设若干内设机构,人员由高新区(滨江区)主导、富阳区共同组建,按高新区模式管理。2020 年 3 月,特别合作区总投资 453 亿元的 3 个新制造业和 7 个基建项目开工启动;2021 年 10 月,签约落地 8 个新制造业项目,其中列入省重大产业项目 3 个,市重点产业项目 4 个,省市县长项目工程 4 个,供地产业项目总投资 206 亿元。2021 年全年招引产业项目 102 个,总投资约 495 亿元。滨富特别合作区聚焦于新制造业,引入了富芯半导体模拟芯片 IDM 项目、杭州宏华软件建设纺织数码喷印装备与耗材的智能化工厂项目(简称"宏华数码项目")、杭州正泰新能源智能制造项目,为浙江建设全球先进制造业基地开拓新路。

4. 打造开放活跃的杭州都市圈。杭州都市圈是一个开放的共同体,2018 年杭州都市圈打破区域、省域行政边界,吸纳衢州和黄山两市参加,实现了跨地区、跨省域的联结与发展。据杭州市统计局公布的数据,2020 年杭州都市圈实现生产总值 33307 亿元,增长 3.6%,增幅高于全国 1.3 个百分点。2020 年 11 月,杭州都市圈第十一次市长联席会议通过了《杭州都市圈发展规划(2020—2035 年)》,提出共建新型便捷的基础设施网络、共育具有国际竞争力的现代产业体系、共推合作共赢的国际开放圈、共建全域美丽的"两山"示范圈等系列任务。到 2035 年,都市圈实现全面融合，一小时通勤圈内实现同城化发展，建成具有全球影响力的国际化现代化都市圈。2020年，杭州都市圈围绕"规划共绘、交通共联、环境共保、产业共兴、市场共构、品牌共推、社会共享"，共建七个圈，加快推进同城化。

嘉兴海宁市整合许村镇、长安镇（高新区）、盐官度假区共230平方千米区域为"杭海新区"，积极融杭；与杭州余杭区合作共同开发余杭海宁合作区，与杭州钱塘区签订全面战略合作协议，携手打造省跨行政区一体化发展的示范区、领率区和样板区。2021年6月，杭海城际铁路开通，海宁融入杭州"一小时交通圈"。嘉兴桐乡市借力世界互联网大会红利，从平台、产业、交通、民生等方面融入杭州都市圈，实现与杭州都市圈282家定点医院的异地直接结算；2019年6月，临杭大道通车拉近了桐乡与杭州的时空距离，挂牌成立桐乡市融杭经济区。

绍兴柯桥区大力打造"融杭接沪示范区"。2021年6月，杭绍城际铁路开通，形成柯桥与杭州半小时交通圈以及杭绍同城一小时通勤圈。绍兴诸暨市实施"与杭同城"战略，开启"与杭同城"三年行动计划，全力推进规划共绘、设施共建、要素同育、产业同构、民生同享、体制同创等六大方面，运行"西施号"通勤专列，启用杭州萧山国际机场诸暨航站楼，开通诸暨至杭州滨江公交线路，兴建临杭产业园，深度融入杭州都市圈。

湖州德清县以"融杭接沪通苏皖"为方向，与上海市金山区、杭州市余杭区等建立常态化联络机制，在杭州建设"莫干智谷"飞地，启动杭德城际铁路，推进融杭交通。湖州安吉县与杭州开展全方位、多层次、宽领域的合作，成功签约了杭州人才飞地，接轨杭州城西科创大走廊，推进商合杭高铁，与杭州拱墅区、中国计量大学等签订战略合作协议，加快融入杭州都市圈。

浙江衢州市深化"1+8"区域合作模式，打造杭衢山海协作升级版，通过柯城—余杭山海协作产业园等创新平台，推进交通、水利、生态、旅游、文化等重大项目合作。作为杭衢产业合作的主平台、主阵地，衢州积极推进"一楼一镇两园六飞地"的创新创业平台体系建设。目前，衢州已经在杭州未来科技城建立衢州海创园、柯城科创园、绿海飞地等3个创新"飞地"平台。2019 年,衢州与阿里巴巴签订第三轮合作协议,联手打造未来社区衢州样板,创建新一代人工智能创新联合实验室和大数据应用研究推广中心。

安徽黄山市以杭黄高铁开通和"都市圈人花园"建设等为契机,积极构建杭州都市圈文化旅游一体化新平台,与杭州、衢州等联合打造优质旅游产品。作为杭州都市圈生态安全屏障、文化旅游示范区、绿色产业新地、健康宜居样板、西进南拓战略支点,黄山以新安江生态补偿试点为抓手,累计投入资金 146 亿元,完成干支流主要河道综合整治 123 千米,建成生态公益林 535 万亩,让"一江活水出新安,百转千回入钱塘"。黄山承接杭州都市圈溢出红利,积极推动产业、生态、教育、卫生、社保等跨区域合作、一体化共享。

## 二、杭州城市国际化发展面临的新形势与挑战

### (一) 全球发展正遭遇"百年未有之大变局"

2020 年是世界极端变化的年份,新冠疫情全球流行,贸易单边主义、保护主义加剧,全球发展正遭遇"百年未有之大变局"。一方面,以美国为首的保守势力奉行单边主义、霸凌主义,大搞政治打压,大国博弈持续升级,叙利亚战乱持续、阿富汗政局更迭,区域国际关系复杂多变,逆全球化不断升温,全球区域政治、产业和创新链条的多边格局陷入前所未有的困境,全球商业贸易形势也十分严峻;另一方面,全球新冠疫情不断反复,疫情溯源政治化,防控压力依然不减,加剧了国际合作与交流的困难,甚至互联网行业也遇到了许多的挑战,严重影响了正常的国际交往与文化交流。对于一个城市来说,第一挑战是如何应对经济衰退问题,疫情给全球经济带来前所未有的冲击,GDP 下行趋势明显,全球 GDP 预计收缩 3.5%,城市经济受到冲击,失业增加,收入减少。第二挑战是如何破解社会心理紧张问题,疫情影响了原有的城市生活方式,大量的社交活动受到限制,抑制了社会人群的正常信任。第三挑战是如何开放包容的问题,在民族主义、保护主义的国际背景下,建立开放包容的国际环境仍是一个十

分棘手的问题。当然，机遇孕育于困境之中，尽管全球疫情蔓延，但全球城市依然有良好的韧性。随着全球疫苗接种速度加快，新冠治疗药物突破，全球疫情总体在不断地向好，或将迎来重大的转折，对外口岸终将逐步开放。在疫情期间，针对新冠病毒的新技术、新产品、新业态应运而生，生物技术、5G、人工智能、数字经济、在线办公、能源技术等获得快速的发展，全球化呈现了新面貌，"困境"与"机遇"并存。随着全球经济的发展，国内外城市之间在资源、市场、资本、科技、人才等方面的竞争愈演愈烈，"抢人大战"就是一种直观的反映，纽约、伦敦、巴黎、东京等国际大都市以打造全球城市为目标，全力推进在全球城市网络中的地位与作用。城市国际化无疑是城市综合能级提升的重大战略，任何现代城市脱离国际化路径是无法实现超越式发展的。

### （二）全球城市排名榜单与杭州世界地位

全球城市排名榜单一定程度上反映了一个城市在全球的地位，最近一些年，杭州全球城市排名上升时为人津津乐道，下跌时却少有人关注。全球城市排名榜单不少，但能够获得公认的并不多，下面的几个城市排名榜单虽然也各有偏颇，但却是极有全球影响力的。

*1. GaWC《世界城市名册》排名榜单*

全球化与世界城市研究小组（GaWC）是全球最著名的城市评级机构之一，自 2000 年起，该组织每两年发布一次《世界城市名册》，给世界城市进行分级排名。GaWC 根据"高端生产性服务业机构"在世界各大城市的分布数量对世界城市进行排名，将世界城市划分成全球一线城市（Alpha）、二线城市（Beta）、三线城市（Gamma）和四线城市（Sufficiency）四大类，下设特强（++）、强（+）、中（/）和弱（-）。这份世界城市排名榜单虽然被认为是全球最权威的，但分析模型是相对简单的，主要依据银行、保险、法律、咨询管理、广告和会计等六大服务业机构在一个城市的数量来计算城市排名。以 2016 年 GaWC 榜单排名数据源为例，六大服务业仅仅统计了全球 200 家机构，其中金融服务类 75 家、保险类 25 家、法律类 25 家、咨询管理类 25 家、广告类 25 家和会计类 25 家，也就是说，每个城市的排名变化与全球 200 家公司是否入驻有着极大的关联度。

2020 年 GaWC 发布的《世界城市名册》排名榜单,杭州从 2018 年二线城市强(Beta+)的第 75 位大幅下降到第 90 位,成为该榜单中国内城市退步最快的城市(参见表 1),而与杭州相似的国内其他城市排名却上升了,其中,成都从第 71 位上升到第 59 位、天津从第 86 位上升到第 77 位、南京从第 94 位上升到第 87 位。而在杭州身后的重庆从第 105 位上升到第 96 位、长沙从第 122 位上升到第 108 位,追赶速度极快,郑州更是飙升了 37 位(从第 153 位上升到第 116 位),西安上升了 25 位(从第 150 位上升到第 125 位)。虽然武汉、大连和广州等城市排名受疫情影响也有所下降,但都只有个位数的下降,而受新冠疫情影响最大的武汉也仅仅下滑了 3 位(从第 95 位下降到第 98 位)。

**表 1　近年 GaWC 世界城市排名变动表**

| 城市 | 2020 年 | 2018 年 | 2016 年 | 2018—2020 年排名变动 | 2016—2018 年排名变动 |
|---|---|---|---|---|---|
| 香港 | 3 | 3 | 4 | 0 | 1 |
| 上海 | 5 | 6 | 9 | 1 | 3 |
| 北京 | 6 | 4 | 6 | −2 | 2 |
| 广州 | 34 | 27 | 40 | −7 | 13 |
| 台北 | 36 | 26 | 36 | −10 | 10 |
| 深圳 | 46 | 55 | 85 | 9 | 30 |
| 成都 | 59 | 71 | 100 | 12 | 29 |
| 天津 | 77 | 86 | 113 | 9 | 27 |
| 南京 | 87 | 94 | 139 | 7 | 45 |
| 杭州 | 90 | 75 | 140 | −15 | 65 |
| 重庆 | 96 | 105 | 163 | 9 | 58 |
| 武汉 | 98 | 95 | 189 | −3 | 94 |
| 长沙 | 108 | 122 | 200 | 14 | 78 |
| 厦门 | 114 | 121 | 171 | 7 | 50 |
| 郑州 | 116 | 153 | / | 37 | / |
| 沈阳 | 119 | 126 | 212 | 7 | 86 |
| 西安 | 125 | 150 | 208 | 25 | 58 |
| 大连 | 127 | 118 | 160 | −9 | 42 |

2.科尔尼管理咨询公司《全球城市报告》排名榜单

科尔尼咨询公司(A.T.Kearney)联合国际顶级学者与智库机构在2008年年底首次发布《全球城市报告》,其中有《全球城市综合排名》(Global Cities Index results,简称GCI)和《全球城市潜力排名》(Global Cities Outlook results,简称GCO),从全球130个城市中评选出全球最具竞争力和全球最具发展潜力的城市,样本城市从2019年的130个,上升到2021年的156个。《全球城市综合排名》是以商业活动(权重30%)、人力资本(权重30%)、信息交流(权重15%)、文化体验(权重15%)和政治参与(权重10%)等五个方面作为一级指标,二级指标有27个。(参见表2)从指标体系可以看到,商业活动和人力资本占有较大比重,而信息交流、文化体验和政治参与的权重相对较低。

表2　全球城市指数指标体系及领先城市

| 一级指标 | 领先城市 | 权重 | 二级指标 | 领先城市 |
|---|---|---|---|---|
| 商业活动 | 纽约 | 30% | 全球财富500强数量 | 北京 |
| | | | 顶级全球服务公司数量 | 香港 |
| | | | 资本市场数量 | 纽约 |
| | | | 空运数量 | 香港 |
| | | | 海运数量 | 上海 |
| | | | 国际会议召开次数 | 巴黎 |
| 人力资本 | 纽约 | 30% | 外国人口数 | 纽约 |
| | | | 顶级大学数量 | 波士顿 |
| | | | 拥有大学文凭人口数 | 东京 |
| | | | 国际学生人口数 | 墨尔本 |
| | | | 国际学校数量 | 香港 |
| 信息交流 | 巴黎 | 15% | 电视新闻频道数 | 日内瓦、布鲁塞尔 |
| | | | 新闻机构数量 | 伦敦、纽约、莫斯科 |
| | | | 宽带注册用户数量 | 日内瓦、苏黎世 |
| | | | 言论表达自由度 | 阿姆斯特丹、斯德哥尔摩 |
| | | | 在线业务数量 | 新加坡 |

| 一级指标 | 领先城市 | 权重 | 二级指标 | 领先城市 |
|---|---|---|---|---|
| 文化体验 | 伦敦 | 15% | 博物馆数 | 莫斯科 |
| | | | 视觉和表演艺术场馆数量 | 纽约 |
| | | | 举办重大体育赛事数量 | 伦敦 |
| | | | 国际游客数量 | 伦敦 |
| | | | 多种餐饮企业数量 | 伦敦 |
| | | | 友好城市数量 | 圣彼得堡 |
| 政治参与 | 布鲁塞尔 | 10% | 大使馆和领事馆数量 | 布鲁塞尔 |
| | | | 智库数量 | 华盛顿 DC |
| | | | 国际组织数量 | 日内瓦 |
| | | | 主办政治会议数量 | 布鲁塞尔 |
| | | | 有全球影响力的当地机构数量 | 巴黎 |

在《全球城市综合排名 2015—2021》中,杭州的全球城市排名的上升速度还是非常突出的,以 2015 年为基准,到 2021 年上升了 34 位,在同类城市中是提升最快的。虽然最初几年在 114—117 之间徘徊,但 2019 年有了突破,上升至全球城市第 91 位,2021 年到达第 80 位(参见表 3)。在这个榜单上,2021 年杭州已经位于我国城市的第 7 位,在杭州之前,有北京(第 6 位)、香港(第 7 位)、上海(第 10 位)、台北(第 49 位)、广州(第 60 位)和深圳(第 72 位)。

表 3　我国部分城市全球城市综合排名(Global Cities
Index results,2015—2021 年)

| 城市 | 2021 年 | 2020 年 | 2019 年 | 2018 年 | 2017 年 | 2016 年 | 2015 年 | 排名变动<br>(2015—2021 年) |
|---|---|---|---|---|---|---|---|---|
| 北京 | 6 | 5 | 9 | 9 | 9 | 9 | 9 | +3 |
| 香港 | 7 | 6 | 5 | 5 | 5 | 5 | 5 | −2 |
| 上海 | 10 | 12 | 19 | 19 | 19 | 20 | 21 | +11 |
| 台北 | 49 | 44 | 44 | 45 | 47 | 43 | 44 | −5 |
| 广州 | 60 | 63 | 71 | 71 | 71 | 71 | 71 | +11 |

| 城市 | 2021 年 | 2020 年 | 2019 年 | 2018 年 | 2017 年 | 2016 年 | 2015 年 | 排名变动<br>(2015—2021 年) |
|------|---------|---------|---------|---------|---------|---------|---------|------------|
| 深圳 | 72 | 75 | 79 | 79 | 80 | 83 | 84 | +12 |
| 杭州 | 80 | 82 | 91 | 117 | 116 | 115 | 114 | +34 |
| 成都 | 88 | 87 | 89 | 89 | 87 | 96 | 96 | +8 |
| 南京 | 90 | 86 | 86 | 88 | 86 | 86 | 92 | +2 |
| 苏州 | 92 | 98 | 95 | 115 | 112 | 109 | 105 | +13 |
| 天津 | 93 | 94 | 88 | 87 | 91 | 94 | 102 | +9 |
| 西安 | 96 | 100 | 109 | 113 | 114 | 114 | 115 | +19 |
| 重庆 | 107 | 102 | 105 | 114 | 115 | 114 | 114 | −7 |
| 青岛 | 110 | 105 | 110 | 110 | 109 | 110 | 112 | +2 |
| 大连 | 120 | 118 | 108 | 106 | 107 | 108 | 110 | −10 |

《全球城市报告》的另一个排名是《全球城市潜力排名》,其依据 4 个一级指标和 13 个二级指标来测算,其中一级指标个人幸福感包括稳定与安全、医疗健康发展、基尼系数指数和环境绩效 4 个二级指标,经济包括基础设施、人均 GDP 和外国直接投资流入 3 个二级指标,创新包括人均专利数、私人投资数和大学资助的孵化器数量 3 个二级指标,治理包括行政机构质量、营商环境和透明度 3 个二级指标。(参见表 4)

**表 4　全球城市潜力排名:未来潜在领先城市**

| 一级指标 | 领先城市 | 权重 | 二级指标 | 领先城市 |
|----------|----------|------|----------|----------|
| 个人<br>幸福感 | 日内瓦 | 25% | 稳定与安全 | 东京、名古屋、大阪 |
| | | | 医疗健康发展 | 多个城市 |
| | | | 基尼系数指数 | 布拉格 |
| | | | 环境绩效 | 悉尼、墨尔本 |
| 经济 | 新加坡 | 25% | 基础设施 | 迪拜 |
| | | | 人均 GDP | 波士顿 |
| | | | 外国直接投资流入 | 马斯喀特 |

续表

| 一级指标 | 领先城市 | 权重 | 二级指标 | 领先城市 |
|---|---|---|---|---|
| 创新 | 旧金山 | 25% | 人均专利数 | 北京 |
| | | | 私人投资数 | 旧金山 |
| | | | 大学资助的孵化器数量 | 莫斯科 |
| 治理 | 日内瓦<br>苏黎世 | 25% | 行政机构质量 | 多个城市 |
| | | | 营商环境 | 莫斯科 |
| | | | 透明度 | 伦敦 |

在《全球城市潜力排名2015—2021》中,杭州的位次从2015年的第74位上升至2021年的第64位,递进了10位,最好的排名是2019年的第59位。在同时期,排名增速最快的城市是广州,从2015年的第76位上升到2021年的第34位,上升了42位,其次是上海和北京,分别上升了35位和22位(参见表5)。2021年,排在杭州之前的我国城市有北京(第23位)、台北(第24位)、深圳(第26位)、上海(第30位)、广州(第34位)、苏州(第45位)、香港(第54位)、无锡(第59位)、南京(第63位),而紧随杭州的有武汉(第66位)和天津(第67位),这个榜单的排名是相对稳定的。

表5　我国部分城市《全球城市潜力排名》(Global Cities Outlook results,2015—2021)

| 城市 | 2021年 | 2020年 | 2019年 | 2018年 | 2017年 | 2016年 | 2015年 | 排名变动 |
|---|---|---|---|---|---|---|---|---|
| 北京 | 23 | 32 | 39 | 47 | 45 | 42 | 45 | +22 |
| 台北 | 24 | 26 | 25 | 38 | 44 | 23 | 28 | +4 |
| 深圳 | 26 | 46 | 49 | 52 | 47 | 49 | | |
| 上海 | 30 | 45 | 51 | 64 | 61 | 63 | 65 | +35 |
| 广州 | 34 | 54 | 65 | 59 | 56 | 78 | 76 | +42 |
| 苏州 | 45 | 55 | 54 | 55 | 57 | 59 | 56 | +11 |
| 香港 | 54 | 62 | 52 | 54 | 54 | 57 | 53 | −1 |

| 城市 | 2021 年 | 2020 年 | 2019 年 | 2018 年 | 2017 年 | 2016 年 | 2015 年 | 排名变动 |
|------|---------|---------|---------|---------|---------|---------|---------|----------|
| 无锡 | 59 | 63 | 64 | 57 | / | / | / | / |
| 南京 | 63 | 60 | 57 | 56 | 62 | 58 | | |
| 杭州 | 64 | 68 | 59 | 70 | 60 | 69 | 74 | +10 |
| 武汉 | 66 | 69 | 63 | 71 | 67 | 68 | 63 | −3 |
| 天津 | 67 | 65 | 60 | 65 | 64 | 61 | 55 | −12 |
| 宁波 | 74 | 74 | 72 | 62 | / | / | / | / |
| 重庆 | 75 | 87 | 78 | 88 | 89 | 90 | 91 | +16 |
| 西安 | 78 | 80 | 61 | 66 | 82 | 85 | 81 | +3 |
| 成都 | 82 | 82 | 73 | 76 | 77 | 75 | 72 | −10 |
| 青岛 | 87 | 83 | 79 | 90 | 92 | 92 | 84 | −3 |

3.《全球创新指数》（Global Innovation Index，简称 GII）城市排名

世界知识产权组织（World Intellectual Property Organization）、美国康奈尔大学和欧洲工商管理学院从 2007 年起共同发布《全球创新指数》，至今已发布了 13 次，被认为是全球经济创新创业的风向标，也是各国经济决策的重要参考。该创新指数主要根据一个城市的国际专利申请数量、国际科技期刊论文数量、专利申请数在全球占比、科技期刊论文数在全球经济体中的占比等指标来计算的。GII 以 5 年为窗口期进行数据采集，因此所搜集的数据具有较高的稳定性，能够较好地体现一定时期内某个城市的持续创新能力。2020 年 8 月，《全球创新指数》公布了全球 131个经济体创新能力排名，中国名列第 14 位。另外，在全球经济体热点"创新集群"城市排名中，杭州仅次于北京（第 4 位）、上海（第 9 位）和南京（第 21 位），排名第 25 位。在杭州之后，武汉第 29 位，西安第 40 位，成都第 47 位，天津第 56 位和长沙第 66 位。与 2013—2017 年相比，杭州的位次前进 5 名，南京前进 4 名，其他国内城市增速也很快，武汉前进了 9名，西安前进了 7 名，成都前进了 5 名，天津前进了 4 名，有些城市排名上升更快，如青岛、重庆和合肥都上升了 11 名。

表6 我国部分城市在全球创新指数全球前100城市中排名(2020年)

| 排名 | 城市 | 国际专利申请 | 科学论文发表 | 国际专利申请占比(%) | 科学论文发表占比(%) | 总占比(%) | 2013—2017排名(基数) | 排名变化 |
|---|---|---|---|---|---|---|---|---|
| 4 | 北京 | 25,080 | 241,637 | 2.40 | 2.79 | 5.18 | 4 | 0 |
| 9 | 上海 | 13,347 | 122,367 | 1.27 | 1.41 | 2.69 | 11 | +2 |
| 21 | 南京 | 1,662 | 84,789 | 0.16 | 0.98 | 1.14 | 25 | +4 |
| 25 | 杭州 | 4,832 | 48,627 | 0.46 | 0.56 | 1.02 | 30 | +5 |
| 29 | 武汉 | 1,796 | 63,837 | 0.17 | 0.74 | 0.91 | 38 | +9 |
| 40 | 西安 | 775 | 60,017 | 0.07 | 0.69 | 0.77 | 47 | +7 |
| 47 | 成都 | 1,449 | 48,095 | 0.14 | 0.56 | 0.69 | 52 | +5 |
| 56 | 天津 | 812 | 41,989 | 0.08 | 0.48 | 0.56 | 60 | +4 |
| 66 | 长沙 | 502 | 37,115 | 0.05 | 0.43 | 0.48 | 67 | +1 |
| 69 | 青岛 | 2,074 | 22,957 | 0.20 | 0.26 | 0.46 | 80 | +11 |
| 72 | 苏州 | 2,627 | 15,129 | 0.25 | 0.17 | 0.43 | 81 | +9 |
| 77 | 重庆 | 689 | 30,023 | 0.07 | 0.35 | 0.41 | 88 | +11 |
| 79 | 合肥 | 536 | 29,536 | 0.05 | 0.34 | 0.39 | 90 | +11 |

4. 全球三大排名榜单分析

杭州在2020年GaWC《世界城市名册》榜单中排名下滑,说明全球国际高端服务业头部企业在杭州布点不增反减。根据《世界城市名册》榜单数据源可以看到,2016年国际性银行、保险、法律、咨询管理、广告和会计等高端服务业机构在杭州布点非常少,其中金融服务类41家(其中外资银行仅8家),会计事务所27家,律师事务所仅2家,而咨询管理类和广告类机构空白。在全球国际高端服务业企业方面,国内其他城市有增加,如成都有1家法国巴黎银行(BNP Paribas),天津有2家;成都、天津、武汉、苏州各有2家三菱东京日联银行(MUFG Bank)分行,武汉、天津、苏州各有2家瑞穗实业银行(Mizuho Financial Group)分行,南京、武汉、成都、苏州各有2家致同会计师事务所(Grant Thornton International),而杭州均没有。相比之下,成都排名上升也可反映出其国际高端服务业机构数量的增长。因此,除银行和会计事务所以外,杭州全球高端服务业机构稀少,这是一个制约杭州城市发展的老大难问题了。

在《全球城市综合排名 2015—2021》中,杭州虽然可以非常自傲,全球城市排名上升很快,已经排到全球城市的第 80 位,国内城市第 7 位。这其中主要得益于国际营商环境水平提高,世界 500 强企业增加,杭州有阿里巴巴、物产中大、吉利控股和海亮集团 4 家企业,还有新增 1 家外资企业林德集团(Linde plc,全球最大工业气体公司);机场旅客吞吐量排名全国机场第 10 位,还有其他指标向好,其中杭州文化体验感较高,博物馆、演艺场所、重大体育赛事、国际旅客数量等指标较好,助推了城市综合排名的提升。然而,从综合排名的绝对值来看,杭州与纽约、伦敦、巴黎、东京等全球一线城市的差距还是很大的,即使进入国内城市第一梯队还需要较长的时间。另外,我们也可以看到深圳、西安和苏州的上升速度也很快,深圳从第 84 位上升到了第 72 位,西安从第 115 位上升到了第 96 位,苏州从第 105 位上升到了第 92 位。而在《全球城市潜力排名 2015—2021》中,我们应该看到,苏州(第 45 位)、无锡(第 59 位)、南京(第 63 位)排名都在杭州之前,而武汉(第 66 位)和天津(第 67 位)紧随其后。城市潜力排名意味着未来的城市竞争,对于杭州来说,这是一个重大的挑战。

《全球创新指数》排名榜单是一个相对专业化的排名,更多地指向科技创新,其中,国际专利申请数量和科技期刊论文数量是两个重要的指标。杭州这些年专利申请数量逐年增长,2019 年全市共申请专利 11.36 万件,增长 15.42%,其中企业是专利申请的主要力量,专利申请量 8.42 万件,获得授权专利 6.16 万件,在国内城市中排第 8 位,位于深圳 14.02 万件、北京 12.30 万件、上海 9.25 万件、苏州 9.11 万件、广州 8.98 万件、东莞 6.99 万件、成都 6.22 万件之后。但以国际标准看,近五年杭州国际专利(PCT)申请只有 4832 件(其中 2019 年 1106 件),与北京的 25080 件和上海的 13347 件相比,差距巨大,但杭州已排在了国内城市第 3 位。从科学论文在国际期刊发表的数量看,不论北京和上海,杭州 48627 篇,南京有 84789 篇,武汉 63837 篇,西安 60017 篇,天津 41989 篇,南京、武汉和西安均比杭州多。这些数据反映了一个严峻的现实,即杭州高水平大学太少,传统的 985 和 211 高校仅 1 所(浙江大学),新认定的"双一流"

高校(一流大学和一流学科)也只有 2 所(浙江大学、中国美术学院),科技应用类学科偏少,产出的科技类论文也就数量有限。与排名杭州前后的南京、武汉、西安、成都和天津比较,杭州在高校数量和发展水平方面均处于弱势,制约了基础创新能力,在科学论文发表数量方面难以长久保持榜单排名位置。

### (三)"新一线城市"之间的竞争

在全球城市化的大背景下,我国城市化持续快速推进,经济的迅速发展也带动了很多城市的崛起,大城市、特大城市、超大城市迅速涌现,城市之间的区域地位、人才、科教等竞争日趋白热化。"新一线城市"并不是一个十分确切的概念,没有官方认定,仅仅是媒体和行业的一种表达,但也在一定程度上可以反映城市之间的竞争。

1. 国家中心城市竞争。前几年,围绕着《全国城镇体系规划(2010—2020 年)》的国家中心城市问题,最初提出北京、天津、上海、广州、重庆五大国家中心城市,2016 年 5 月至 2018 年 2 月国家又支持成都、武汉、郑州、西安建设国家中心城市。由于赋予国家中心城市的特殊地位,这些城市在空间、人口、资源和政策上能够享有优势,其后,长沙、沈阳、杭州、宁波、南京、青岛、济南、合肥、福州、昆明、厦门、长春、南昌、乌鲁木齐等城市纷纷提出争创国家中心城市,出台规划政策,做大城市规模、做强城市能级,期望通过创建国家中心城市,提升城市自身地位,吸引资源要素,扩大城市的影响力。2017 年全国人大代表、浙江省政协副主席张鸿铭在全国两会上为杭州呼吁,希望国家早日批准杭州成为国家中心城市,其后的一些政策文件也正式提出争创国家中心城市。当然,更多的争论来自"新一线城市"问题,其实这是一个来自房地产市场的说法,所谓"一线、二线、三线、四线"城市的区分,也有可能借自 GaWC 的全球城市分级。

城市分级虽然是市场行为,无法给出城市的本质区别,但却符合城市竞争的预期,也容易引起舆论的共鸣。事实上,"一线城市"与其他特大城市的差距在缩小,特别是常住人口数量方面。以北京、上海、广州和深圳 4 个城市为例,在最近 10 年,北京和上海的常住人口数量增长幅度不

大,2010 年北京的六普常住人口是 1961.24 万,2020 年常住人口 2189.31
万;上海 2010 年常住人口 2301.92 万,2020 年 2487.09 万;广州和深圳的
常住人口数量增幅较大,广州 2010 年常住人口 1270.19 万,2020 年
1867.66 万,深圳 2010 年常住人口 1035.84 万,2020 年 1756.01 万。
而从图 4 可以看到,我国其他常住人口超过千万级的"新一线城市"数
量在增长,常住人口数量增速快,与北上广深的差距在缩小。但是,杭
州的常住人口数量与北上广深还是有很大的差距,几乎是北京、上海的
一半。

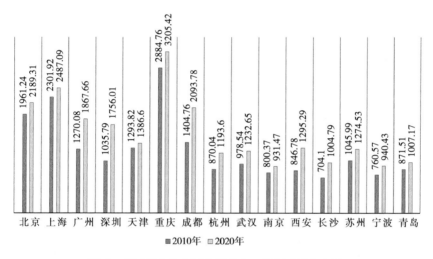

图 4 我国部分特大城市常住人口数量比较(万人)

对于"新一线城市"来说,短时期内的人口数量激增能够给一个城
市带来大量的人口红利,相应的城市基础设施、住房和公共服务设施等
投入带来巨大的经济增量,这在 GDP 的增量上可以反映出来,人口数
量与 GDP 之间呈是正相关的,特大城市的经济发展量级也是显而易见
的。2020 年虽然受到新冠疫情的影响,但这些城市的 GDP 总量还是
增长的,大多数突破万亿元(参见表 7),进入"GDP 万亿俱乐部",但
是,与北上广深相比,除了重庆和苏州以外,其他城市就存在着巨大
的差距,杭州 GDP 总量 16106 亿元,要迈过 2 万亿元大关,还有一段路
要走。

表 7　2020 年我国主要特大城市人口经济数据比较

| 城市 | 常住人口数/万人 | GDP/亿元 | 上市企业数量 | 三产占比 |
|------|------|------|------|------|
| 北京 | 2189. 31 | 36102. 6 | 381 | 0. 4∶15. 8∶83. 8 |
| 上海 | 2487. 09 | 38700. 58 | 215 | 0. 27∶26. 59∶73. 15 |
| 广州 | 1867. 66 | 25019. 11 | 117(境内) | 1. 15∶26. 34∶72. 51 |
| 深圳 | 1756. 01 | 27670. 24 | 470* | 0. 1∶37. 8∶62. 1 |
| 天津 | 1386. 60 | 14083. 73 | 78 | 1. 5∶34. 1∶64. 4 |
| 重庆 | 3205. 42 | 25002. 79 | 57(境内) | 7. 2∶40∶52. 8 |
| 成都 | 2093. 78 | 17716. 7 | 122(境内外) | 3. 7∶30. 6∶65. 7 |
| 杭州 | 1193. 60 | 16106 | 218(境内161) | 2. 0∶29. 9∶68. 1 |
| 武汉 | 1232. 65 | 15616. 1 | 83(境内63) | 2. 6∶35. 6∶61. 8 |
| 南京 | 931. 47 | 14817. 95 | 126 | 2. 0∶35. 2∶62. 8 |
| 西安 | 1295. 29 | 10020. 39 | 42(境内) | 3. 1∶33. 2∶63. 7 |
| 长沙 | 1004. 79 | 12142. 52 | 70 | 2. 7∶50. 7∶46. 6 |
| 苏州 | 1274. 53 | 20170. 5 | 181(境内144) | 1. 0∶46. 5∶52. 5 |
| 宁波 | 940. 43 | 12408. 7 | 93(境内) | 2. 7∶45. 9∶51. 4 |
| 青岛 | 1007. 17 | 12400. 56 | 44(境内) | 3. 4∶35. 2∶61. 4 |
| 无锡 | 746. 21 | 12370. 48 | 162 | 1. 0∶46. 5∶52. 5 |

\* 深圳 2020 年上市企业数量来源于中国(深圳)综合开发研究院《深圳上市公司发展报告2021》。

2. 科教人才竞争。现代城市之间的竞争,首要的是科教人才竞争。二战以来,欧美发达国家大城市一直重视人才战略,创办大学培养优秀人才,出台优惠政策吸引和留用优秀人才,推动城市经济发展。我国在加快城市化发展的过程中,也越来越重视科教人才的作用,投入巨资创办大学、科研院所,培养优秀人才。另外,出台优惠政策吸引人才。自 2017 年以来,西安、重庆、成都、武汉、杭州、南京、深圳等几十个城市出台人才政策,加入"抢人大战"。2020 年以来,青岛、杭州、苏州、沈阳、南京、无锡、重庆、郑州等 50 余个城市持续加码新政,采用千万补贴、打折购房、落户零门槛等"强手段"吸引人才,甚至连上海也放宽了人才落户条件。杭州人才流入连续位列全国前列,2019 年新增人口达到 55. 4 万人,位居全国第一；2020 年新引进 35 岁以下大学生 43.6 万人，人才净流入率继续保持全国第一。然而，杭州在科教人才方面也存在明显的短板。根据《2020 中国硬科技创新白皮书》报告，杭州的硬科技综合排名不如西安和武汉，由于杭州的优质高校和科研院所较少，科研人才指数跌出了前 10 名。

### （四）举办 2022 年亚运会遭遇的新问题

2022 年亚运会是杭州建城以来第一次举办大型国际体育赛事，是杭州的大事件。首先，杭州要实现亚太地区重要国际门户枢纽功能仍面临不少问题。与深圳、广州和成都等城市比较，杭州萧山国际机场航班航线、旅客吞吐量和通达性等仍存在较大的差距。受全球新冠疫情影响，杭州机场旅客吞吐量也出现了大幅度的下降。另外，城市交通管理仍存在不足，杭州萧山国际机场现有公交车辆、出租车、私家车接送、人行依然混杂，需要进一步细化管理；城市道路交通依然拥堵，快速路快不起来。杭州交通公共空间布局、出入导引不清晰，车站文化缺失；停车问题依然令人头疼，停车位紧张，中心城区停车仍是需要解决的问题。

其次，亚运会和亚残运会是一个复杂的大工程，涉及 58 个比赛场馆和设施（比赛场馆 53 个，亚运村和亚运分村 5 个）、训练场馆、城市基础配套设施（公共交通工具、宾馆、餐饮等）、各类场馆周边环境以及场馆内部的比赛设施等硬件建设。由于新冠疫情的反复，体育场馆及其相关配套设施建设进度受到一定程度的影响。除此以外，杭州亚运两会场馆分散，不仅分布于杭州各区县，还分布于省内的宁波、温州、金华、绍兴和湖州等地，增加了筹办工作的复杂性，需要管理协调分属不同区域的体育场馆及其管理部门。

再次，亚运会有 45 个亚洲国家和地区的上万名参会人员，包括运动员、教练员、官员、工作人员以及数千名媒体记者，还不包括外国体育运动爱好者和旅游者，这将极大地考验杭州政府部门的组织能力，窗口单位的接待能力、服务能力以及国际化应急处理能力，特别是疫情防控与安全保障的应对能力。《杭州市亚运城市行动计划纲要》虽然推出了一系列的城市行动，但亚运会除运动比赛项目以外，涉及内容广泛，还有赛场外的文明展示与文化交流,赛场要求高,而场外服务要求更高,这些都将考验杭州这座城市的综合服务能力与国际化水平。

### （五）城市国际化的"瓶颈期"和"审美疲劳期"

杭州城市国际化战略提出于20世纪末,形成于本世纪初,实施至今已经20多年了,在G20峰会前后曾经强力推进,但现在进入了城市国际化实施的"瓶颈期"和"审美疲劳期"。

一是自满情绪。目前国内"一线城市"大多雄心勃勃、扎实提高城市管理水平,提升城市国际影响力。上海着力于打造全球城市,深圳提出瞄准国际科技创新中心,建设具有全球影响力的创新创业创意之都,目标要建设成为具有竞争力、创新力、影响力卓著的全球标杆城市。而与之对比,杭州的一些部门、媒体以及自媒体有自嗨现象,杭州已经是"一线城市""全国数字经济第一城",自喻"北上深杭",出现"浙江杭州的发展速度让人惊叹""多家央媒集体夸奖,他们都夸了啥?""杭州'礼让斑马线'Plus版火了!""醉美杭州""最幸福城市"等等新闻标题,客观理性的报道不多,较少关注其他城市的国际化成绩,较少深入谋划和推进国际化工作。事实上,我们应该清醒地看到,数字经济虽然业绩突出,其中,阿里、蚂蚁、网易、海康、大华等IT企业为杭州做出了很大的贡献,但在经济总量中实际也仅占约三分之一,随着政府监管力度的加大和消费瓶颈的来临,电商、互联网金融以及相关企业将面临巨大的挑战。

二是动力不强。对照国内其他城市,杭州城市国际化工作有些滞后。这两年,广州、深圳、成都、青岛、宁波、济南等城市相继出台有关城市国际化的战略举措,全力推进现代化国际大都市建设。2019年深圳出台《关于推进国际化街区建设提升城市国际化水平的实施意见》,到2022年建成首批15个国际化街区,通过探索"国际化街区"的新路径带动各城区国际化水平的整体提升。2019年成都发布推进"三城三都"建设工作三年行动计划,明确提出建设世界文创名城、世界旅游名城、世界赛事名城、国际美食之都、国际音乐之都和国际会展之都的发展目标和实施路径。2020年,宁波发布了《宁波市城市国际化发展"十四五"规划》,在未来五年,宁波将大幅提升交通国际通达力、贸易国际辐射力、产业国际竞争力、文化国际影响力、品质国际吸引力的"五种能力",实现在更大范围、更宽领域、更深层次的对外开放。杭州现有国际化更多的是惯性,而非激情与活力,缺少实质性动力。杭州虽然较早地成立了由市委书记和市长负责的城市国际化领导小组,设立了城市国际化推进办公室,但是最近几年相关工作几乎停顿。杭州虽然组织编写了《"一带一路"和杭州城市国际化"十四五"规划》,但现有城市国际化主要是市级层面组织的,鲜有区县层面的主动作为,西湖博览会、"杭州国际日"等活动逐渐流于形式,缺乏能够带动城市国际化氛围的大型活动。

三是开拓不力。2016 年中共杭州市委出台了《关于全面提升城市国际化水平的若干意见》,对杭州城市国际化曾经做出了明确的安排,但最近几年拓展不力,国际会议、国际友城、国际机构、城市国际组织数量几乎没有增长,广州成功加入世界城市文化论坛(WCCF)组织,宁波、绍兴、济南先后成功申报"东亚文化之都",成都外国领事馆数量已达到 21 家,济南引进柬埔寨驻济南总领事馆,相比之下,杭州缺乏作为,起色不大。

## 三、"亚运盛会":进一步加快杭州<br>城市国际化的对策建议

亚运会是杭州百年一遇的大事件,也是杭州建城史上最重大的事件之一。杭州要以世界一流的胸襟和气魄,以"四个杭州""四个一流"为目标,增强紧迫感、时代感和使命感,充分利用"亚运盛会",发挥亚运新动能,对标国内外一线城市,正确对待杭州城市国际化取得的成绩与问题,发现短板与差距,全面提升杭州城市国际化综合水平,加快建设"独特韵味别样精彩"的社会主义现代化世界名城,争当浙江高质量发展建设"共同富裕示范区"城市范例。

### (一)坚持城市国际化战略不松懈

杭州应该清醒地认识世界形势,一切困难总是暂时的,随着全球疫苗

的广泛接种,新冠疫情终有好转之时,对外开放依然是互联网时代的主旋律,杭州要坚持城市国际化战略,充分利用这个特殊的"窗口期"秣马厉兵,加紧修炼内功,实现2016年《关于全面提升城市国际化水平的若干意见》提出的三阶段目标:第一阶段到2020年,杭州成为具有较高全球知名度的国际城市。第二阶段到2030年,要初步成为特色彰显、具有较大影响力的世界名城;到2035年,城市综合能级、核心竞争力、国际美誉度、城市治理现代化水平大幅提升,基本建成社会主义现代化国际大都市。第三阶段到本世纪中叶,成为具有独特东方魅力和全球重大影响力的世界名城。今年正处于"十四五"的开局之年,也是杭州世界名城建设第二阶段的第一年,首先,克服傲骄思想,增强责任意识。杭州与国内外一流城市相比,差距还是十分明显的,与成都、西安、南京、青岛、宁波等城市相比,优势也不明显。在国内城市竞争白热化时期,杭州不能满足于既有成绩,故步自封,稍有不慎,即会掉队。杭州需要坚持一张蓝图绘到底,充分利用亚运会契机,出台深入推进城市国际化专项行动计划,推动政府部门、基层组织细化任务,以国际化理念开展城市建设管理的标准化、现代化和精细化,提升城市国际化治理水平。其次,激发多元主体,形成自我动力。充分发挥既有城市国际化工作小组的协调机制,激活区县层级机构和基层组织的国际化工作积极性,利用市场机制激励民间组织包括志愿者组织参与国际化工作,形成立体架构,组织多层级多类别的城市国际化活动,既举办"杭州国际日"、西湖博览会、西湖艺术节等大型活动,也举办各类小众的"国际风"活动。最后,追踪世界前沿,注重开拓创新。杭州要密切关注国内外城市发展前沿,加强与国内外一线城市的交流,创新工作方法,加强社会部门国际化基础工作,积极引进国际组织机构,举办大型国际文化交流活动和大型城市节庆活动,开拓新平台,形成新突破。

### (二)全力打造全球"数字经济"标杆城市

数字化是新一轮科技革命和产业变革加速演变的重要引擎,是数字文明的核心力量。正如科尔尼管理咨询公司2022年发布的《全球城市报告（2021）》中所指出的："一个由新冠病毒疫情引发的无可争议的永久性变化，就是全球数字经济的爆炸"。杭州要充分发挥数字经济优势，既坚持特色做法，打响"全国数字经济第一城"品牌，又不断开拓创新，推动传统产业数字化变革，建设全国数字经济高质量发展示范区、全球数字经济样板区，提升杭州城市国际化的经济实力。

1. 推进全球"数字经济"城市建设。做大做强具有国际竞争力的数字产业集群，发展大数据、软件和信息技术服务业。实施制造业数字化改造，加快工业云、智能终端操作系统和平台、人机交互系统、工业控制实时操作系统、工业互联网、自动控制与传感、核心工业软硬件等领域的研发与应用，大力培育"聚能工厂""链主工厂""智能工厂""数字化车间""云端工厂"五类"未来工厂"形态，提升数字经济核心产业制造业增加值。推进数字贸易、数字金融，建设数字自由贸易试验区，构建"自贸试验区+联动创新区+辐射带动区"的开放新格局，推动其他产业共享数字贸易、金融和服务。以电子世界贸易平台（eWTP）为架构，建立"1+N"贸易平台矩阵，推动跨境电商综合试验区与电子世界贸易平台杭州实验区建设有机融合，打造全球一流的跨境电商示范中心。推进全球数字金融中心建设，打造新型数字贸易金融标杆；发挥联合国大数据全球平台中国区域中心的作用，建设全球大数据服务标杆。

2. 大力建设国际消费中心城市。依托全国首个跨境电商综合试验区，打造"数字消费之都"，发挥 eWTP 秘书处作用，打造全球重要的出口和服务中心，建设全球智慧消费体验中心。大力优化提升城市国际化消费地标，增强城市消费能级，加快建设立足国内、面向亚洲、辐射全球的国际消费中心城市。提升"三圈三街"（三圈：吴山商圈、湖滨商圈、武林商圈；三街：延安路、南山路、东坡路—武林路）的国际化水平，依托钱江新城和钱江世纪城建设，打造国际消费新地标。完善延安路湖滨路"双街示范"（延安路国际化商业大街、湖滨路步行街）工程，加快钱江新城"十字金街"和城东"一街一中心"进口商品特色街区建设，创建全省新零售标杆城市；推动消费品牌集聚地建设，做强"首店经济"和"首发经济"；吸引国内外知名品牌设立全球性、全国性和区域性的品牌首店、旗舰店、体验店,吸引国际高端知名品牌、原创设计师品牌等在杭州首发或同步上市新品,提升杭州的消费能级和辐射力。

3.加快建设世界级会展旅游中心。一是构建现代化的门户枢纽。世界级会展旅游中心需要高质量的综合交通运输体系,杭州要加快完善杭州萧山国际机场建设,增加国际航线数量,扩大与亚洲及其世界各地的联系,增强国际通达能力。全面优化杭州火车东站、城站、火车南站的交通综合功能,加快建设高铁西站和机场高铁站,构建现代化的高铁枢纽网络,提高高铁车站的管理水平,建成亚太地区重要的国际门户枢纽。二是彰显世界文化遗产魅力。杭州拥有西湖、大运河和良渚古城三大世界文化遗产,是全国著名的风景旅游城市,要充分彰显三大世界文化遗产功能,做好传承、保护开发与利用;加强长三角区域联动,加快文旅一体化发展,形成大运河文化带和大良渚文化旅游圈。充分发挥主城区江河湖(钱塘江、大运河和西湖)优势,打造具有水岸魅力的世界级城市会客厅新地标,增加杭州城市文化魅力,提升城市会展旅游能级。三是培育有国际影响力的会展旅游品牌。与国家会展中心开展合作,创造具有国际影响力的会展品牌,办好中国数字化大会、全球数字贸易博览会、中国(杭州)时尚产业数字贸易博览会,打响国际会展之都品牌。增强西博会、休博会、服博会、电博会、动漫节、美食节等各类会展的区域影响力与国际影响力,打造直播电商发展高地。建设世界级的旅游休闲综合体品牌,利用数字化优势,推进旅游场景再造、业务再造、服务再造,加快旅游业变革,打造国际数字旅游之都。

### (三)大力建设东方文化国际交流重要城市

亚运会是杭州百年一遇的大事件,是加快推进东方文化国际交流重要城市建设的重大契机。"杭州是浙江的杭州、中国的杭州、亚洲的杭州和世界的杭州",杭州应该充分发挥亚运"金名片"的作用,依托"一带一路"、国际教育与文化交流,厚植城市软实力,加强东方文化国际交流重要城市建设,使杭州展现"重要窗口"的"头雁风采""共同富裕"的城市范例。

1. 加快引进亚洲组织机构入驻。杭州虽然已经有联合国可持续发展大数据国际研究中心、"一带一路"地方合作委员会秘书处、世界旅游联盟总部、国际标准化会议基地等国际组织入驻，但外国使领馆和传统国际组织仍几乎空白。杭州要充分利用亚运会契机，与参与国地区建立多元的联络沟通渠道，发挥杭州区域优势，引进亚洲国家使领馆入驻，同时与亚洲区域组织机构合作，力争引入相关机构进驻杭州。

2. 建设国际体育赛事之都。"办好一个会，提升一座城"，通过亚运会及其他体育赛事，杭州已具备举办国际大赛的基础和条件，杭州应该成立重大体育赛事促进机构，加强对国际重大体育赛事影响力和市场价值的研究评估，引进和筹办国际重大体育赛事；加强与长三角城市合作，共同举办更多的国际重大体育赛事和高水平的国际体育赛事，积极推动和培育一批自主品牌体育赛事。

3. 打造亚洲文明交流城市。亚运会是一场体育盛会，也是一场亚洲文明的交流盛会。与亚洲主要国家地区的博物馆、图书馆、世界文化遗产管理机构等合作，举办系列亚洲文明联合主题和世界文化遗产来杭巡回展出活动，以实物展陈、实景重现、VR 体验等多种形式，展示亚洲主要国家地区世界文化遗产的独有特色和璀璨文明成果。与亚洲主要国家地区的教育机构、研究机构合作，开展高校、中小学和省市公共文化机构的"亚洲文明"系列讲座，提升文化交流层次。与在杭亚洲知名的艺术团体举办亚洲系列美术作品和艺术作品展览，举办系列音乐会、演唱会、舞蹈、戏剧等演出活动，提升杭州作为亚洲重要音乐艺术展览地和演出地的国际影响力。

### （四）打造系列具有国际影响力的文化新名片

杭州要开拓创新，通过城市文化特色化和品牌化，"让世界看见杭州""让世界记住杭州""让世界爱上杭州"。一方面，要以品牌纽带提升杭州的城市国际化软实力，扎实推进，围绕大运河国家文化公园建设，博物馆群、图书馆和文化馆群建设，影院剧院美术画廊展演一条街建设，提升城市文化内涵；另一方面，开展"亚运亚洲文化年"系列活动以及其他活动,进一步推动东方文化国际交流重要城市建设,增进亚洲国家与地区的认同与融合,推进亚洲命运共同体建设。

1. 打造"亚洲文化之都"。一是开展"亚洲文化之都"建设。充分发挥亚运会综合效应,依托杭州悠久的历史传统、深厚的文化底蕴、三大世界遗产魅力以及丰富的旅游资源,通过顶层设计,积极开展"亚洲文化之都"建设,提升杭州国际文化交流水平。二是建设亚洲数字公共文化平台。与亚洲知名的公共文化机构合作,依托杭州数字资源优势,不断提升浙江博物馆、浙江省非物质文化遗产馆、杭州博物馆、西湖博物馆、浙江图书馆、浙江文学馆等的内涵,开展亚洲数字美术馆、数字文化馆、数字博物馆等建设,大力整合汇聚亚洲数字化资源,推动建设亚洲数字公共文化平台,讲好"亚洲故事",讲好"杭州故事"。三是打造亚洲系列文化艺术节。与亚洲知名艺术机构合作,整合长三角城市资源优势,发挥杭州三大世界文化遗产优势,构建新型文化综合体,打造影院、剧院、美术画廊一条街,引进著名亚洲文化艺术团队驻场演出,荟萃亚洲艺术成就,打造亚洲系列文化艺术节,提升杭州区域文化影响力。

2. 力争举办世界体育大会。世界体育大会是由国际体育联合会总会和世界体育总会独立会员联盟等5个国际体育组织联合主办的国际体育界年度盛会,一年一度,是体育界最具影响力的行业峰会,有100多个国家的相关代表和100多个国际各体育联合会的领导者出席。杭州应该借力亚运会东风,发挥杭州自然环境与历史文化优势,与国内外体育组织合作,积极筹办,力争举办世界体育大会,提升杭州在世界体育界的影响力。

3. 建设特色数字新媒体品牌。作为一个国际化大都市,杭州亟须借力亚运会,依托杭州数字资源优势,整合已有媒体资源,打造一体化媒体"中央厨房",加快传统媒体与新兴媒体融合发展步伐,建立一个具有鲜明杭州特色,为世界所熟悉熟知,能持续地影响全国、亚洲和世界的数字化新媒体。同时,整合现有数字媒体企业,加快建设具有5G+传播优势的创新型媒体。充分发挥亚运效应,激发数字媒体企业动力,加快数字媒体与文化的融合。通过数字媒体企业助力,协同传统媒体力量,以"中央厨房"方式向短视频平台、微博微信公众号、网红直播平台等集中供稿,并结合线下亚运主题活动,进行规范化、创意新、力度大的宣传和推介,促进杭州本土文化品牌与亚运品牌的结合,以世界一流的标准,提升杭州的城市品牌,突出杭州独特的城市内涵、城市个性和城市形象。

《杭州城市国际化发展报告(2022)》课题组

# 第Ⅱ部分

# 分 报 告

# 第一编 "亚运时代"：赛会组织筹备报告

# 杭州亚运会的组织、筹备与推进

　　鸿鹄之志,笃实力行。在 2018 年雅加达亚运会闭幕式上,杭州向全亚洲发出"2022,杭州欢迎你"的诚挚邀请。筹办好一届精彩纷呈的亚运会既是杭州的责任,也是历史的机遇。经过四年的不懈努力,杭州亚运场馆及配套设施已经基本实现预定目标,这场"中国特色、浙江风采、杭州韵味、精彩纷呈"的体育文化盛会即将启幕。杭州在筹办亚运会的过程中,坚持"办好一个会,提升一座城"的理念,坚持场馆建设与城市建设同频共振,一批崭新的亚运场馆在杭州和周边县市涌现,杭州的城市格局、城市基础设施和城市面貌也发生了巨大的改变。杭州亚运会的举办不仅将有力地推动与亚洲各国的交流,而且将提高杭州在国际城市中的竞争力和影响力,促进杭州的城市国际化水平提升。本文将从五个方面展示杭州亚运会申办组织筹备与推进的过程,以为城市建设提供宝贵的经验与启示。

## 一、亚运会筹备工作三阶段

　　2015 年 9 月 16 日,第 34 次亚奥理事会代表大会在土库曼斯坦首都阿什哈巴德召开,会议的第一个议题就是听取杭州申办代表团的陈述。杭州申办代表团的核心成员是时任中国奥委会主席、中国国家体育总局局长刘鹏,时任杭州市市长张鸿铭,申亚形象大使罗雪娟,时任阿里巴巴集团总裁金建杭,由杭州电视台双语主播陈永馨进行了英文陈述。在陈述之后,申办代表团播放了杭州申亚宣传片。最后,时任浙江省副省长郑继伟代表浙江省政府做申办总结陈述。经过亚奥理事会代表大会投票以后，亚奥理事会主席艾哈迈德亲王郑重宣布："中国杭州获得2022年亚运会主办权"。作为唯一申办城市，杭州成为中国继北京和广州之后第三个承办亚运会的城市。

2016年3月18日，国务院办公厅发布了《关于同意成立2022年第19届亚运会组委会的函》。2016年4月9日，在人民大会堂举行了2022年第19届亚运会组委会（以下简称亚组委）成立大会。2017年4月17日，杭州2022年第19届亚运会组委会办公大楼正式挂牌，亚奥理事会主席艾哈迈德亲王、国家体育总局、浙江省以及杭州市相关领导出席了挂牌仪式。这标志着2022年第19届亚运会各项筹备工作全面启动。

按照举办亚运会的总体安排，杭州亚运会筹办工作分为三个阶段。

第一阶段（2016年3月至2017年12月）工作任务是：建立健全组委会工作机构、配备工作人员、完善工作制度、制定亚运会总体方案、细化组委会总体工作安排，确定亚运会场馆设施及配套设施规划和相关专项工作计划，确认竞赛项目，按进度抓紧开展亚运村的规划选址和启动建设等工作。

第二阶段（2017年12月至2021年9月）工作任务是：开展并完善场馆、亚运村及配套设施建设，有序进行竞赛组织、市场开发、信息技术、保障系统建设等各项筹备工作。

第三阶段（2021年10月至2022年9月）工作任务是：开展竞赛场馆、媒体村、交通管理、安保措施、卫生保障以及数据处理和信息技术等各项设施及服务保障系统检查、测试、调整和完善，完成所有场馆和亚运村改造建设，调试完善并投入运行。

2018年8月19日，杭州亚运会组委会代表团出席了在印度尼西亚首都雅加达召开的亚奥理事会第37次全体代表大会，陈述了杭州2022年第19届亚运会会徽诞生的主要过程、会徽构成元素和丰富内涵，并汇报了杭州2022年亚运会筹办进展情况。在听取杭州亚组委汇报以后，会徽征集、确定和发布工作受到亚奥理事会允准和积极评价，亚奥理事会主席艾哈迈德亲王指出："杭州是一座美丽繁荣的城市，自成功申办第19

届亚运会以来,各项筹办工作正按计划有序开展,过去一年的筹办工作成效显著,扎实高效。亚运会即将进入'杭州时间',祝愿筹办工作圆满成功。"

其后两年,虽然新冠疫情给亚运会筹备工作带来了极大的困难,但是,杭州攻坚克难、砥砺前行。至2021年年底,杭州基本完成了各大办赛场馆的建设任务;12月29日,杭州亚运村竣工,标志着杭州亚运村赛事功能建筑建设目标顺利完成。进入2022年,全球新冠疫情依然严重,特别是奥密克戎病毒迅速扩散,为防止疫情出现不可控状态,5月6日亚奥理事会执委会宣布杭州2022年第19届亚运会延期举办,赛事名称和标识保持不变。7月19日,宣布将于2023年9月23日至10月8日举行。虽然亚运会举办日期变化给筹备工作带来了一些问题,但也有利于杭州充分准备,以举办一届成功的体育文化盛会。

## 二、办赛理念、组织机制与运行体系

亚运会是一项大型复杂的赛事工程,涉及城市建设和社会管理的多个层面。杭州对标世界一流赛事举办经验,确立了"绿色、智能、节俭、文明"的办赛理念,绿色:为实现城市可持续发展,杭州市出台了绿色建筑、健康建筑、智慧建筑等一系列导则,指导场馆建设。智能:杭州亚运会将通过智能化手段来提高场馆建设效率。亚组委要求所有新建场馆必须采取BIM技术,把BIM技术贯穿场馆建设的全生命周期,实现BIM设计、施工、运维一体化。节俭:杭州亚运会确立了"能改不建、能修不换、能租不买、运营兼顾"的原则,尽可能地充分利用既有资源,提高场馆的使用效率,增强可持续发展的能力。文明:杭州亚运会将高标准建设亚运场馆的无障碍设施。按照"国内一流、国际领先"的标准,在设计、建设、验收三个环节全方位贯彻落实无障碍要求,同步开展无障碍专项培训,推动建设单位、设计单位、施工单位进一步加强对亚残运会无障碍工作的认识,使场馆更加人性化。

亚组委是2022年第19届亚运会筹办工作的中枢,是保障筹办工作顺利进行的重要前提。2016年3月,经国务院批准,由浙江省人民政府和国家体育总局成立2022年第19届亚运会组委会(后简称"杭州亚组委"),杭州亚组委设主席、副主席、秘书长和副秘书长职务,分别由国家体育总局和省市相关领导担任。杭州亚组委已经召开了五次执委会暨全体委员会议,有利于推进筹办工作。在亚组委之下,构建了以部门为主体的筹办机构,建立了竞赛部、外联部、宣传部、场馆建设部、大型活动部、后勤保障部、市场开发部、亚运会(社会)监督委员会等20个工作部门,统筹推进筹办工作。

在杭州亚组委的指导下,各协办城市和省部属办赛单位已经设立亚运筹办工作领导小组和办公室,落实相关专职人员,省内各协办城市进一步完善城市协调保障力量的组成和机制运行,有序推进城市与场馆之间的协调与保障。为保障工作机制全面落地,杭州亚组委印发了《关于建立杭州亚运会协办城市协调保障机制的意见》,通过相关举措,加强对机制落实情况的督查。

杭州亚组委还积极推进合作机制,与浙江大学、浙江工商大学、杭州师范大学、浙江旅游职业学院等单位合作签约。浙江大学将在科技成果应用、专业人才培养等方面全面支持亚运筹办工作,共同推进"智能亚运"创新应用;浙江旅游职业学院成为第一所主动与亚组委对接全方位助力亚运会的高校,双方将在亚运会文化传播、赛会志愿者培训与服务等方面展开密切合作。为建立完善的合作联络机制,亚组委机关建立健全月度例会工作机制,定期听取各协办城市意见建议,共同研究推进筹办工作。各协办城市积极落实季度通报制度,以清单式、项目化推进合作开展,50项合作项目落地实施。

杭州亚组委为适应国际综合性赛事筹办特点,积极顺应亚运会筹办和举办工作进度要求,构建一套组织架构合理、人员配置科学、运行畅通的筹办组织运行体系。

一是完善组织架构,增强人才队伍建设。杭州亚组委将通过完善的组织架构开展全方位的服务保障工作,切实展现优质的服务水平,目标是将杭州亚运会打造成一届具有"中国特色、浙江风范、杭州韵味、精彩纷呈"的文化盛会。人才是展现亚运会服务保障质量水平的根本力量和关键因素。为切实提升杭州亚运会服务保障水平,亚组委广开大门纳贤才,通过单位选派、社会招聘、定向聘请等方式,会聚赛事筹办人员、集聚赛事运营专家、凝聚体育行业专业人才。2018年1月,杭州亚组委联合了15家市属事业单位面向全国招聘了30名高层次人才,被聘用的人员均列入招聘单位相应的事业编制。2019年8月,按市场化运作,公开招聘社会专业人士,采用劳动合同制用工,实行劳务派遣制度,工资待遇按照亚组委社会专业人士相关规定执行,亚运会结束后,亚组委通知劳务派遣机构与社会专业人士解除劳动合同。截至2021年9月底,组委会已有各类筹办人员721名,高级顾问4名、顾问6名,特聘专家63名。

二是与国际接轨,引入场馆化运行模式。杭州亚组委积极实施竞赛场馆、非竞赛场馆和独立训练场馆运行团队建设,设置了将近100个各类场馆团队,并配备了上万名的各类服务人员。团队服务保障内容涵盖了竞赛技术、媒体运行、电视转播以及吃住行等各个业务领域。

三是博采众长,学习观摩与培训相结合。杭州亚组委主动征询各类专家意见建议,参与雅加达亚运会、北京冬奥会等赛事观摩学习,吸收北京冬奥会等组委会的赛事筹办经验,结合实际,形成杭州亚运会服务保障各项政策举措,为赛事运行提供良好的机制保障。坚持理论培训和实战培养相结合,区分宏观理论与微观政策、总体规划与业务计划、赛时指挥体系与场馆团队等,分门别类,加强培训,并与测试演练、模拟推演等工作相结合,力争在实战中积累经验,提升筹办人员的应对水平,确保赛时各项运行工作的平稳有序。

构建一套特色鲜明的视觉形象系统。一届成功的运动会离不开色彩鲜明的视觉形象,杭州亚运会在会徽、吉祥物、核心图形、色彩系统、火炬、礼仪服装等方面力图充分展示主办城市的韵味和风采。

### (一)会徽

2018年1月29日,杭州启动2022年第19届亚运会会徽征集,同年8月,发布第19届亚运会会徽。会徽"潮涌"的主体图形由扇面、钱塘江、钱江潮头、赛道、互联网符号及象征亚奥理事会的太阳图形六个元素组成,下方是主办城市名称与举办年份的印鉴,两者共同构成了完整的杭州亚运会会徽。扇面造型反映江南人文意蕴,赛道代表体育竞技,互联网符号契合杭州城市特色,太阳图形是亚奥理事会的象征符号。钱塘江和钱江潮头是会徽的形象核心,绿水青山展示了浙江杭州山水城市的自然特质,江潮奔涌表达了浙江儿女勇立潮头的精神气质,整个会徽形象象征着新时代中国特色社会主义大潮的涌动和发展,也象征亚奥理事会大家庭团结携手,紧密相拥,永远向前。

### （二）吉祥物

2020年4月3日,杭州公布2022年第19届亚运会吉祥物,吉祥物组合"江南忆"以全网联动的创新形式在线上发布。杭州亚运会吉祥物是一组名为"江南忆"的机器人。三个吉祥物分别取名"琮琮""莲莲""宸宸"。"琮琮"以机器人的造型代表世界遗产良渚古城遗址,名字源于良渚古城遗址出土的代表性文物玉琮。"莲莲"以机器人的造型代表世界遗产西湖,名字源于西湖中无穷碧色的接天莲叶。"宸宸"以机器人的造型代表世界遗产京杭大运河,名字源于京杭大运河杭州段的标志性建筑拱宸桥。

### （三）核心图形

杭州亚运会核心图形主题为"润泽",灵感源于杭州极具代表性的本土文化元素——丝绸。杭州自古以来有"人间天堂、丝绸之府"之美誉,也是"海上丝绸之路"的重镇。核心图形的设计通过融传统现代于一体的艺术手法,以动静结合的态势,展现了丝绸飘逸舒展、温润细腻、挥洒灵动的特性,体现了"温润万方、泽被天下"的气韵与胸襟,寓意亚奥理事会大家庭在杭州欢聚,亚洲多彩体育文化通过杭州亚运会的舞台交流互鉴。同时,丝绸徐徐展开一卷富有江南韵味和东方诗意的"新富春山居图",交错呈现山水彩墨、智能网云等元素,给人以绵延的视觉美感和无穷的想象空间。

### （四）色彩系统

杭州亚运会色彩系统主题为"淡妆浓抹"，灵感出自宋代诗人苏轼的诗句"欲把西湖比西子，淡妆浓抹总相宜"，通过对中国色彩文化和杭州城市特质的提炼与浓缩，设计出以"虹韵紫"为主，以"映日红、水墨白、月桂黄、水光蓝、湖山绿"为辅的色彩系统，挥洒出既有葱郁湖山自然生态，又富创新活力运动激情的新时代杭城华彩画卷。

### （五）火炬

2021 年 9 月 10 日，在亚运会倒计时一周年主题活动上，揭晓了杭州亚运会火炬形象。杭州 2022 年第 19 届亚运会火炬设计方案名为"薪火"，设计思想源自实证中华五千年文明史的良渚文化，以其庄重大气、意蕴深远的造型，通过火炬手们的手手相传，向世界展现中国设计的独特创意、中国制造的硬核力量。火炬造型自下而上"生长"，整体高 730 毫米，净重 1200 克。炬基，以八条水脉为文明之脉，代表浙江八大水系；炬身，以良渚螺旋纹为演化，形似指纹，自然交织，精致细密；炬冠，以玉琮语意为特征，方圆相融，昂然而立；出火口设计源自"琮"最早的甲骨文字形，寓意"光在内周而复始"；整体轮廓曲线犹如手握薪柴，在动静之中迸发出由外向内融合的运动员力量感和汇聚态势。

## 三、亚运会场馆、竞赛日程与测试赛

2017 年 10 月 15 日，2022 年第 19 届亚运会杭州市场馆及设施建设行动大会暨亚运场馆开工活动在杭州奥体中心体育游泳馆项目现场举行，拉开了亚运会场馆及设施建设的序幕，杭州亚运会筹备工作进入了一个新阶段。

根据《2022 年第 19 届亚运主办城市合同》和已初步确定的竞赛项目，明确了杭州市属第一批 33 个场馆及设施建设任务，其中，新建场馆 5 个、续建场馆 7 个、改造提升场馆 12 个、临建场馆 7 个、新建亚运村 1 个、利用现有资源改造提升亚运分村 1 个。2020 年 12 月 24 日，亚运三村

(运动员村、技术官员村、媒体村)实现了全部 108 幢楼的主体结顶,2021年 12 月 29 日实现全面竣工。在亚运会举办期间,亚运村将为 10000 余名运动员和随队官员、近 4000 名技术官员和约 5000 名媒体人员提供住宿、餐饮、医疗等保障服务。

在场馆建设过程中,杭州亚组委推出全生命周期管理和全过程反追溯的场馆建设管理模式,建立亚运场馆建材数据库,实现对场馆建设全过程的可追溯质量终身制。在设计方面,联合竞赛协会专家会审,确保体育工艺落地。在施工方面,与质监、供电、消防等行业部门开展安全生产、建材质量、文明施工等专项检查,落实工程建设质量。在验收方面,聘请专业机构开展草坪底基层、排水系统、种植层等专项检测,及时发现并整改相关问题,确保验收通过。

为实现至 2021 年年底"基本具备办赛条件,基本实现运行就绪"的目标,杭州亚组委通过责任分工,专人专馆,紧盯进程,确保实现亚运会 55 个竞赛场馆、5 个亚运村及分村的全面竣工。在 2022 年 5 月前,亚运会的 31 个训练场馆也完成竣工验收。并且,为了实现亚运场馆的有效运行,亚组委开展了系统化的谋划、个性化的定制和项目化的管理,让各大场馆"活"起来,以达到顺利举行赛事的目标。

竞赛日程与项目设置是亚运会筹办的一项中心工作,是其他领域开展筹办工作的重要基础。在国家体育总局、省体育局的指导下,杭州亚组委坚持"以我为主",与亚奥理事会、亚洲(国际)单项体育组织开展多轮商讨,按照大型国际体育赛事组织筹备惯例,杭州亚组委于 2021 年 9 月举办了亚运会代表团团长大会,向各亚洲国家(地区)奥委会公布杭州亚运会总赛程(1.0 版)、482 个小项设置方案、60 个竞赛项目的技术手册(1.0 版)。

杭州亚运会原定于 2022 年 9 月 10 日至 25 日举行,共设 40 个大项、61 个分项,共 16 个比赛日,共产生 482 枚金牌。杭州亚运会最早进行的比赛项目是男子足球,9 月 6 日开赛,最晚结束的比赛项目是射箭和花样游泳。9 月 11 日,将是亚运会开幕式后的首个比赛日,将在游泳、现代五项、赛艇、竞技体操、柔道、武术等多个项目中产生金牌。因亚运会延期举行,具体比赛项目日期也将调整。

当然,竞赛日程是一项动态调整的系统工程,杭州亚组委还将根据各国家(地区)奥委会代表团实际报名人数、亚运会转播要求、小项设置方案调整等情况,对杭州亚运会总赛程、单元赛程、小项赛程等进行调整更新,确保赛程编制符合标准、赛程设置科学合理,赛事举办井然有序、焦点赛事高潮迭起,各项比赛精彩纷呈。

测试赛工作安排。与北京冬奥会、广州亚运会相比,杭州明显缺乏大型综合性赛事经验,举办测试赛是亚组委与场馆团队磨合和积累办赛经验的重要契机。2021年4月9日,杭州亚组委召开了"韵味杭州"杭州亚运会2021年测试赛和测试活动工作部署会,宣布于2021年7月起正式启动相关项目测试赛及测试活动,持续至2021年年底,内容涵盖田径、篮球、游泳马拉松、帆船、自行车、射击、乒乓球、七人制橄榄球、跆拳道、柔道等10个项目,选取了新建改造、续建临建的10多个亚运场馆,开展相关运动项目的测试活动。

在国家体育总局和省体育局的指导下,杭州自2021年7月以来,已经开展了田径、帆船、龙舟等3项测试赛的竞赛组织工作。由于疫情和天气原因,启动应急预案,将原定于9月举办的篮球、公开水域、公路自行车测试赛延期,调整篮球测试赛赛事级别。在2021年10月和12月,杭州举办了五人篮球赛、跆拳道比赛等省内比赛,完成了年度剩余的5项测试赛竞赛组织工作,达到"检验场馆、锻炼队伍、组织有序、运行顺畅、感受良好"的预期目标。

## 四、亚运会宣传与市场开发

杭州亚运会宣传工作由于新冠疫情的暴发而受到一定程度的障碍,然而,杭州能够利用互联网的优势,制定了国内宣传与国际合作相结合的双重工作架构。

第一,强化国内宣传的节点意识。杭州亚组委充分利用时间和工作节点,注重工作进度与新闻关注点的结合,提高社会公众对杭州亚运会的关注度。

1.确定开幕式主创团队。2021年7月20日,杭州亚组委正式对外发布杭州亚运会开幕式主创团队。由著名电影导演陆川任总导演,G20杭州峰会文艺晚会等大型活动制作人沙晓岚任总制作人,世界著名音乐人谭盾任音乐总监等。由于开幕式时间正值中国传统佳节中秋节,主创团队将结合杭州城市气质,用讲故事的方式传递出家的概念。

2."亚运走十城,吉利伴你行"大型推广活动。杭州亚组委选取北京、上海、广州、深圳、西安、武汉、成都、南京、厦门、天津等10座举办过大型赛事和国际会议的城市开展推广活动,主要由三大活动组成:"亚运UP"(杭州亚运会趣味跑),"趣味跑"作为OCA为每一届亚运会举办城市宣传造势的传统活动,是重要的亚运IP;"亚运Music"(亚运好声音),邀约当地院团、当地籍文体明星和嘉宾,与各地群众共同传唱亚运优秀歌曲,提升亚运优秀音乐作品的传唱度和影响力;"亚运Talk"(亚运主题教育宣讲),邀请有代表性公众人物与宣讲团成员共同开展主题教育宣讲或访谈,传播亚运知识。通过"亚运走十城"活动,全方位传播亚运文化,全面提升杭州亚运会在全国的辐射力和影响力,提高全国人民的关注度。

3.亚运会倒计时周年主题活动。2021年9月10日晚,在杭州奥体中心网球中心("小莲花")举行了杭州亚运会倒计时一周年主题活动。主题活动以"盼"为主题,通过回顾亚运筹办历程,展现亚运会筹办成果,北京、杭州和广州三座"亚运之城"牵手共唱,主、协办城市六地同频互动,亚奥理事会、第18届和第20届亚组委连线祝贺,向亚运大家庭发出邀约等环节,展示全省、全国和全亚洲同心期盼杭州亚运会的热烈氛围。主题活动以节俭办会为理念,大力弘扬亚运美学文化,舞美造型简约时尚,节目编排紧凑合理。

4.杭州"亚运四进"活动。为增强东道主意识,进一步增进市民对亚运知识的了解,激发市民参与亚运的主动性与积极性,2021年3月1日,杭州亚组委召开"亚运四进"工作部署会。根据统一安排,结合我市实际,决定从3月始到12月底,开展亚运进社区(村)、进机关(企业)、进校园、进社团等"四进"活动。会议确定了各牵头部门和相关责任单位,要积极主动,做到有组织、有计划、有秩序、持续性推进;要统筹结合,与传统节日和纪念节日以及各类特色节庆活动相结合,做到内容丰富多彩,形式生动活泼;要注重实效,做到形式、内容并重,努力在普及亚运知识、弘扬亚运精神、传播亚运文化等方面取得实效;加大对"亚运四进"活动的宣传报道力度,及时对创意新、方式好、效果佳的典型做法进行宣传和推广,营造浓厚的亚运氛围。

第二,加大全球宣传推介力度。亚运会是奥林匹克运动大家庭的一部分,不仅在亚洲,而且在全球也是具有重大影响力的。组织承办亚运会需要动员全社会的力量,包括国内国外公众的广泛参与,实现"团结友爱、公平竞争、相互理解"的奥林匹克精神。

1. 志愿者全球招募仪式。2021 年 5 月 22 日,正式启动杭州亚运会赛会志愿者全球招募活动,省、市以及团中央主要领导和杭州亚运会志愿者形象大使共同开通赛会志愿者线上招募通道,在杭高校青年师生、国际志愿者、社会志愿者等 2500 余人参与了这次活动。在这次活动上,亚组委发布了志愿者口号、歌曲、形象大使以及招募动员宣传片等。在赛会志愿者招募启动以后,杭州及其各协办城市青年群体,特别是高校学生积极响应,踊跃报名;国际志愿者也积极参与,将"争当亚运志愿者"的声音传递到世界。至 2021 年 9 月底,赛会志愿者注册报名数达 23.7 万人,其中国际志愿者和港澳台志愿者的报名数超过 1300 人。

2. 亚运音乐国际推广活动。2020 年 6 月,杭州亚组委开始全球征集亚运音乐活动。第一阶段征集,收到了 2102 个音乐作品,并得到了美国、加拿大等海外应征者的响应,通过赛区初选、专家评审等评选出 30 件首批优秀音乐作品,并于 2021 年 3 月 12 日进行发布。亚运歌曲推广采取"线下+线上"的方式进行,线上推广突破了国界的限制,杭州亚组委邀请海外歌手献唱亚运音乐,提了了海外影响力。泰国知名组合乐队演唱的《Let's Celebrate》在泰国荣登热搜榜第四位。

3. 国际文明礼仪大赛。2020 年 9 月 27 日,杭州亚运会国际文明礼仪大赛正式启动。大赛主题为"文明你我 亚运有礼",分城市文明礼仪序列和赛事服务礼仪序列分别开展比赛。2021 年 2 月 10 日,杭州亚运会国际文明礼仪大赛报名结束,来自海内外 30 余个国家(地区)的 2 万余名选手报名参赛。历经海选、初赛、复赛,8 月 28 日,举行了杭州 2022 年第 19 届亚运会国际文明礼仪大赛总决赛。9 月 4 日,在杭州举行杭州亚运会国际文明礼仪大赛颁奖仪式暨全省"迎亚运讲文明树新风"启动活动。

4. 世界媒体大会。2021 年 10 月 18 日,杭州亚运会第一次世界媒体大会在杭州开幕,会期两天。举办世界媒体大会是奥运会、亚运会等国际大型赛事的惯例举措。在会上,杭州亚组委介绍了杭州亚运会主媒体中心初步规划设计方案、媒体注册报名政策、新闻信息服务等内容,还介绍了竞赛日程、场馆建设等媒体关注的问题,并与参会媒体就媒体抵离、交通、物流、住宿、餐饮、收费卡等政策进行了沟通。本次大会以线下结合线上形式召开,亚奥理事会、大洋洲奥委会,日本、韩国、科威特等亚洲和大洋洲国家(地区)奥委会,新华社、美联社、法新社、路透社等国际通讯社和亚洲主流媒体、国内媒体在内的 110 余家新闻机构代表,亚洲田径联合会、世界现代五项协会等单项体育联合会,日本爱知·名古屋亚组委、汕头亚青会、三亚亚沙会、成都大运会组委会有关负责人共 400 余人参加了会议,这是亚运会历史上规模最大的一次世界媒体大会。

大型体育赛事资源开发是国际重大体育赛事的市场化运作模式,杭州亚运会力求通过多渠道推广,增加市场开发收入,特别在媒体版权转让和票务销售上做好文章,达到社会效益和经济效益双丰收。

2018 年 12 月 26 日,正式发布了杭州亚运会市场开发计划。杭州亚运会市场开发体系设置了赞助、特许经营、市场运营及票务四大版块,通过市场开发模式能够让更多企业参与亚运会。杭州亚组委先后与官方汽车服务、通信服务、银行服务、航空客运服务、信息技术集成和云服务、金融科技服务 6 个类别官方合作伙伴签约,吉利集团、中国移动和中国电信、工商银行、长龙航空、阿里巴巴、支付宝 7 家企业成为杭州亚运会官方合作伙伴。杭州亚组委还打破传统惯例,创新设置茶叶、黄酒、空气治理、美妆、香薰等赞助类别,激活民企,特别是本土企业参与热情,助推更多企业共享亚运红利,带动培育更多"浙江名品"。截至 2021 年年底,已经明确了涵盖徽章及非贵金属、贵金属、丝绸、文具、家居生活、工艺品6大类、百余种产品的首批24家亚运特许生产企业及14家零售企业,启动了7家线下门店和天猫线上旗舰店。截止到2021年年底,杭州亚运会已拥有10个官方合作伙伴,3个官方赞助商,37个官方供应商,已累计开发了67个类别,共89家赞助企业,赞助协议总金额近38亿元。

## 五、"智能亚运"与亚运城市行动计划

杭州亚组委贯彻落实省委、省政府领导的"使'智能'成为本届亚运会最大的亮点,使'智能亚运'成为全国乃至全球有影响的一张金名片"要求,"绿色、智能、节俭、文明"的办赛理念,其中"智能亚运"是杭州推进数字化改革的重要场景,是打造重要窗口和共同富裕示范区重大任务的标志性成果。"智能亚运"主要在办赛组织、参赛设施和观赛服务三个方面体现出来。

在办赛组织方面,杭州亚运会着力打造全球大型体育赛事首个数字办赛一体化平台,集成在线沟通、OA办公、人员管理、赛事培训、礼宾管理、交通组织、赛场管控、指挥调度等服务功能,形成一套科学规范、集成整合、统一高效、安全可靠的办公系统,为赛会筹办和赛时安全有序运行提供保障,为近12万名工作人员和志愿者提供线上办赛服务,实现亚运筹办各个阶段跨地区、跨层级、跨部门的赛事筹办和赛事指挥协同服务。

在参赛设施方面,杭州亚组委为运动员、媒体官员等谋划建设一系列智能化服务设施,包括通过赛事信息发布系统(INFO)为媒体记者、转播商以及OCA大家庭成员等提供专业赛事信息查询服务;通过智能终端提供在线翻译功能;通过智能物联提供亚运村内"食住行"一键通行等便捷体验。谋划无人驾驶技术应用,为运动员等参赛人群提供智能出行保障。

在观赛服务方面,杭州亚组委针对以往大型体育赛事观众出行、观赛的痛点,打造大型综合性运动会史上首个一站式数字观赛服务平台——"智能亚运一站通",运用人工智能、区块链等高新技术,围绕观众服务"食、住、行、游、娱、购"六大需求,整合出行必备的18个服务场景,为观

众提供从购票、出行、观赛到住宿、美食和旅游等"一站式"服务。依托平台推出"亚运PASS",整合健康码、公交地铁码、景区码等二维码,为亚运观众"一码通行"服务;建设AR导航为观众提供"虚拟+现实"的沉浸式体验;为外国人提供外币移动支付功能;提供"千人千面"的智能行程规划;开展全球首个采用区块链技术的"跑向2022,争当亚运火炬手"活动,打造亚运史上覆盖区域最广、参与人数最多、持续时间最长的线上火炬传递活动。目前,平台整体曝光超10亿人次,注册人数超1100万人,日均访问70余万人。

为促进赛事筹办和城市发展联动,圆满举办2022年第19届亚运会和第4届亚残运会,统筹做好筹办各项工作,2020年4月17日,杭州召开亚运城市行动推进大会,发布了《杭州市亚运城市行动计划纲要》,目标是通过成功举办亚运会,加快独特韵味别样精彩世界名城建设,努力打造展示新时代中国特色社会主义的重要窗口,展示优秀的中国传统文化,推进和谐亚洲的建构,为中华民族繁荣昌盛留下独特的"亚运遗产"、丰硕的"亚运财富"和温暖的"亚运记忆"。

亚运城市行动计划分三个实施阶段。

1.2020年4月至2022年8月为赛前筹备阶段。杭州建立协调推进机制,各牵头部门会同配合部门细化工作方案,形成年度工作任务清单,并按照工作任务有序推进。

2.2022年9月至10月为赛时运行阶段。各项筹办及城市保障工作全部就绪,亚运会和亚残运会顺利开幕,赛事圆满平稳举行。

3.赛后利用阶段,杭州将充分利用亚运遗产,最大程度发挥场馆的社会效益,持续开展文化体育、会议会展、赛事赛会等活动,放大亚运效应。

亚运城市行动包括健康城市打造行动、城市国际化推进行动、基础设施提升行动、绿水青山守护行动、数字治理赋能行动、产业发展提质行动、文化名城传播行动、城市文明共建行动等八大内容。其中,健康城市打造行动的突出重点是每年组织健身活动1500场次以上,全民健身培训服务1000场次以上;城市国际化推进行动着重于打造亚太地区重要门户枢纽,落实长三角区域一体化国家战略;基础设施提升行动主要实施亚运公交优先计划,开展重点公共区域无障碍设施建设;绿水青山守护行动主要打造钱塘江沿江体育长廊,推行公共场所全面禁烟;数字治理赋能行动着重引导发展线上医疗、线上教育、无人场景、远程办公等生活工作新方式;产业发展提质行动聚焦于推进亚运创客计划、"亚运+文旅"融合发展;文化名城传播行动主要在于扩大中华文明圣地影响力,开展"杭州欢迎你"系列活动;城市文明共建行动侧重于打造最安全城市,并实施一个学校一个运动项目计划。亚运城市行动计划不仅让生活在杭州的1000多万名市民一起参与,而且共同见证这座城市能级的不断提升。

《杭州城市国际化发展报告(2022)》课题组

# 杭州亚运会与城市交通枢纽建设

　　2022 年亚运会是杭州、浙江省乃至全中国的大事件,是继 1990 年北京亚运会、2008 年北京奥运会、2010 年广州亚运会和 2022 年北京冬奥会后又一国际综合大型体育赛事,杭州是继广岛、釜山、广州以后的第四个非首都城市举办体育盛会。如今,在杭州亚运会即将举办之际,对于杭州来说,时间紧迫,任务重大。自 G20 杭州峰会以来,杭州已是人口超越千万的大都市,每年到杭打卡的旅游人数大幅度增加,城市交通压力日益增大。在新时代背景下,尤其在亚运会前夕,杭州如何借势筹办亚运会推动城市交通枢纽功能再优化、开放水平大提升,仍是一个值得我们去思考和应对的问题。


一


　　改革开放以来,杭州惊鸿巨变,由原来的省会小城迅速蜕变为国内新一线大都市。这几年,杭州对标国际一流城市,明确城市建设目标,奋力弥补城市交通短板,城市交通水平迈上了新台阶。2016 年,杭州出台了《关于全面提升杭州城市国际化水平的若干意见》,首次提出要"加快形成亚太地区重要国际门户枢纽"。2018 年 7 月,杭州市委、市政府的《关于以"一带一路"建设统领全面开放,进一步提升城市国际化水平的实施意见》更是明确地指出,杭州要建设亚太门户枢纽和国家综合交通枢纽。

　　这几年,杭州城市规模不断扩大,随着富阳和临安的撤市设区,市区面积达到了 8002.8 平方千米。城市人口数量增长也是十分快速的,2019

年杭州人口突破千万人,达到了1036万人,其后持续增加,2020年达到1193.6万人,2021年1220.4万人。大量人口聚集,交通出行需求也日益增长,杭州萧山国际机场旅客吞吐量和火车客运量的数据也充分地反映了这种趋势。2019年萧山国际机场旅客吞吐量实现了跨越式的增长,达到4010.84万人次,客运数量位居全国前10,成为全国第五大航空口岸;2020年和2021年虽然受新冠疫情影响,客运吞吐量有明显下降,但仍位居国内机场旅客吞吐量排名前10。在铁路出行方面,2019年杭州东站共完成旅客发送7190万人次,数量超过上海虹桥站和南京站。最近两年,虽然旅客流量有所下滑,但在全国铁路客运站中,杭州东站的到发旅客总数仍居全国前列。2020年,杭州东站累计发送旅客约4650万人次,2021年发送旅客5274万人次,日均发送量达14.4万人次,连续两年位列长三角火车站首位,超过了上海虹桥站与南京南站。

为了更好地发挥亚太重要门户枢纽作用、保障2022年杭州亚运会的顺利举行,2018年杭州启动了"5433"综合交通大会战。"5"是新建总里程552公里的快速路和高速公路,"4"是新建400公里轨道交通,第一个"3"是新建总里程350公里的4条铁路线,第二个"3"是水陆空三大枢纽工程,涉及81个重大交通项目。最近几年,杭州在重大交通工程方面投入了巨额资金,取得了显著的成绩。2019年杭州市累计完成交通建设投资387.8亿元,相较2018年的263.1亿元,同比增长47.4%。其中,公路项目完成投资306.7亿元,同比增长45.8%;水运项目完成投资40.9亿元;机场项目完成投资40.3亿元。[①] 2020年,全市累计完成综合交通建设投资约1308亿元,完成年度目标(1142亿元)的114.5%,同比增长50.5%。其中,铁路与轨道交通项目完成投资819亿元,同比增长70.2%,公路项目完成389.6亿元,增长27.1%,水运项目完成28.3亿元;机场项目完成70.9亿元,增长75.8%。[②] 显而易见,2020年综合交通

---

① 《2019年杭州市交通经济运行分析报告》,http://tb.hangzhou.gov.cn/art/2020/6/15/art
_1229356859_3557159.html。

② 《2020年杭州市交通经济运行分析报告》,www.hangzhou.gov.cn/art/2021/6/8/art_
1229063408_3879363.html。

建设投资额几乎是 2019 年的 3 倍,铁路与轨道交通项目增幅较大,达
70.2%,而机场项目也增长了 75.8%,交通投资带来的乘数效应是巨大
的,社会效益也是明显的。

　　作为 2022 年杭州亚运会的重大配套工程项目,2018 年 10 月启动了
杭州萧山国际机场的第 3 次扩建工程(第三期工程),已经引入了地铁 1
号线和 7 号线,解决了机场不通地铁的尴尬,并开始新建 1 座机场高铁
站,将引入杭黄、杭长、杭绍台、杭义温、沪乍杭高铁线路,增强机场的“空
铁联运”枢纽功能。在铁路方面,杭州成为中国首座高铁线路面向四方
的十字架构城市,沪杭客专、杭甬客专、杭长客专、杭宁客专和杭黄客专形
成了杭州“五线一枢纽”的高铁网络,是国家“八纵八横”高速铁路网中重
要的枢纽城市。杭州目前已建成杭州东站、杭州站和杭州南站 3 个高铁
车站,正在推进杭州西站和机场站两个主站,还有临平站、富阳站、桐庐站
和淳安站,其中 2013 年投入运营的杭州东站是亚洲最大的交通枢纽之
一,汇集了高铁、普铁、专线、地铁、公交、水运等多种交通方式,可实现立
体无缝交通换乘。在公共交通方面,地铁正发挥越来越大的作用。杭州
目前运行的地铁 1 号线、2 号线、3 号线首通段、4 号线、5 号线、6 号线、7
号线首通段、8 号线一期、9 号线临平段、10 号线首通段、16 号线,总里程
突破 400 千米,形成覆盖杭州“一主三副”主要客流走廊的地铁网络运营
主骨架,地铁正成为杭州门户枢纽的重要组成部分。另外,2020 年杭州
境内公路总里程达到 16919 千米,城市快速路加速成网,杭州是全国第二
个拥有快速公交的城市,拥有全国领先的公交系统,快速路通车总里程
219 千米,城乡公交通达率 99.2%,进入全国城市前列。


二


　　亚运会是亚洲地区的重大体育赛事,也是举办城市自我展示的一个
重要舞台。对于一个城市来说,国内外旅客大流量瞬时进出、比赛场馆的
通达性和集散能力,都将极大地考验一个城市的门户枢纽建设水平和综
合交通能力。

北京和广州亚运会的成功举办为杭州亚运会提供了经验，一些基本数据可以作为参照。1990年，第11届北京亚运会有来自亚奥理事会成员的37个国家和地区的体育代表团6578人参加，在半个月期间内，报道比赛的媒体记者和观赛的外国游客接近20万人，还有大量的国内参赛选手及观赛群众。2010年，广州亚运会是史上规模最大的亚运会，有42个大项，包括28个奥运项目及14个非奥运项目；共有45个国家和地区14000多名运动员、教练员和体育官员参加，记者和媒体人员7000多名，工作人员及志愿者6万多名，现场观众和游客1000万人次。2022年杭州亚运会已确定竞赛大项37个，包括28个奥运项目和9个非奥运项目，其中，宁波、温州和金华设立分赛区。杭州涉及56个亚运会场馆及设施，分布于江干区、拱墅区、西湖区、滨江区、萧山区、余杭区、富阳区和淳安县。

基于杭州亚运会分布和赛事特点，杭州正加快构建一个现代化的综合交通运输体系，以保障亚运会的顺利举办。在《杭州市综合交通专项规划（2021—2035年）》中，我们可以清晰地看到，这一规划与保障亚运会相结合，首先加快建设杭州萧山国际机场T4航站楼以及交通枢纽中心，重点发展欧美直飞航线，加密东南亚、东北亚地区航线航班，至2035年，国际航点达到100个以上，国际旅客吞吐量占比提高到20%以上，实现年旅客吞吐量9000万人次，年货邮吞吐量230万吨。在铁路方面，强化国家综合铁路枢纽地位，加强与周边亚运会协办城市之间的联系。2019年9月，作为亚运会重大配套保障项目的杭州西站枢纽开工，原定2022年亚运会前启用。西站枢纽站台规模为11台20线，是一个集高铁站场、多条地铁、城市配套工程等一体的特大型综合交通枢纽，是一个"产城融合、职住平衡、生态宜居、交通便利的郊区新城"核心，一个联通长三角城市群的新门户与"轨道上的长三角"的重要节点工程。2021年8月，西站站房完成主体结构，建设框架就此搭起，幕墙、装饰装修、机电安装等进行施工。2021年年底，西站站西Ⅱ标疏解高架先行贯通，工程进展顺利。其中，西站将率先通行的湖杭铁路全线长137.8千米，双线高速铁路，设计速度350千米/小时，目前完成了关键性的节点工程，正在快速推进，确保按期高质量开通。未来杭州要建成 11 条高铁、6 个客运站、9 个方向的放射性大型铁路枢纽。在市域轨道交通方面,杭州持续推进地铁 3 号线、4 号线、6 号线、7 号线、9 号线、10 号线,机场快线和 2 条城际线建设,其中,地铁 3 号线工程全长 57.7 千米,是贯穿杭州主城西部和东北部的轨道交通干线,将连接建设中的杭州高铁西站、汽车客运西站和多个公交中心站。杭州机场轨道快线全长 58.5 千米,最高运行时速可达 120 千米,将进一步加强高铁杭州西站枢纽、高铁杭州东站枢纽及萧山国际机场之间的快速互联,更好地服务杭州 2022 年亚运会。到 2022 年亚运会前,杭州将建成 10 条轨道普线、1 条轨道快线、2 条市域线的 13 条地铁线路,形成一个总长 516 千米、覆盖 10 个城区的轨道交通骨干网络,串联各个枢纽节点,实现"轨道上的城市",便利地通达大多数的亚运会比赛场馆,为亚运会创造良好的交通支撑条件。另外,城市快速路网如"杭州中环"、杭州环城北路至天目山路提升改造工程、萧山区风情大道改造工程等也在加快完善建设之中,在亚运会前建成 464 千米城市快速路。目前,亚运会重大交通配套项目与沪杭甬高速公路杭州市区段改建工程的关键项目钱塘江新建大桥已经贯通,全长 1350.8 米,分上下两层,上层是高架快速路,下层是双线快轨,其中相连接的沪杭甬高速公路杭州市区段改建工程全长约 23.6 千米,除主线收费站外,全线采用高架桥形式。大桥建成后,将有效地串联杭州萧山国际机场、钱江世纪城、钱江新城、东站枢纽等,成为杭州城市的一条重要通勤通道。

三

　　门户枢纽建设大投入可以让一个城市的交通基础设施实现大发展和大变样,然而,仅仅依靠硬件设施,无法打造一个与历史文化名城相媲美的门户枢纽。对于杭州来说,以亚运会为牵引,高水平打造亚太地区重要门户枢纽既是落实以人民为中心发展思想的具体体现,也是浙江推进"八八战略"再深化、改革开放再出发、共同富裕窗口展示的重大举措,因此,门户枢纽功能再优化和开放水平再提升,不仅仅是一项民生工程,也是一项民心工程。

(一)加大枢纽改革力度。现有门户枢纽管理体制机制复杂,主体责任落实存在难度。杭州应以亚运会为契机,坚持以安全为核心,以服务旅客为中心,积极回应群众呼声,进一步深化改革,发挥门户枢纽管理主体的作用,凝聚各方力量,协同推进各方面的工作,聚力打造以人为本、数字应用、国际水准、杭州特色的门户枢纽,全面提升门户枢纽的建设和管理水平,实现交通运营更有效率、服务保障更加人性化,真正实现从功能枢纽中心到"城市形象窗口"的转变。

(二)提升门户枢纽通达性。门户枢纽功能的第一要义是交通的通达性和时间效率,目前杭州萧山国际机场通航点 60 个,大多集中于亚洲区域,欧美及其他地区的国际航线和通达点较少。杭州要加大对外开放力度,优化航线网络,开辟更多的航线航班,提升对外开放水平;构建安全、效率、智慧和协同的现代化空中交通管理系统,适时协调空域权限,提高航班的准点率。加快打造"空铁联运"体系,增强交通一体化的旅客集散能力。加强杭州火车东站的门户枢纽功能,优化和提升火车、地铁、公交车、出租车和私家车"五位一体"的"零换乘"空间,实施"快进快出"方案,推进核心门户枢纽的通达能力,提高综合交通的换乘效率。

(三)优化门户枢纽便捷性。现有综合枢纽非常重视交通建筑设施的建设,高大宏伟的建筑视野开阔,光线明亮,但往往缺失人本思考。在交通功能实现以后,遗留大量硬件设施的衔接问题,在旅客到达层、出发层、商业层、停车层、城市公共交通接驳层之间空间距离过长,标识不清,经常形成错位现象,以致旅客形成"枢纽空间焦虑",为了不致误车,旅客甚至需要提前数小时之久抵达门户枢纽。虽有不断的改进,但仍难以达到预期效果,"无缝衔接"成为一个美好的概念。需要进一步加强门户枢纽的便捷性,尽可能合理衔接各层之间的通道,便利旅客的出入和换乘,以顺利出入。在公共空间的各个节点,可以用标识、颜色、地图、问询、显示屏等形式建立一套完整的信息系统,定位每个具体空间,以使第一次来到的乘客,也会容易找到目的地,不走冤枉路。

(四)加强大数据的应用。综合交通门户枢纽流量高度集聚,数据数量巨大,是大数据应用的最佳场景。杭州应充分利用大数据、人工智能等新一代信息技术的优势,打通数据壁垒,采集门户枢纽的相关数据,构建"全区域、全时段旅客流动预测模型",全力打造火车东站"数字门户"。实现进闸通关、人脸识别、刷卡(身份证)乘车一体化服务,提供最为便捷的数字化服务。同时,基于大数据手段,预测节假日高峰人流数量,预测亚运会参赛、观光、观众的人流数理,科学安排门户枢纽的公共空间、服务设施与人力配置,实现服务管理创新,建立起适应大规模瞬时旅客集散的管理机制,提供精准的服务管理。

(五)优化门户空间环境。门户枢纽是一个公共空间,也是一个城市窗口,空间环境的营造直接关系到旅客的心理感受与城市形象。现有门户枢纽的空间环境营造偏重于商业化呈现,缺失人文关怀。在到达层、出发层、候机厅、候车厅、停车层、服务台、公共厕所等场所,充斥着不少的商业广告,却不见体现城市特色的标识、标志、颜色、艺术与文化。在墙壁、安全闸、安全栅栏以及其他相关材质选用上,大多采用冷冰的大理石和不锈钢材质,让人无从感受温暖的环境。杭州是国家历史文化名城,拥有丰富多彩的地方文化,门户枢纽空间环境营造应该充分地汲取地方文化元素,加大设计力度,优化出入口、售票厅、服务中心、国际货币兑换处、商店、休息厅、公共厕所等场所的风格,打造亲民、温馨和温暖的国际化门户枢纽,使门户枢纽成为一个能够让人感受到温度的地方。

总之,杭州要以亚运会为牵引,积极推进亚太地区重要门户枢纽的功能再优化和开放水平再提升,切实发挥门户枢纽的最大作用,使杭州门户枢纽成为杭州的"印象门户""数字门户"和"文化门户",为亚运会"大国风范、江南特色、杭州韵味"谋篇布局,展现杭州别样精彩的世界名城风采。

张卫良　杭州城市国际化研究院

# 杭州亚运场馆及设施建设报告

"亚运筹办,场馆先行"。亚运会场馆建设是赛事项目顺利开赛的基础,也是举办一届成功、精彩亚运盛会的前提。第 19 届亚运会、第 4 届亚残运会共涉及 56 个比赛场馆。其中,需要新建场馆 12 个、改造与续建场馆 35 个、临建场馆 9 个。另外,还需要有 31 个训练场馆、1 个亚运村和 4 个亚运分村。对于杭州来说,时间紧,任务重。虽然 2020 年年初突如其来的新冠疫情加剧了场馆及设施建设难度,建设单位既要做好人员疫情防控工作,又要协调好建设材料的保障工作,但是,亚运场馆各建设单位攻坚克难,当年 3 月全员到岗,全面复工,到 2020 年 12 月,53 个比赛场馆全年完成总投资的 76.1%,42 个场馆土建完工。至 2021 年 12 月,杭州亚运场馆基本完成要求;12 月 29 日,亚运媒体村验收竣工,顺利实现亚运会亚运村赛时功能建筑建设目标,从而为亚运会的顺利召开打下了坚实的基础。

## 一、杭州亚运场馆建设特色

在亚运场馆与亚运村建设过程中,杭州秉持"绿色、智能、节俭、文明"的办赛理念,坚持绿色环保、智能应用、节俭办赛、文明体现的原则,确保满足赛事要求,着力打造亚运场馆建设的"杭州样板",助推城市建设,展现城市形象。各建设单位贯彻落实办赛理念,既按照赛事项目特点科学合理安排建设进程,又勇于创新实践,形成杭州亚运场馆建设特色。

### （一）坚持绿色环保，构筑场馆底色

"绿色"是杭州亚运会办赛的一个核心理念，杭州亚组委场馆建设部将"绿色规划""绿色设计""绿色施工"融入亚运场馆建设全生命周期，助力城市可持续发展。在借鉴北京奥运会、广州亚运会、G20 杭州峰会等重大国际赛会举办经验基础上，参考大型赛事体育场馆设计标准及案例，2018 年 3 月杭州亚组委发布了《2022 年第 19 届亚运会绿色健康建筑设计导则》，突出绿色健康建筑理念，9 月编发了《2022 年第 19 届亚运会场馆建筑室内空气污染控制技术导则》，对材料选择、勘察设计、施工、验收等各个环节明确了具体要求，为各场馆设施提供了室内环境质量建设规范。这是国内大型综合性体育运动会场馆建设的首创，也是杭州亚运会的"绿色"创举。

在亚运场馆布局规划阶段，杭州亚组委充分考虑城市发展与环境保护的需求，遵循因地制宜的原则，综合场馆所在区域的气候、资源、环境、人文、经济等特点进行设计，与周边生态环境相融合，实现场馆与生态的和谐共生。例如，杭州市拱墅区运河亚运公园原为城中村改造项目，该区域河道纵横、绿树成荫，适宜规划为公园，后将亚运会乒乓球和曲棍球场馆融入其中，体现了城市规划与绿色场馆建设的有机融合。富阳区水上运动中心，既符合水上运动的特性，又呼应当地山水特征，造型设计灵动飘逸。淳安县场地自行车馆，严格按照国家对千岛湖环境保护的要求，以"朝阳鱼跃、千岛明珠"为灵感开展设计工作，将场馆融入山水之中，实现了区域发展和环境保护相统一。杭州亚运村绿地系统设计时充分考虑步行道规划，各功能区由环形绿道串联，公共绿地设计达到"300 米见绿，500 米见园"的标准。温州市瓯海区龙舟基地把城市新区与亚运场馆项目建设相结合，以场馆建设为契机推动城中村改造，助推城市发展。

在前期场馆设计阶段，杭州亚组委场馆建设部从绿色健康必要指标、运用先进技术及突出地方特色三个方面对场馆设计进行严格审查，确保场馆建设充分体现"绿色亚运"的理念。各亚运场馆还开展耐久性好、易维护的土建装修一体化设计，采用整体厨卫、单元式幕墙、装配式隔墙、多功能复合墙体、成品栏杆等建筑部品，进行工业化装修。而在亚运村设计

方面,杭州进行了海绵城市专项规划,从"渗、滞、蓄"到"净、用、排",建立区域内雨水的有机循环体系。

2021年4月28日,亚组委、浙江电力交易中心与国家电网杭州供电公司签署三方协议,全面启动杭州亚运会绿电交易,即允许用户通过属地电力交易中心,开展光伏、风力发电的电量交易,实现用电零碳排放的目标。通过绿电交易,来自四川、宁夏等地的电力将运往杭州,为亚运会赛事供能。根据协议,杭州所有亚运会比赛场馆及设施被纳入一揽子交易方案,涵盖从2021年6月开始的亚运测试赛起至亚运会结束的全部用电,预计将为杭州亚运会比赛场馆提供清洁能源近5.95亿千瓦时,相当于减少约7.31万吨标煤燃烧;减排二氧化碳50.75万吨,相当于28万棵树一年的二氧化碳吸收量。亚运场馆绿色电力将助力高质量实现碳达峰目标。

### (二) 强化智能应用,提升场馆亮色

"智能"是杭州亚运会办赛的另一个重要理念,既是现代社会的发展趋势,也是杭州数字经济的优势所在,一道城市的亮丽色彩。在场馆建设过程中,杭州亚组委明确,要充分运用云计算、大数据等信息产业优势,以"互联网+"推进智慧场馆设计、建设和运行,全面提升场馆及设施建设智能化、自动化、精细化水平;要求所有新建的场馆必须采取BIM技术,即在场馆建设过程中利用数字技术把相关信息整合起来,使BIM技术贯穿场馆建设的全生命周期,实现BIM设计、施工、运维一体化,以利于建设、管理和运行。

亚组委充分发挥杭州数字经济优势,在亚运场馆管理中,将5G、人工智能、大数据、区块链技术全面运用到场馆运行、赛事组织和服务保障之中,全力打造智能亚运金名片。推出了"泛5G智能场馆赛事应用"项目,以亚运智能场馆为焦点,以5G应用为核心,以亚运办赛、参赛、观赛为场景,聚力打造5G应用新成果。在场馆5G网络建设方面,杭州亚组委依托移动运营商力量,在全国首创核心场馆2.6G异频+4.9G同频双层超密网络组网方案,高品质满足亚运会期间场馆智能观赛体验。

在亚运场馆内外,还进行智慧道路建设,通过摄像头、雷达等智能路

侧设备,实现全面交通态势感知,实现路面状态高精度认知、道路全息态势分发、交通分流引导与控制等安全与效率功能服务。此外,以 5G+AI+AR 可视化方式,亚运小巴士将车外经过的实景进行实时风格化处理,叠加场馆科技、文化场景等视觉内容,让科幻场馆跃然"车"上,呈现惊艳的乘车体验。

在场馆智能观赛方面,杭州亚运会将重点谋划 5G+自由视角、子弹时间、裸眼 3D、8K、VR 等新型观赛体验,实现赛事 360°精彩回放、手指触屏操控,多角度观赛等功能,将大型赛会观赛新技术全面融入亚运赛场。

### (三) 倡导节俭办赛,彰显场馆本色

"节俭"也是杭州亚运会的办赛理念之一,要求做到"该花的钱一分不少,不该花的钱一分不花",在场馆建设规划过程中,杭州亚运会确立了亚运场馆及其设施尽量做到"能改不建、能修不换、能租不买、以此为准"的原则。

坚持"能改不建"。从过往办赛情况看,大型赛事场馆过度建设造成浪费的事例是很多的,也是一直为人们所诟病的。在场馆规划中,杭州亚运会新建场馆仅占 1/5,其余均为改建类场馆。在 56 个竞赛场馆中,改造、续建场馆为 35 个,比例达 63%,临建场馆 9 个,新建场馆 12 个。其中,淳安县的自行车、铁人三项等 5 个项目场馆全部采取临时搭建,大大减轻了政府投入,也有效降低了赛后运营风险。19 个亚残会比赛场馆仅 2 个为专用场馆,其余 17 个与亚运场馆共用,共用比例近 90%。31 个训练场馆全部利用现有场馆进行适当改造。后因项目变化,新增了 2 个场馆。

坚持"能修不换"。杭州亚运会场馆建设在符合赛事要求的前提下,尽可能利用场馆现有设施设备,提高使用效率。按照"能省则省、保证必须"的要求,在施工前对场馆的设施设备进行全面评估,鼓励条件较好的场馆继续沿用原有设施设备。例如,杭州电子科技大学场馆经评估后,将原有电子屏设备和 5000 多个座椅拆卸保管,待场地改造完成后安装回原位置再次利用。金华体育中心、上城体育中心等建造时间不长的体育场,

在改造过程中,保留了原有座椅和看台太阳膜,节省费用上千万元。

坚持"能租不买"。亚运场馆赛事器材遵循"开发优先、补贴包干、能租不借、能租不买"的原则,尽可能通过市场开发和租用的方式解决,特别是赛后无法长效利用的,亚运场馆尽可能进行市场开发和租用,以减少财政投入。杭州亚运会赛事器材市场开发和租赁费用占总预算达 82%。杭州奥体中心国博壁球馆,除耗材外,其他器材供应实现了 100%的租用或借用。同时,各场馆内已提前谋划赛事器材赛后处置方案,全力做到节俭办赛。

坚持"运营兼顾"。提前做好运行管理谋划,坚持"运营兼顾"的原则。现在,57 个亚运比赛场馆确定了运营单位的比例达 85%,较好地避免了赛后搁置浪费情况的出现。例如,富阳水上运动中心等项目采用 PPP 模式,进一步减轻财政负担,同时,运营单位在设计和建设过程中提前介入,充分考虑赛时和赛后功能需求,避免重复设计、建设。绍兴柯桥羊山攀岩中心原为废弃矿山,通过建设以攀岩为主题的运动小镇,带动柯桥和越城区边界的城市建设和运营。

### (四) 突显文明传承,厚植场馆特色

"文明"是杭州亚运会办赛的最重要理念之一,也是传承奥林匹克精神的重要内容。杭州亚运会注重功能性与人文性的统一,着力把"大国风范、江南特色、杭州韵味"融入亚运场馆及其设施的设计、建设和运行的每一个细节,让前来参加亚运会的各国代表品读"中国故事",品味"杭州文化",展现杭州的独特韵味和别样精彩。

在亚运场馆建设过程中,杭州亚运会注重场馆的质量、美感与城市形象融合,并呈现地方传统文化和时代元素的交相辉映。亚运三馆(大莲花、小莲花和玉琮)分别是主体育馆、网球中心和综合训练馆,主体育馆和游泳馆并列在同一个建筑中,银白色金属屋面和两翼张开的平台式设计,从高空俯瞰,它的外形酷似张开双翅的蝴蝶,似在迎接着"振翅欲飞"的那一刻。该设计灵感源自中国古代民间四大爱情故事之一《梁山伯与祝英台》,梁山伯与祝英台相识相恋在杭州,最终双双化成了蝴蝶;综合

训练馆以"玉琮"为灵感,建筑外形简洁、流畅,建成后将成为全球最大的"玉琮"建筑,作为一种礼器、良渚文化的代表文物,内圆外方的筒型玉器"玉琮"距今已有五千多年的历史,是江浙地区特有的文化象征。运河亚运公园体育场是以"杭州油纸伞"为造型的曲棍球场,参考传统的竹制油纸伞架造型。滨江体育馆(小白碗)将承办杭州 2022 年亚运会、亚残运会羽毛球比赛,该馆设计理念以最初的花朵为原型,借以表达美好概念。富阳银湖体育中心场馆整体设计融合富阳特色,带有飞檐的射击综合馆富有江南水乡风格,射击综合馆东侧及南侧幕墙设置了 34000 片旋转百叶,会呈现一幅光影效果的《新富春山居图》。临平体育场馆群的体育馆、体育场、游泳馆、训练馆和风雨操场由一条"丝路"串联,如丝绸般灵动飘逸,呈现"丝绸之府"的江南特色。

在亚运场馆建设过程中,杭州亚运会还赋予建筑人文关怀的功能。新时代的亚运场馆不再是简单的材料堆砌,而是有温度、有人情味的"绣花活",在亚运会比赛场馆建设中设置了逾 10000 处无障碍设施和母婴室,充分体现人文、包容和文明的理念。例如,杭州塘栖盲人门球基地、杭州文汇学校亚残场馆等对标北京冬奥会无障碍建设要求,实现专项设计、专题培训、专业审查、专家督查和专人验收,以残障人士的体验来检验建设成效。

在亚运会场馆建设过程中,坚持"推进文明建设,建设文明场馆""人民场馆人民建,建好场馆为人民"等理念,与浙江省分类办展开合作,建设"无废亚运馆",出台亚运场馆垃圾分类规范,成为浙江省体育设施垃圾分类地方标准,赛时以场馆为圆心带动观众、游客、市民广泛开展垃圾分类工作,赛后以亚运为契机进一步提升城市整体文明水平。通过场馆建设方案向市民公开、建设过程请市民监督、建设成果请市民检验的方式,定期组织市民群众参观、监督场馆建设,以群众的视角审视亚运场馆的规范性和文明程度,激发市民群众参与、宣传和展示,进一步营造全社会参与亚运的良好氛围。

## (五) 加强制度规范,保障场馆成色

亚运场馆工程是一个复杂的系统工程,杭州亚运会以制度规范建设

来保障亚运场馆建设的成色。2017 年 10 月,杭州市人民政府和杭州亚组委发布了《关于加快 2022 年第 19 届亚运会杭州市场馆及设施建设的实施意见》,明确指出亚运会场馆及设施建设是亚运会筹办工作的基础,是确保亚运会成功精彩举办的关键和保障,也是城市建设和经济社会发展的重要内容。

1. 成立场馆建设部

杭州亚组委成立初期就成立了场馆建设部,从场馆设计到工程竣工验收,再到未来体育赛事举行,围绕全生命周期管理、全过程反追溯的"两个全"要求,构筑制度化保障要求,打造高质量的亚运场馆。场馆建设部的主要职责是:负责编制亚运会场馆及设施(红线内)建设的总体实施方案,会同有关部门共同推进亚运会场馆及设施(红线内)建设总体规划方案的编制及报批工作,制定场馆及设施调整计划;负责编制亚运会场馆及设施总体建设工作计划,推进建设进度,并跟进设计审查、全过程监督和工程验收工作;负责制定亚运会场馆及设施建设标准;会同有关部门编制亚运会各场馆及设施运行计划,负责协调赛时场馆及设施的运行保障工作;负责亚运会场馆及设施建设应急预案的编制和实施工作;负责统筹协调亚组委各工作部对场馆及设施建设的需求;等等。

2. 出台亚运场馆及设施管理办法

2017 年 10 月,发布了《2022 年第 19 届亚运会杭州市场馆及设施建设管理办法》,进一步明确亚组委各工作部和市级相关单位在场馆及设施建设方面的职责分工和工作内容;其后,又发布了《亚运会场馆及设施绿色建筑设计导则》《亚运会场馆及设施智能化设计导则》《亚运会场馆及设施运行设计导则》《亚运会场馆及设施前期技术文件审查流程》等一系列的亚运会场馆及设施建设的体育工艺标准和规范要求,指导建设单位开展设计工作。2020 年 4 月,下发了《2022 年第 19 届亚运会—第 4 届亚残运会场馆运行转换设计导则》,进一步明确了杭州亚运会无障碍环境建设要求。

3. 建立三级检查体系

为确保场馆建设高质量,加大现场检查指导力度,研究制定了《2022

年第 19 届亚运会场馆及设施现场检查管理办法》，建立日常检查、专项检查和联合检查三级检查体系，开展各类专项检查，严格把控质量。2020年会同市区质监部门，开展了亚运场馆桩基、深基坑、建材等各类工程建设专项检查 26 次，参与 109 人次，下发工作联系单 25 张，发现并整改问题 80 个，把亚运场馆质量落实到工程建设的全过程之中。在体育工艺方面，围绕灯光、草坪、扩声、地板等 13 项重点体育工艺进行专项检查。在工程安全方面，联合建设部门、应急管理部门开展各类检查活动，对场馆各方主体质量安全责任落实情况、法律法规和规范性文件贯彻落实情况、工程实体质量情况等进行检查。参与 60 人次，下发工作联系单 9 张，发现并整改问题 100 余个。在保留加深记忆方面，按照"边建设边记录边归档"的要求，明确亚运场馆档案留存工作要求，研究制定了《2022 年第19 届亚运会场馆及设施建设台账档案管理办法》，会同档案部门加强指导服务，确保亚运场馆档案按时按点、保质保量录入和管理，系统完整可追溯，为亚运史料留存，亚运记忆提供做好准备。

## 二、亚运会场馆及设施布局与建设

2022 年杭州亚运会场馆布局根据"以杭州为主，全省共享（办）"和"以运动员为中心，以赛事为主体"的原则，杭州亚运会、亚残运会共有 57个比赛场馆（其中 2 个场馆为亚残运会专用场馆），分布在全省范围内主办城市杭州及 5 个协办城市宁波、温州、湖州、绍兴、金华，其中，宁波亚帆中心承办帆船比赛，宁波半边山沙滩排球赛场承办沙滩排球赛；温州市的温州体育中心体育场和温州奥体中心体育场承办足球项目小组赛，温州龙舟运动中心承办龙舟赛；湖州德清体育中心体育馆承办排球赛，德清地理信息小镇篮球场承办三人制篮球赛；绍兴奥体中心体育馆承办篮球比赛，中国轻纺城体育中心体育馆承办排球赛，绍兴棒垒球体育文化中心承办棒（垒）球比赛，绍兴柯桥羊山攀岩中心承办攀岩比赛，鉴湖足球场作为亚运足球训练配套场馆；金华市体育中心体育场和浙江师范大学东体育场承担足球小组赛，金华体育中心体育馆承办藤球赛，另建设亚运分村。

### (一)亚运场馆类别

根据《杭州市人民政府关于第19届亚运会杭州市场馆及设施专项规划的批复》,第19届亚运会场馆分为竞赛场馆(群)、独立训练场馆(群)、非竞赛场馆三大类。

1.竞赛场馆(群)

是指杭州亚运会、亚残会期间举办正式比赛项目的场馆,可分为一馆举办一个项目的场馆、一馆举办多个项目(两个以上)的场馆和场馆群。亚运会杭州市竞赛场馆布局;设置竞赛场馆40个,分布于12个区县,总体形成"8+4+N"的布局结构,即8大场馆群、4个一场多项场馆和N个其他场馆。亚残运会杭州市竞赛场馆布局,设置竞赛场馆19个,主要利用亚运会竞赛场馆。

2.独立训练场馆(群)

指杭州亚运会、亚残会期间仅仅承担运动队训练任务的场馆。杭州市独立训练场馆布局:设置独立训练场馆22个,主要利用萧山区、钱塘区、滨江区等高校场馆资源。

3.非竞赛场馆

指杭州亚运会、亚残会期间不承担竞赛和训练任务,但提供必备赛事服务并相对独立运行的场馆,主要包括主媒体中心(主新闻中心、广播电视中心)、亚运村等。杭州市赛事保障设施布局:设置亚运村1处,位于萧山区钱江世纪城;亚运分村1处,位于淳安县界首乡;设置主媒体中心1处,位于萧山区杭州国际博览中心。

### (二)杭州市亚运场馆及设施分布

在杭州市域范围内,分布了最多数量的亚运会场馆及其设施,大部分区县有场馆建设分布。第一批场馆及设施共33个,其中,新建场馆5个、续建场馆7个、改造提升场馆12个、临建场馆7个、新建亚运村1个、利用现有资源改造提升亚运分村1个。其后,随着亚运会比赛项目的变化,场馆数量也有所变化。例如,拱墅区中国杭州电竞中心,还有2个单独的亚残运会比赛场馆:余杭区塘栖盲人门球基地和杭州文汇学校草地掷球场。其中,需要建设的场馆如下。

1.新建场馆。共7个,分别分布于拱墅、萧山、富阳、钱塘新区、桐庐及淳安,拱墅区运河亚运公园体育馆(乒乓球、霹雳舞)、萧山区浙江师范大学萧山校区体育馆(手球)、富阳区射击射箭馆(现代五项)和水上运动中心(赛艇、皮划艇,包含静水和激流回旋)、钱塘新区杭州东部湾体育公园亚运轮滑馆(轮滑,包含轮滑和滑板)、桐庐马术中心(马术)、淳安县场地自行车项目(自行车)。

2.改建和改造场馆。共18个,主要以体育馆为主,分布于下城区(现拱墅区)杭州市体育馆(拳击)、江干区(现上城区)体育中心体育场(足球);西湖国际高尔夫球场(高尔夫)、浙江大学紫金港校区体育馆(篮球)、浙江省黄龙体育中心体育场(足球)、浙江省黄龙体育中心体育馆(竞技体操、艺术体操、蹦床)、浙江省黄龙体育中心游泳跳水馆(水球);萧山区中国棋院杭州分院国际交流中心(象棋、围棋、国际象棋)、萧山区体育中心体育场(足球)、萧山区体育中心体育馆(举重)、萧山区临浦体育馆(柔道、柔术、克柔术);余杭区杭州师范大学仓前校区体育场(7人制橄榄球)、余杭区(现临平区)体育中心体育场(足球)、余杭区(现临平区)体育中心体育馆(排球);富阳区体育馆(篮球);临安区体育会展中心体育馆(摔跤、跆拳道);钱塘新区杭州电子科技大学体育馆(击剑)、浙江工商大学体育馆(手球)。

3.续建场馆。共7个,分布于滨江区杭州奥体博览中心主体育场(田径)、杭州奥体博览城网球中心(网球)、滨江区体育馆(羽毛球);萧山区杭州奥体中心体育馆(篮球)、杭州奥体中心游泳馆(游泳、跳水、花样游泳)、萧山区瓜沥镇文体中心体育馆(武术、卡巴迪);余杭区杭州师范大学仓前校区体育馆(排球)。

4.临建场馆。共8个,分布于拱墅区运河亚运公园体育场(曲棍球);西湖区浙江工业大学亚运板球比赛场地(板球);萧山区杭州国际博览中心(壁球);淳安县铁人三项项目(铁人三项)、淳安县公开水域项目(公开水域游泳)、淳安县公路自行车项目(公路自行车)、淳安县山地自行车项目(山地自行车)、淳安县小轮车项目(小轮车)。

### （三）亚运场馆及设施建设进展

2017 年 10 月，杭州举行了 2022 年第 19 届亚运会杭州市场馆及设施建设行动大会暨亚运场馆开工活动，拉开了亚运场馆及其建设的序幕。在建设过程中遇到了诸多困难，特别是自 2020 年年初新冠病毒流行极大地增加了建设难度，面对新冠疫情冲击，杭州亚组委坚持疫情防控与筹办工作"两手抓"，实现各项工作按计划推进。到 2020 年 12 月底，53 个比赛场馆全年完成总投资的 76.1%；42 个场馆土建完工，完成总投资的93.3%，超额完成 85%的年度目标。2020 年 12 月 24 日，亚运村 108 幢楼主体结顶，完成目标计划的 141.4%，累计完成总投资的 50.5%。经过四年的建设期，至 2022 年 1 月，杭州亚运会 56 个比赛场馆累计完成投资率98%，50 个场馆已工程竣工，剩余中国棋院杭州分院国际交流中心，杭州北景园生态公园电竞场馆（中国杭州电竞中心）、西湖国际高尔夫球场、桐庐马术比赛场馆、绍兴柯桥羊山攀岩中心，还有 2 个单独的亚残运会比赛场馆等 7 个场馆正在后期建设中，在 3 月底前全部竣工，4 月底前完成赛事功能验收；31 个训练场馆完成投资率 91.3%，已有 11 个竣工。（参见表1）

在亚运场馆及设施建设中，最为突出的成就是杭州奥林匹克体育中心（杭州奥体中心）。杭州奥体中心主要由体育场（又称"大莲花"）、体育馆/游泳馆（又称"化蝶"）、网球中心（又称"小莲花"）、综合训练馆（又称"玉琮"）等组成。

杭州奥体中心的空间布局是"绿心为核，轴线延展，水绿交融，五片环绕"。其中，杭州奥体中心体育场 2009 年开工，2019 年竣工并投入使用。2017 年，杭州奥体中心网球中心开工建设，2018 年 1 月，杭州奥体中心体育馆、游泳馆、综合训练馆（亚运三馆）开工，2021 年 4 月 5 日，杭州亚运三馆正式通过竣工验收投入使用。

体育场又称"大莲花"，作为 2022 年杭州亚运会主会场举办开闭幕式，位于杭州奥体中心的西南侧。体育场总建筑面积约 22.9 万平方米，有 8.08 万个座位，还有一个 3000 个车位的车库。体育场还有一个 3000多平方米的运动员热身馆，并配备一条 60 米长的跑道。体育场造型选取莲花为原型,由 28 片大花瓣和 27 片小花瓣组成;"大莲花"是由钢结构制成,整个钢罩棚外边缘南北向长约 333 米,东西向长约 285 米。"大莲花"是继国家体育场鸟巢和广东奥体中心体育场之后,全国第三大体育场馆。

体育馆/游泳馆又称"化蝶"双馆,采用连体式建筑,总建筑面积 39.7 万平方米,是世界上最大的两馆连接体非线性造型,两个场馆有 10 米的高度差,游泳馆高 35 米,体育馆高 45 米,体育馆地上 6 层,游泳馆地上 3 层。两馆钢结构屋盖为一整体结构,屋面采用铝镁合金板,覆盖体育馆、游泳馆、中厅三部分,呈自由双曲面流线造型,结合双层非全覆盖银白色金属屋面和两翼张开的平台形式,形成"化蝶"意象。其中,体育馆总建筑面积约 7.4 万平方米,约 1.8 万个座(固定座 1.5 万个,活动座 3000 个),可进行篮球、羽毛球、排球、乒乓球、手球、竞技体操、拳击、武术、室内足球等比赛,是 2022 杭州亚运会篮球比赛场馆。体育馆具有一块冰篮转换场地,采用先进技术按照国际赛事级别打造,冰面尺寸为 30m×60m,共 1800 平方米,场地自带以乙二醇为载冷剂的制冷系统,制冰后可根据不同赛事需求在 6—8 小时内迅速转换场地性质,可承接 NHL、KHL、冰壶、花样滑冰、短道速滑等赛事。游泳馆总建筑面积约 5.4 万平方米,约 6000 个座,包含游泳池和跳水池,游泳池共有 8 条泳道,跳水池有 6 米水深,是一个集游泳跳水比赛和训练为一体的专业运动场馆,为 2022 杭州亚运会游泳、跳水、花样游泳项目比赛场馆及训练场馆。

网球中心又称"小莲花",作为 2022 杭州亚运会网球场馆,设 1 个 1 万个座位的加盖决赛场地、两个 2000 个座位的半决赛场地、8 片预赛场地、10 片练习场地和 4 片室内场地,决赛馆建筑直径 135 米,建筑总高 37.956 米,总建筑面积 5 万平方米,坐席 1.56 万个。建筑下半部分由 24 片"小花瓣"组成,上半部分由 8 片会旋转的"大花瓣"构成。"小莲花"建筑采取空间管桁架钢结构,让每片花瓣在视觉上构成了相对独立的效果,实则为一个整体,同步张开、闭合。每片"大花瓣"重达 160 吨,停放在 40 米的高空,顶部屋盖可根据天气情况"旋转开合"。

综合训练馆又称"玉琮",作为 2022 杭州亚运会篮球、排球、手球、摔跤和跆拳道五项赛事的专业训练场馆。"玉琮"是良渚文化的代表,综合训练馆包括训练馆、五大中心(体育科技中心、运动员救护中心、国民体质检测中心、反兴奋剂科研中心、体能训练中心)、手球馆、新闻中心、运动员宿舍、配套公建以及地下后勤、停车场等设施。总建筑面积18.45万平方米,每层层高约12.6米,共8层。每层有不同的运动场地,这是一个集体育、休闲、商业、娱乐为一体的大型体育建筑综合体。

总体来看,杭州亚组委始终把亚运会建设看作一个系统工程,通过系统化谋划、个性化定制和项目化管理,确保了亚运场馆建设有序,并能按照相关要求,高质量地完成建设任务。目前,杭州奥体中心场馆及设施已完成预定的建设任务,其他大多数亚运场馆及设施也已经完成预定的建设任务。

表1 杭州亚运会场馆及设施分布与建设情况表(截至2022年1月)

| 地区 | 场馆 | 项目 | 建设情况 |
|---|---|---|---|
| 杭州 | 杭州奥体中心(主体育场、网球中心、国际博览中心、体育馆、游泳馆) | 田径、篮球、游泳、跳水、花样游泳、网球 | 已完成 |
| | 黄龙体育中心(体育场、体育馆、游泳馆) | 足球、亚残会田径、体操、水球 | 已完成 |
| | 杭州体育馆 | 拳击 | 已完成 |
| | 浙江大学紫金港校区体育馆 | 篮球 | 已完成 |
| | 杭州电子科技大学体育馆 | 击剑 | 已完成 |
| | 中国棋院杭州分院国际交流中心 | 棋类 | 未完成 |
| | 浙江工商大学文体中心 | 手球 | 已完成 |
| | 杭州师范大学仓前校区(体育场、体育馆) | 排球、橄榄球 | 已完成 |
| | 浙江工业大学板球场 | 板球 | 已完成 |
| | 江干区体育中心体育场 | 足球 | 已完成 |
| | 杭州钱塘新区轮滑馆 | 轮滑 | 已完成 |
| | 拱墅区运河亚运公园(体育场、体育馆) | 乒乓球、霹雳舞、曲棍球 | 已完成 |
| | 杭州北景园生态公园电竞场馆 | 电子竞技 | 未完成 |

| 地区 | 场馆 | 项目 | 建设情况 |
|---|---|---|---|
| 杭州 | 西湖国际高尔夫球场 | 高尔夫 | 未完成 |
| | 滨江区体育馆 | 羽毛球 | 已完成 |
| | 萧山区体育中心 | 足球、举重 | 已完成 |
| | 萧山区临浦体育馆 | 柔道、柔术、克矛术等 | 已完成 |
| | 萧山区瓜沥文化体育中心 | 卡巴迪、武术等 | 已完成 |
| | 浙江师范大学萧山校区体育馆 | 手球 | 已完成 |
| | 余杭区体育中心(体育场、体育馆) | 足球、排球、空手道 | 已完成 |
| | 富阳区射击射箭馆 | 射箭、射击、现代五项 | 已完成 |
| | 富阳区水上运动中心 | 赛艇、皮划艇 | 已完成 |
| | 富阳区体育馆 | 篮球 | 已完成 |
| | 临安文体会展中心 | 跆拳道、摔跤 | 已完成 |
| | 桐庐马术中心 | 马术 | 未完成 |
| | 淳安县场地自行车馆 | 场地自行车 | 已完成 |
| | 淳安县户外竞赛场地 | 公开水域、山地自行车、公路自行车、铁人三项、小轮车 | 已完成 |
| 宁波 | 中国·浙江海洋运动中心 | 帆船 | 已完成 |
| | 沙滩排球场馆 | 沙滩排球 | 已完成 |
| 温州 | 温州体育中心体育场 | 足球 | 已完成 |
| | 温州奥林匹克体育中心主体育场 | 足球 | 已完成 |
| | 温州龙舟运动基地 | 龙舟 | 已完成 |
| 金华 | 浙江师范大学体育场 | 足球 | 已完成 |
| | 金华体育中心(体育场、体育馆) | 足球、藤球 | 已完成 |
| 绍兴 | 绍兴市奥体中心体育馆 | 篮球 | 已完成 |
| | 中国轻纺城体育中心体育馆 | 排球 | 已完成 |
| | 绍兴棒(垒)球体育文化中心 | 棒球、垒球 | 已完成 |
| | 绍兴柯桥羊山攀岩中心 | 攀岩 | 未完成 |
| 湖州 | 湖州德清体育中心体育馆 | 排球 | 已完成 |
| | 德清地理信息小镇篮球场 | 三人制篮球 | 已完成 |

## 三、杭州亚运村建设与特色

亚运村建设是 2022 年第 19 届亚运会与第 4 届亚残运会筹办的核心任务之一,是杭州亚运会筹办工程的重大配套设施。杭州亚运村建设以"中国新时代·杭州新亚运"为定位,秉持"绿色、智能、节俭、文明"的亚运办赛理念,在充分满足亚运赛时使用要求的同时,兼顾赛时赛后功能转换,努力打造一座绿色、生态、低碳、健康的现代化新城,并充分展现"中国特色、浙江风采、杭州韵味、精彩纷呈",展现杭州的独特韵味别样精彩。

### (一)杭州亚运村建设

杭州亚运村是杭州亚运会最大的标志性建筑,建设时间跨度长、功能性多样化、赛时人员多、赛后转化要求高。亚运村由运动员村、技术官员村、媒体村、国际区与公共区组成。赛时,亚运村容纳 10000 余名运动员和随队官员、约 5000 名媒体人员、近 4000 名裁判员及 4000 多名工作人员。其中,运动员村除为运动员提供休憩住宿外,还设有升旗广场、总餐位 5500 座的运动员餐厅、体能恢复与力量训练中心、康乐休闲中心等。技术官员村和媒体村为裁判员、媒体记者提供住宿、餐饮、休闲、娱乐等设施和服务。2018 年 2 月 12 日,亚运村建设新闻发布会召开,亚运村选址位于钱塘江南岸的钱江世纪城,处于沿江地区城市新中心,项目于 2018 年 6 月开工。2020 年 10 月,杭州市规划和自然资源局对杭州亚运村运动员村 1 号地块、运动员村 2 号地块和技术官员村地块建设工程方案进行公示。

运动员村一号地块由绿城中国开发建设,东至奔竞大道,北至环路,西至经六路,南至丰北路,该地块总建筑面积约 57.3 万平方米,规划 37 栋高层住宅建筑。亚运会期间将作为运动员及随队官员的住宿场所,赛后为纯住宅区域,并配建 1 座幼儿园,还有公园等设施。运动员二号地块由万科开发建设,南临解放河,东北临环路,场地被丰北路和奔竞大道交叉分割,形成三个地块;总建筑面积约33.4万平方米,共有15栋高层建筑,其中有商业和中心写字楼。另外,万科代建滨水街区商业沿岸的滨水休闲带和东侧的24班小学。运动员村在赛时设运动员餐厅和健身中心,赛后转化为住宅、商业、办公等业态。

媒体村地块由杭州亚运村建设有限公司开发建设,绿城代建,东至平澜路,南至纬三路,西至经一路,北至环路。该地块与华润承建的技术官员村地块相邻,占有一线沿江的江景优势。媒体村地块为100%人才租赁用地,未来"只租不售"。该地块总建筑面积约66万平方米,共有31栋高层建筑。亚运会期间,媒体村将为媒体人员提供住宿保障,亚残运会期间将为残疾人运动员和随队官员提供住宿服务。赛后,媒体村将转化为高端人才公寓租赁住房,并配有邻里中心、幼儿园、小学、公园等设施。

技术官员村地块由华润开发建设,东至平澜路,北至纬三路,西至经一路,南至丰北路。该地块总建筑面积约74.1万平方米,共有25栋高层建筑。亚运会期间,该区块将为技术官员提供住宿等服务,赛后将转化为住宅、商业商务用房、酒店、写字楼以及商业中心等多种业态。

国际区与公共区也同步进行建设。赛时,设置升旗广场、代表团办理中心、村长院、诊所等设施,将为各国代表团提供礼宾接待、抵离办证、行政办公、NOC服务、医疗服务等保障。赛后转化为社区文化中心、青少年活动中心、体育健身馆,并在滨河区域规划新建博物馆、音乐厅、图书馆等设施。

2020年新冠疫情期间,项目建设方携手杭州市总工会、建设工会,从安徽、江苏等地开辟九条复工专线,"点对点"运送建设者,"抢人"保障了工程建设进度,上万建设者参与了项目工程。2020年12月,项目方实现108栋建筑主体结构全部结顶。至2021年6月,亚运村1.13平方千米建设范围内有各类建设人员1.2万余名,三村四地块精装修工程已完成45.0%,外饰面工程已完成71.6%,机电安装工程已完成83.5%,市政景观工程已完成48.5%。2021年12月29日,杭州亚运村举行竣工仪式,标志着杭州亚运村赛时功能建筑建设目标顺利实现。

### （二）杭州亚运村特色

亚运村在规划、设计和建设过程中，以满足赛时使用为第一目标，注重赛时的功能布局，充分体现"以运动员为中心"的原则，在充分满足亚运赛时使用要求的同时，兼顾赛时赛后功能转换，亚运村将成为杭州的新地标。

1. 优越的区位条件。亚运村选址于杭州城市新中心钱江世纪城，北靠钱塘江，西邻杭州奥体中心，是杭州"拥江发展"的核心区域，与钱江新城 CBD 江河汇流区隔江对望，与城市发展趋势相一致。杭州亚运村由亚运村路—丰北路—平澜路—亚运河—飞虹路围合而成，总面积 113 公顷，距离杭州亚运会主会场——杭州奥体中心体育场 3.5 千米，30 分钟车程可覆盖其他 15 座亚运场馆。

2. 便捷的交通网络。地铁 6 号线贯穿亚运村，有丰北站和亚运村站两个地铁站，最快只需 3 站即可直达奥体博览中心，并可与地铁 1 号线、2 号线、4 号线、5 号线、7 号线、9 号线实现便捷换乘。在建的机场轨道快线规划新增钱江二路站，距离杭州亚运村约 1 千米，亚运会前建成通车，建成后将连通杭州西站、杭州东站和萧山机场。另外，依托庆春隧道、博奥路隧道以及钱江三桥和钱江二桥，构成"一江两岸四通道"的跨江交通路网，实现钱江两岸的融合连通。

3. 人本的建筑风格。亚运村建设坚持"以人为本"，以满足赛时使用为第一目标，充分体现"以运动员为中心"的原则。亚运村坚持"绿色环保"，在建筑形式上，注重江南特色与现代元素相结合；在建筑材料上，使用预制建筑材料和环保材料，注重节能环保；在交通流线设计、道路建材选择、室内精装设计和软装配置等多方面，体现对残障人士需求的重视；在人文展现上，结合区域环境特点，营造形式多样、富有活力的城市公共空间，充分展现"时代特征、江南特色、杭州特点"。

4. 先进的智能体验。杭州亚运村搭建了"0571"赛时智能化标准体系，即亚运 0 距离、5 大核心技术、7 大类服务和 1 个亚运智联网平台。在亚运会赛时阶段，亚运村还将提供机器人安防、无人零售、亚运精灵、实时智能翻译、无人驾驶出行、电子巡查等各种智能化体验，为亚运村的运动员、技术官员、媒体记者和其他代表提供智能化的服务,赛后将完美转化为"后亚运文化遗产"。

5.完善的配套设施。杭州亚运村建设注重配套设施的建设,规划了医疗、教育、文化、体育、绿化景观等公建配套,赛时为亚运会参赛代表提供优质的赛事服务,赛后为社区居民提供社会保障服务。在亚运村内,在技术官员村地块中建设了大型商业综合体、星级酒店;在媒体村地块内,建设了邻里中心;在运动员二村地块内也规划了商业街区;在运动员一村、二村和媒体村规划建设幼儿园和小学;在亚运村周边还规划有博物馆、图书馆、音乐厅、社区文化中心、社区体育中心等公建配套。

### (三) 亚运村的未来

杭州亚运村建设坚持"绿色、智能、节俭、文明"的办赛理念,在规划初期,即围绕"中国新时代·杭州新亚运"的定位,以"先谋城、后谋村"的思路,结合亚运村的特点,营造一座绿色、生态、低碳、健康的现代化新城。亚运村对赛时的媒体村、技术村、官员村等主要区域都已经做了细致的功能规划,赛后,亚运村转换成为亚运未来社区。

1.定位与内涵

根据浙江省未来社区试点意见,以亚运村既有设施为基础,围绕未来社区的"人本化、生态化、数字化"的理念,构建"三化九场景"的集成系统,努力升级打造一座人居理想生活的未来社区,以"健康运动、人才安居、智慧生活"为范标特色的未来化标杆样板。

2."三化九场景"

以"三化"为统领,把赛时与赛后的功能应用结合起来,增加未来邻里、教育、健康、创业、建筑、交通、低碳、服务和治理等"九大应用场景",完善基础设施,提供一个充满人文关怀、低碳与共享兼具的美好生活样本。亚运村社区内配建幼儿园和小学各两所,拥有图书馆、博物馆、托育机构、青少年活动中心、表演厅、幸福学堂、体育中心等设施,全方面提升社区人群的幸福感和获得感。

亚运村未来社区将充分发挥亚运村的"0571"赛时智能化标准体系

的作用,应用亚运智联网平台,创建一种数字智慧社区新模式,打造国际领先的数字管理服务的示范社区。杭州亚运村打造的"0571"体系在赛后转化为"后亚运文化遗产",社区将以亚运村智慧运营平台为核心形成数字服务中脑,将居民生活和社交的需求、物业服务和管理的需求、社区共治共享的需求有机结合,创建面向未来、不断成长的数字化管理服务的示范社区。从赛前的智慧建筑无缝切换至赛后的智慧社区,提供国际化、现代化、人性化、一体化的智能居住体验。

亚运村未来社区将营造一个完整的绿色生态系统,打造高标准具有标杆示范意义的绿色健康家园。在运动员一村和媒体村规划建设了2个市政公园,周边还规划建设有亚运林、沿江景观公园等景观资源。在整个亚运村区域50%以上建筑达到绿色健康建筑三星标准。从国际街区到杭州院落,创建完整的绿色生态系统。

3. 打造特色运动之城

运动是亚运村社区发展的灵魂,规划建设体育公园、全民健身馆、连接各地块全长2.1千米环形绸带健身步道、国际区1.6千米长空中阳光跑道、3片篮球场及1个七人制足球场、由亚运内河和亚运林打造而成的滨水与森林跑道,打造全龄健身场所,运动元素将体现在社区的每一个细节中,使社区成为一座充满活力、青春洋溢的运动健康之城。

总之,杭州亚运村在未来将转换为集商业商务、文化博览、休闲运动娱乐、生态居住为一体的绿色健康人居环境典范的未来社区,这一社区要通过共享、开放和便捷的公共空间,实现人与场所、人与自然的和谐融合,并以传承亚运文化遗产,承载城市的历史与记忆,展现杭州的独特韵味别样精彩。

《杭州城市国际化发展报告(2022)》课题组

# 亚运赛事:浙江城市协同发展新篇章

　　举办 2022 年亚运会不仅是杭州的大事件,也是浙江和全国的大事件。杭州亚运会是浙江体育事业跨越发展、全面升级的重要契机。省委、省政府高度重视,先后多次召开会议,袁家军书记强调要构建完善的领导体系和工作机制,确保将杭州亚运会、亚残运会办得精细、精准、精致、精彩、经典,打造成浙江"重要窗口"和高质量发展建设共同富裕示范区的标志性工程,向党中央、向历史、向人民交出一份完美的答卷,为亚洲奥林匹克运动做出浙江应有的贡献。筹办伊始,杭州亚运会就明确"杭州为主,全省共享"的原则,由杭州联动宁波、温州、金华、绍兴、湖州等协办城市,共同承办第 19 届亚运会和第 4 届亚残运会的 40 个竞赛项目、61 个分项的赛事。筹办亚运会一方面可以调动多城联动,共享国际赛事,全面优化提升我省体育发展的环境和基础设施,推动体育事业大发展;另一方面,可以此大事件为契机,推动全省城市交通、环境、产业等领域协同发展。

## 一、协办城市选择模式

　　浙江省有杭州、宁波、温州、金华、绍兴、湖州、嘉兴、台州、衢州、丽水和舟山 11 个地市,各个地区之间社会经济发展水平、地方社会特色、体育特长分布等方面存在较大的差异。2022 年亚运会充分体现了"杭州为主,全省共享"和"以运动员为中心,以赛事为主体"的原则,以杭州为主办城市,周边卫星城市及省内部分城市为补充,最大限度利用好浙江省内现有资源,最大化便捷运动员参赛,保障各项赛事顺利安全举办。在选择协办城市过程中,浙江省充分考虑到了比赛项目特点、各个城市自身特色与长期发展需求三者之间的有机结合。综合来看,在选择协办城市的过程中存在以下四类模式。

**(一) 城市资源模式**

城市资源模式的选择,主要依据比赛项目与城市自然资源的匹配度。通过利用当地自然资源来举办大型赛事杭州并非先例,北京奥运会就曾将帆船等海上运动项目放在了青岛。宁波市滨海区域具有天然的沙滩和良好的海洋环境,其中象山比赛场地的选择是有代表性的。杭州亚运会宁波赛区包括亚运会帆船、帆板及亚洲沙滩排球等3个比赛项目,其中,帆船比赛和帆板比赛场地位于象山松兰山亚帆中心,已获批为浙江海洋运动中心。宁波象山松兰山作为亚运赛场有其独特的自然资源优势:

首先,象山县地处东南沿海,海洋资源极为丰富,海域面积6618平方千米、海岸线925公里和岛礁656个,分别占全省的2.5%、14.2%和21.4%,具有百米长度以上规模的天然沙滩36个。该地自然岸线上的港湾、沙滩风景优美,环境极佳,特别是经海浪长期冲刷的天然沙滩沙质优良、纯度极高、清洁环保,是开展大众化沙滩运动的理想地,该地海域可以同时满足举行多个比赛项目,也可以满足比赛的救援和后勤保障。

象山松兰山亚帆中心具有"沙软水清"的特点,十分有利于开展海上体育运动。该场馆因为特殊的比赛属性,一部分建在陆地上,另一部分建在海洋中,形态别具一格,临海风景优美。象山松兰山气候温和,适合进行比赛和训练。其次,这里的帆船、帆板运动也有一定的历史和基础。通过对周边城市自然资源的充分利用,不仅可以高效完成场地建设,也有利于城市利用自然资源开发适合自己的体育运动项目。

亚运会宁波半边山沙滩排球中心比赛项目选择在象山县石浦镇东海之滨的东海半边山旅游度假区内,该地三面环海,形如麒麟,面积约8平方千米,是华东地区最大的生态性综合型海洋旅游项目。该地依托区域内山脉、海洋、沙滩、渔村等自然与人文资源,遵循低碳、生态、智慧的理念,正在打造集大众旅游、商务休闲、滨海度假、运动健身、康体养生于一体的海滨度假休闲胜地。该地已经形成良好的沙滩排球运动配套设施,有足球场、网球场、篮球场和多功能球馆等运动场馆设施;还有四季百草园、五彩渔镇、百里慢游道和欢乐海洋等其他类型的旅游项目。

### （二）城市传统体育优势模式

城市传统体育优势模式的选择,主要依据比赛项目与城市传统运动优势的匹配度,温州是这一模式的代表。温州作为 2022 年杭州亚运会分赛区,将协办足球和龙舟比赛。其中,龙舟是温州的优势项目,历史源远流长,群众基础广泛,地域特色浓厚,素有"看龙舟、到温州"之称。温州具有悠久和丰富的龙舟比赛传统和经验,近年来多次承办包括中华龙舟大赛在内的高水平龙舟赛事,培养了一个高水平的龙舟竞赛组织和技术人才,建设了国际顶级标准的赛场设施;重视挖掘、整理和保护龙舟文化,规范发展传统龙舟活动,通过一系列的举措,温州于 2012 年被国家体育总局评为"中国龙舟名城",这也是本次全运会群众比赛龙舟决赛落地温州的原因。

亚运会龙舟项目比赛将在瓯海中心区龙舟基地举行。该基地位于瓯海中心区南单元,采取"水岸同建、无缝相连"的方式,布局"一场二馆一水上基地",打造全国最高端的龙舟综合体育中心。2021 年 3 月 30 日,温州龙舟运动基地项目正式通过竣工联合验收,是杭州以外亚运会场馆中第一批完成竣工验收的场馆。温州龙舟运动基地建设也是温州市一项重要的体育民生工程,完工后将成为地区性运动会的主会场,同时具备举办全国单项赛事的能力,能满足竞技体育比赛、群众健身、文化娱乐、旅游休闲、商贸会展等一体化需求,助力瓯海区巩固"体育强区"的地位。

### （三）城市地理位置优势模式

城市地理位置优势模式,主要依据比赛项目选址与地理位置优越的匹配度,紧邻杭州的绍兴和湖州德清是这一模式的代表。绍兴和湖州德清地理位置较其他城市有较大的优势,离主办城市杭州距离近,成为承接杭州亚运会赛事较多的城市。

1. 绍兴与杭州的同城化优势

绍兴是协办亚运赛事最多的城市,协办棒(垒)球、篮球、攀岩、排球和足球等5个项目的比赛。绍兴市奥体中心体育馆协办篮球小组赛,绍兴市奥体中心体育馆棒垒球体育文化中心协办棒(垒)球比赛,柯桥羊山攀岩中心作为攀岩赛场,轻纺城体育中心体育馆协办排球比赛,而柯南足球训练基地成为亚运足球赛场。

绍兴的优势在于距离杭州主城区较近,交通便捷。根据亚组委的要求,亚运村到比赛场馆的车程原则上要求在45分钟以内,定位于钱江世纪城的杭州亚运村距绍兴奥体中心约48千米,车程约50分钟;距轻纺城体育中心约38千米,车程约45分钟。作为毗邻杭州的城市,杭州亚组委将绍兴划入杭州亚运会大都市区,配合杭州市承办亚运会的部分项目赛事组织工作。近年来,绍兴将融入杭州作为城市发展的重要路径,杭绍城际线和绍兴轨道交通1号线已经开通,杭州—柯桥—绍兴之间同城化趋势明显,杭州亚运部分项目的承办有利于扩大绍兴的影响,使其共享亚运会的"红利"。

2. 德清与杭州的近邻优势

德清毗邻杭州,德清体育中心场馆交通便利,距杭州市中心及萧山国际机场车程均在1小时内,高铁(杭州东—德清段)车程仅需10余分钟。在建的湖杭铁路是服务亚运会的重要交通工程项目,截至2021年1月14日,湖杭铁路正线轨道贯通,将在亚运会前建成开通,使两地联系将更加紧密。杭州到德清的城际铁路已经启动,将连接杭州地铁10号线一期终点站"新兴路站",穿越德清中心城区,终点宁杭高铁德清站。另外,杭州绕城西复线已经通车,从德清到富阳、萧山、诸暨、绍兴等地都只要1小时车程。借力亚运会交通建设项目,德清与杭州之间已经建立起多层次的便捷交通体系,为德清融入杭州都市圈打下坚实的基础。

德清将在亚运会期间协办排球项目小组赛部分赛事与三人制篮球赛事。为满足赛事要求,德清不仅新建了三人篮球场馆,还改造提升了县体育中心亚运场馆。亚运会结束后,三人制篮球场馆将承办大型体育赛事、全民健身、文娱活动,成为新一代县域体育综合体。

### (四) 原有体育场馆共享模式

原有体育场馆的共享模式,主体依据比赛项目涉及的场馆要求,选择相匹配的场馆所在地,其中大学既有体育场馆是这一类模式的代表。杭州亚运会充分考虑了省内体育资源互补共享的理念,原有体育场馆的改建提升不仅降低和缩小了建造成本和空间,而且提升了原有的场馆资源,丰富了后亚运时期的体育资源,改善了民众的体育共享空间。

1. 学校体育场馆

学校体育场馆有着较好的基础设施,经改造提升以后,作为比赛场地的场馆不仅可以开展标准化的比赛,而且可以提升赛后体育资源的利用率。杭州师范大学仓前校区体育场、体育馆将承办橄榄球和排球项目赛事,杭州棋院(智力大厦)棋类馆将举行中国象棋、国际象棋和围棋等项目的比赛。金华市体校足球场、上海财大浙江学院足球场和艾青中学足球场将作为足球训练场,浙江师范大学体育场将承办足球小组赛。

2. 城市体育场馆

城市的体育场馆改造提升是省内体育资源利用的主要组成部分。杭州大部分城区的原有体育场馆开展亚运赛事配套服务,其他亚运协办城市,除宁波以外,大多数的比赛场馆由原有场馆改建提升或者续建而来。作为2022年杭州亚运会分赛区,温州体育中心的体育场承办小组足球赛比赛,金华体育中心体育场和室外足球场承办足球小组赛、体育馆将承办藤球比赛。德清体育中心体育馆承办亚运会排球项目小组赛以及三人制篮球赛。在绍兴承办的五个比赛项目中,篮球、排球和足球比赛场馆均为提升改造项目。

## 二、协办城市筹备工作

杭州亚运会是浙江省举办的重要国际赛事,需要凝聚、调动全省力量合力完成,尤其是要激发协办城市认真、高质量地完成亚运会设施的建设以及赛事的举办。2022年浙江省政府工作报告指出,要大力倡导"人人都是东道主"的理念,精心组织开展宣传推介,积极开展"迎亚运讲文明树新风"志愿服务,掀起全民迎接亚运、参与亚运的热潮;加快体育强省建设,大力推进全民健身,全力做好浙江省运动员参加亚运会的训练备战工作。在此过程中,各协办城市积极履行职责,在面对疫情等不利条件下,保质保量地完成了省委、省政府交办的建设任务。

### (一) 成立亚运会分赛区筹办工作领导小组

自亚运会各分赛区确立以后,各协办城市组建了分赛区的筹办工作领导小组,组织和保障亚运赛事的实施,落实亚运场馆及设施建设改造和运行维护,宣传普及亚运,营造亚运氛围等。各地筹办工作领导小组除了对亚运场馆等硬件设施的建设和改造进行监督和推进外,还负责推进组建亚运赛事筹备运行团队,通过组织业务培训,加强与亚组委及其他场馆的交流沟通,开展对标学习,构建高效运行体系。各地筹办工作领导小组还着力监督营造良好的赛事环境,做好赛会志愿者招募、培训和管理,制定完善赛区预算、安保、后勤保障方案,确保各环节措施细致到位。各地区也通过结合亚运赛事的筹备和城市质量的提升,进一步提高城市的品质,将当前和长远相结合,努力呈现最美城市形象。与此同时,通过一系列的品牌策划和亚运宣传,利用亚运会的品牌效应,加快开发各地的亚运旅游资源,推动培育赛事经济,促进地方社会的发展。

### (二) 实现多地联动的迎亚运主题活动

自杭州申办亚运会成功以来,邻杭城市借力杭州亚运契机,开展了一系列与亚运会相关的活动,加快了融杭步伐。2019年,第19届亚运会倒计时三周年暨开闭幕式创意文案、主题口号征集启动仪式在杭州良渚古城遗址公园举行,与此同时,金华、宁波、德清三地同时开展倒计时活动,和杭州主会场交相辉映。2020年,杭州亚组委以"水"为主题开展亚运会倒计时二周年活动。主会场活动在钱塘江起航,全省各地以"水"为媒,在绿水青山之间,举办多种形式的水上运动竞赛、体育展演、亚运文化活动等,通过运动和水的结合,展现浙江秀水,让老百姓享受亲水快乐、共享治水成果,营造全省联动、共迎亚运的热烈氛围;水上运动爱好者分段参与皮划艇"隔空"接力活动,用这种方式表达对亚运会的期待。在亚运会倒计时一周年之际,2021 杭州市全民健身全市大联动活动在杭州 13 个区县(市)开展,活动主会场设在杭州,宁波、温州、金华、绍兴、湖州德清五地设立分会场。在庆祝活动中,杭城各区、县(市)除了开展全民趣味挑战赛外,还融入了精彩纷呈的体育活动;宁波、温州、金华、绍兴、湖州五个城市则通过分会场连线杭州主会场,共同开展亚运倒计时庆典。

### (三) 承办全运会赛事测试场馆功能

为保障亚运会赛事成功举行,各地已通过验收的部分场馆通过承办2021 年中华人民共和国第十四届运动会部分相应赛事,测试场馆功能,以进一步完善场馆设施,达到国际赛事场馆的要求,为承接 2022 年亚运会赛事做好准备。其中,全运会帆船比赛在潍坊和宁波两地进行,基于2022 年亚运会帆船和帆板项目全部放在宁波象山,亚组委对新落成的亚帆中心场馆运行进行了测试,对象山承接亚运会这类大型国际赛事在组织、管理、竞赛、后勤等方面进行了考核。全运会龙舟项目决赛在温州举行,这是温州历史上首次承办的全运会比赛,也是在陕西以外举办的规模最大的单次比赛,还是温州龙舟运动中心建成后首次举办全国性最高层次的龙舟比赛。作为 2022 年亚运会龙舟比赛的一场重要实战演习,温州筹办工作领导小组高度重视,督促做好场馆设施建设和比赛工作,顺利完成测试任务,为进一步打响"看龙舟、到温州"的城市品牌打下坚实的基础。

## 三、协办城市与体育运动发展

亚运会融汇了亚洲体育运动的精华,比赛项目众多。一项体育项目往往有着与此相关的产业链,浙江各协办城市以亚运会比赛项目为契机,将协办亚运比赛项目与城市发展相结合,推出了符合城市产业转型、有利于城市体育文化发展的一系列新举措。

### （一）金华推广藤球项目

金华将协办 2022 年杭州亚运会足球小组赛与藤球比赛。藤球是一种独特的古老体育运动项目，在东南亚一带较为盛行。藤球跟排球比赛类似，所不同的是以脚代手，比赛时队员运用自己的脚踝、膝关节等部位夹、顶球，所以又叫"脚踢的排球"。选手常常会在比赛中有非常高难度带杂耍意味的动作来控制球的运行。藤球比赛兼具对抗性、娱乐性和观赏性。藤球对场地要求不高，运动量适中，但全身都能得到锻炼。因此，藤球项目非常适合在社区、校园等地推广。

金华确定自协办 2022 年杭州亚运会藤球项目开始，便开启了一系列的藤球普及推广活动。金华举办亚运会赛事，不只是场馆等硬件设施得到升级，更关键的是"软件"的提升。金华筹办工作领导小组开展了藤球裁判员培训活动、组建藤球队、举办 2020 年全国藤球锦标赛等活动，还谋划承办亚洲藤球锦标赛等更高级别的赛事。通过举办亚运会项目比赛，金华将不断提高办赛能力水平，充分展现城市文明形象，促进体育作为一种积极健康的生活方式融入市民精神文化生活当中，不断激发群众参与体育活动的热情，"亚运遗产"将与金华的城市发展紧密地结合在一起。

### （二）杭州富阳的水上项目

富阳区在杭州新建的 5 个场馆中占了 2 个，包括富阳区射击射箭馆（射击、射箭、现代五项）和富阳区水上运动中心（赛艇、皮划艇[静水和激流回旋]）。除了新建 2 个亚运场馆以外，富阳体育馆还将进行改造提升，协办亚运会篮球赛事。杭州亚运会在富阳将举行 6 个大项赛事，共计产生 84 块金牌。如此多的比赛场馆放在富阳，得益于富阳的自然资源条件、体育运动基础以及杭州对富阳区发展的大力支持。

其中，富阳区水上运动中心选址富春江北支江，水上运动中心项目建设与北支江综合整治工程相结合，建成后，不仅为 2022 年杭州举行亚运会水上运动项目比赛提供优良的水上场地，向世界展示"美丽杭州"风采,而且将有效地提升富春江的防洪能力,保障杭州的城市安全,解决北支江下游断流淤积问题。杭州亚运会赛艇和皮划艇比赛场地及训练场地分别位于水上运动中心的两侧,西侧为水上运动中心项目,东侧为皮划艇激流回旋项目。北支江水上运动中心的运动场馆和比赛区域景观优美,景观带设计遵循生态保护理念,在保持原有生态环境的前提下加入运动元素,使北支江南岸形成整体的有延续性的景观带。在赛事结束以后,这里也将成为公众运动、休闲共享的区域。另外,新建北支江大桥,为北支江水上运动中心提供交通保障,同时解决上堵坝拆除后两岸过江通行问题,有效地改善东洲岛交通状况,完善区域路网,将有效地促进城市建设与区域经济的快速发展。

### (三) 桐庐的马术产业链

桐庐县将协办 2022 年杭州亚运会的马术比较项目,桐庐马术中心主场馆位于桐庐县瑶琳林场区块,总建筑面积 5.4 万平方米,是杭州亚运会马术项目的比赛场地,将举行盛装舞步、障碍赛和越野赛等相关比赛。作为杭州亚运会所有比赛项目中唯一一项由人和动物共同完成的比赛,马术比赛既具有很高的观赏性,也是一项比赛场地与服务保障要求极高的赛事,对于桐庐来说,是一项全新的使命。

服务保障杭州亚运会是一次宝贵的发展机遇,桐庐依托亚组委和马术比赛的相关机构,大力打造中国马术的"新地标"。桐庐马术中心有 1.2 万平方米的主赛场、约 5000 米的越野赛道和 5000 平方米的室内训练场;拥有 240 个高标准马厩,每个马厩的面积 18 平方米,保证赛马吃饲料、喝水和休息。在亚运会期间,将有 23 个国家 230 多名运动员和参赛马匹,每匹马都由各支参赛队伍的专职人员照顾,桐庐马术中心还配置了马僮宿舍区、马医院、饲料仓库和蹄铁工厂等区域。桐庐马术中心将成为首个可供中国大陆使用的无疫区马场,依托无疫区优势,桐庐马术中心可以成立国内外马匹拍卖交易机构,从事马匹进出口贸易,引入、培育优良马种;可以成立相关科研培育机构,开展马属动物染病疫病的预防、保健和诊断等工作。

桐庐县目前已经与浙江大学等10家单位签订合作框架协议,开展优良马种的培育、优化、训练、防疫等方面的合作研究。瑶琳镇与新加坡一家企业签订了年产值1.5亿元的马产业配套生产项目,填补了杭州市马具装备制造产业的空白。另外,桐庐还积极对接洽谈"马术+游戏""马术+俱乐部"等储备类项目,以马术场馆为核心点位,推出"游桐庐·看马术"品牌,促进马文化与旅游产业深度融合,拉长旅游产业链条,推动桐庐全域旅游再出发。展望未来,桐庐将进一步打造布局完备、业态丰富、特色凸显的长三角马术基地,努力让马产业成为桐庐的又一个特色产业,真正把桐庐打造成"中国马产业新高地",推动区域经济高质量发展。

### (四)杭州的"智能亚运一站通"

"智能",是杭州亚运会的办赛理念之一。杭州市委书记刘捷在考察亚运会智能展示中心时指出,要加快实施一批具有"硬核科技感"的标志性、创新性智慧项目,使"智能亚运"成为杭州亚运会的最大亮点。杭州亚组委围绕"体育亚运""城市亚运""品牌亚运"目标,发挥杭州打造"全国数字经济第一城"的优势和特色,以"城市大脑"建设推进"智能亚运"的落地实施和推广应用。为了让亚运服务更加精准高效,让观赛体验更加便捷精彩,杭州亚组委充分应用区块链、大数据、人工智能等前沿技术,全力打造"智能亚运一站通",为全球用户提供大型综合运动会历史上首个"一站式数字观赛平台",为杭州亚运会赋能。

杭州亚组委推出了全球首个采用区块链技术发起的"线上火炬"活动,通过"智能亚运一站通",人人都可以参与"跑向2022,争当亚运火炬手"活动。通过日常行走、跑步积累的步数,可以参与线上亚运路线,完成每条路线任务之后可以获得区块链证书和明信片。期望通过赛前两年的时间,打造亚运史上涵盖区域最广、参与人数最多、公益时间最长的线上活动。

"智能亚运一站通"内容丰富,其中"出行通"以亚运场馆为目的地进行智能行程规划,以30公里圈、50公里圈为指导纲要,对城市内的公交、地铁、单车等出行方式进行一站式串联,同时也对城际间轨道交通的打通进行了试点并获得初步成效。"美食通"则依靠5000万条真实数据,通过大数据算法筛选出"城市招牌""异国风味""八大菜系""日新月异"四个老百姓吃出来的美食榜单,其中"日新月异"榜单特别针对新冠疫情后新开张的中小餐馆,根据真实的口碑评价,评选出诚信经营、味美价廉的餐馆。"国际通"考虑到解决外国人的使用获得感问题,在初期提供杭州城市旅游、人文、历史等英文内容,让外国友人从了解杭州这座办赛城市开始,关注亚运、爱上杭州。"知识通"则是将亚运项目、亚运场馆、亚运历史、亚运文化、亚运之星等与亚运相关的资讯内容进行多维度、全方位的完整呈现;同时还会有多种互动益智问答挑战,让每一个人都参与传递亚运知识、发扬亚运精神。通过"智能亚运一站通"形式,让2022年杭州亚运会的运动员、技术员、媒体代表、志愿者等参与者切身感受智能技术,体会智慧城市的聪明,未来城市的魅力,开启"智能亚运"的新时代。

## 四、结　语

杭州亚组委秉持"杭州为主,全省共享"的原则,协调省内资源,通过主办城市与协办城市精诚合作,使"共建共享"这一模式对浙江体育文化、社会经济发展具有重要的意义。第一,促进了浙江省内体育资源分布的均衡化。通过协办亚运会,宁波、温州、金华、绍兴、湖州等城市都将具备举办国际比赛的经验,为协办城市发挥各自优势,申请高级别国际赛事打下了坚实的基础。第二,促进了奥林匹克体育精神在全省的传播。通过举办亚运会,奥林匹克体育精神和亚洲各国的体育文化将传入各个协办城市,既加强了亚运城市与亚洲各国之间的交流,又有利于浙江更好地参与"一带一路"建设,扩大浙江的世界影响力。第三,有利于构建覆盖全省的分工与合作机制。亚运会协办联动机制有利于浙江唱好杭州—宁波双城记,有利于绍兴、金华等城市进一步融入杭州都市圈,有利于进一步带动其他城市区域的产业转型升级,实现区域经济发展的良性互动机制,促进比赛场馆的可持续利用,拓展延伸赛事经济、公共应急、文化娱乐等功能。第四,杭州亚运会将凝聚全省力量,为浙江"重要窗口"和高质量发展建设共同富裕示范区交出一份完美的答卷,也将为亚洲奥林匹克运动做出浙江应有的贡献。

魏燕萍　杭州城市国际化研究院

# 北京与广州:亚运会的实践与经验

　　获得亚运会的举办权意味着相关城市将获得大量的资金支持、政策支持和高媒体曝光度,对于提升一个城市在国家政治经济生活中的话语权、推动城市快速发展和提高城市国际影响力具有重要的意义。改革开放以后,中国城市为了提升在国内外的竞争力,把举办国际体育赛会作为实现城市跨越式、高质量发展的重要途径。1990 年北京亚运会的成功举办首次证明了这一发展途径的重要性和可能性。在经过短暂沉寂后,2008 年北京奥运会和 2010 年广州亚运会的成功举办助推两座城市迈向全球城市行列,也激励着其他国内城市的竞争与申办。

　　1990 年的北京亚运会和 2010 年的广州亚运会对塑造中国和相关城市的发展产生多个层面的影响。首先,两届亚运会举办时间处于改革开放后的不同历史节点,这意味着两届亚运会在塑造国家形象方面有着不同的侧重点;其次,两届亚运会的举办也对国家治理和城市治理能力提出了不同的要求,而举办城市在探索完成"大事件"任务过程中有着不同的创新点;再次,两届亚运会都成功完成了宣传中国和举办城市的任务。本文将从国际形象塑造、城市治理能力改善和城市形象宣传三个方面探讨亚运会对中国和举办城市的影响。最后,将聚焦北京从"亚运之城"迈向"双奥之城"的经验,以期对杭州后亚运时代的发展提供一定的借鉴。

## 一、亚运会与国家形象的塑造

　　亚运会自诞生之日起就承担着展示国家实力、构筑国家形象的任务。

亚运会与奥运会不同,并没有建立较好的经济盈利能力,主办国往往需要承担较高的承办费用,这就意味着承办亚运会的国家或城市需要有较强的经济实力和政治影响力。因而,在广州亚运会之前,举办亚运会的国家并不均衡,主要集中在东亚、东南亚和西亚经济实力较强的国家,而且通常由该国的首都和少数顶级城市举办,其他地方城市大多没有能力举办亚运会。归根结底,亚运会是政治意义较强的体育赛事,只有国家经济繁荣、国际地位较高的城市才有能力举办。

### (一) 亚运会与北京首都地位的提升

1984 年中国成功申办 1990 年北京亚运会。这次的申办工作是在改革开放后中国综合实力不断提升的背景下提出的。新中国成立之后,在我国举办国际大型综合性运动会是几代体育工作者的心愿。1978 年后的改革开放和经济发展,为我国举办亚运会奠定了基础。1982 年 10 月 28 日,国家体委和外交部向国务院正式上报了《关于申请举办一九九〇年亚运会的请示》。1983 年 7 月 25 日,邓小平等国家领导人决定批准申办亚运会,并确定了以中国首都北京为主办城市。到 1984 年,中国已经经历了五年的改革开放,社会经济呈现不断繁荣之势,国际环境也较为宽松,中国举办亚运会的时机更加成熟,向世界展示中国社会发展成就具有了重要意义。由于中国北京和日本广岛都积极申办 1990 年亚运会,考虑到不同城市竞争申办亚运会的现象很少出现,基于会员国的申办热情,基于宣布 1990 年和 1994 年亚运会分别由北京和广岛举办。

北京承办亚运会是体现国家首都政治责任、辐射全国发展的"大事件"。北京作为首都具有天然的优势。北京承办亚运会是政治决策的结果,也是具有全国性意义的重大事件。不过,在 20 世纪 80 年代末,我国遭遇了国家和社会发展的严重困难。当时社会上存在着对举办亚运会是否有意义的争论,在 1990 年北京亚运会开幕前,承办亚运会又被赋予了新的任务,通过举办国际赛事,突破国际障碍,激发国人推进改革和社会经济发展的积极性。北京举办亚运会正是在这样困难和机遇并存的环境下进行的。

### （二）亚运会与广州区域城市的塑造

广州在申办亚运会的过程中所表现的逻辑与北京举办亚运会既有相同点,也有明显的差异。广州和北京都期待通过举办亚运会提高城市发展水平和世界影响力。就二者的差异来看,广州举办亚运会的目的存在着较强的经济逻辑和实现城市国际化的目标。

第一,广州作为国家中心城市,具有强劲的经济实力,也具备了利用地方财政举办国际大型运动会的能力。进入 21 世纪后,中国改革开放不断提速升级,综合国力快速飞跃。在全球化、市场化改革、财政分权等管理制度的作用下,我国城市之间形成了一个高度竞争的发展环境。围绕经济增长目标,城市政府竭尽所能吸引投资,推动经济增长,大事件成为城市争取发展资源和机会的重要手段。事实上,2000 年以来我国主要城市举办大事件的热度一直不减。在这一时期,广州和北京、上海一道成为中国城市经济的领头羊。2000 年,广州 GDP 达到 2492 亿元,而到了2010 年则突破了 1 万亿元(10604 亿元)。快速增长的经济水平和城市经济跃升的需求,成为广州市争取亚运会举办权的底气和动力。

第二,广州是中国"海上丝绸之路"的门户,也是中国面向亚洲地区最重要的开放型城市。1957 年,在国家的支持下,广州每年春秋两季举办进出口商品交易会。广州是在改革开放前国内为数不多的具备较丰富对外交流经验的大城市。随着改革开放的进行,广州对东南亚、港澳、非洲乃至欧美等地外资形成了强大的吸引能力。随着中国加入世界贸易组织,外资需要进一步开拓中国市场。通过举办亚运会,提升城市知名度和吸引力,能够进一步巩固广州在全球资本网络中的地位。

第三,广州具备较丰富的体育赛事经验。自近代以来体育运动传入中国,广州就是最早在国内开展体育运动的城市之一。新中国成立后,广州先后举办了六运会和九运会两次全国性的综合运动会。为了迎接六运会,广州市在 1987 年建成了天河体育中心。1998 年,广州市着手筹备九运会。广东省委和省政府提出"广州城市面貌一年一小变,三年一中变,2010 年一大变"的发展目标。广州决定投入大量资源从体育设施、基础设施、环境整治等多个方面对城市进行全面提升。1998 年年底,在城市东部边缘的东圃地区建设九运会的主会场。2001 年 9 月,该会场建成,成为广东奥林匹克体育中心,也是当时全国规模最大、水平最高的体育中心之一。广州还借助这轮建设热潮,完善了基础交通建设,修建了地铁 1 号线和 2 号线;通过旧街和老巷整治,新增大量休闲绿地,改善了城市景观。随着九运会成功举办的热潮,2002 年 9 月,广州市人大代表提出建设,当时北京已经成功申办奥运会,上海将举办世博会,作为中国城市经济三强之一的广州也需要借助大事件来推动自身发展。

通过对比来看,北京和广州在举办亚运会过程中的考量截然不同。北京承担着首都功能,在 20 世纪 80 年代末国家遭遇困难时期,北京需要承担起提升民族自信心和凝聚力的政治责任;广州亚运会虽然也承担了一定的国家政治任务,但是更多地是市场逻辑、城市建设的逻辑。这一点在开幕式文艺表演上也有明显的体现。北京亚运会开幕式更多地以展示中国传统文明为特色,而广州则以表现广东本土文化和"海上丝绸之路"文化为表演重点。由此带来的国家形象的塑造也就有着不同的结果。北京亚运会极大地振奋了全国人民的热情,也重新树立了一个开放、友好的中国形象,为接下来的进一步改革、建立社会主义市场经济体制打下了一定的基础;广州亚运会通过城市更新,改变了城市面貌,推动了广州城市国际化的进程。

## 二、亚运会与城市治理能力的改善

虽然北京和广州举办亚运会存在着一定的目标逻辑差异,但是从承办到举办的过程需要城市政府、社会和人民投入大量人力、物力、财力才能完成,而亚运会的举办也在很大程度上改变了城市发展的格局、路径,提升了城市综合治理能力。

### (一)亚运会与北京城市治理能力的改善

北京亚运会虽然申办成功了,但是作为一项"摸着石头过河"的事业,亚运会组织者为了办好这次盛会,进行了艰辛的探索,形成了一系列举办体育会议的宝贵经验。限于篇幅,以下内容主要从城市建设的角度进行探讨。

新中国成立之后,中央政府对北京二环内城市布局进行了一系列的改造,以适应中央政府大批单位和工作人员的居住和生活需求。北京工业化也在20世纪50年代到70年代之间取得了长足的进步。但是,由于历史局限,北京核心区主要作为政务区,石景山等地区主要作为工业区得到了一定程度的开发。北京东部、北部和西部地区长期没有太大的变化,还保留了较为浓厚的乡村气息。改革开放后,北京更加频繁地承担起全国经济、文化、国际交往的任务,原有狭小的二环内城市格局不能满足社会居住、商务发展需要。北京城市发展的瓶颈需要新的助推力来予以解决。借助北京亚运会,这一城市发展矛盾得到了一定程度的缓解。

1985年,根据北京亚运会相关规划,亚运会主要工程亚运村和奥林匹克中心选址朝阳区大屯乡。大屯乡距离天安门仅10千米,但在当时却是一处荒芜的村庄。为迎接第十一届亚运会在北京召开,1986年2月开始建设亚运村及其各项配套工程。为此征用了大屯乡耕地3900多亩,撤销了慧忠寺、鱼池村、药王庙、娘娘坟、干杨树、华严厂、真武庙、苇子坑、双旗杆和小营等10个自然村,并将小关街道办事处所辖的华严里、安翔里等6个住宅区和北辰路、安立路等8条街巷划入亚运村街道办事处的管辖范围。1989年8月,朝阳区政府正式成立亚运村街道办事处。因亚运村设在辖区内,故称之为亚运村街道。

1990年北京亚运会的成功举行,不仅改变了当时亚运村处于农村地区的历史命运,而且其具有国际化和现代化的城市风貌也进一步影响了首都城市的发展格局,使北京城市建设的轴心第一次大规模地向北偏移。在建设亚运会场馆之初,主办方就有着长远的目光,特地在亚运村街道旁选定了未来举办奥运会的地块。2001年中国申办奥运会成功后,该地块被选定为鸟巢、水立方和国家奥林匹克馆的场地。由此,亚运村街道从1990年建设成功后,又伴随着奥运会建设周期得到进一步发展,建设成为国际化社区,成为北京建设国际城市的标杆区域。

第一,北京亚运会开启了北京城市整体改造的序幕。除了亚运街道实现了彻底的改造外,北京还在多个方面推进城市改造和提升。亚运会总建筑面积 240 万平方米,总投资 25 亿元。除了新中国成立前的先农体育场外,在 20 世纪 50 年代之后按照城市规划,北京又建设了北京体育场和体育馆、东郊工人体育场和体育馆,西郊的首都体育馆,形成了"三场三馆"的格局。利用这些公共体育设施曾经举办过全国运动会和单项国际性体育比赛。考虑到当时有限的国力,充分利用已有的设施进行升级改造,成为亚运会建设的一条思路。北京亚运会共有 29 项比赛(含 2 项表演)项目,总共需要 30 多个比赛场馆,其中有 13 项是利用和改造原有设施来安排的。练习场地则多使用区级和大学内的体育设施。亚运会的规划师们在做体育设施布局时还考虑到"赛时和平时使用相结合"的原则,即在亚运会后这些设施能为市民经常使用,因此亚运会新建体育设施与城市总体规划布置相结合也是一条主导思想。最后,亚运会场馆采用集中和分散布置相结合的方式,即除以集中方式布置的东郊和北郊等大型体育中心外,在新建项目中,还分散布置了 8 个 3000—4000 个座位的中小体育馆,如石景山、朝阳、海淀区的体育馆,西城区月坛、东城区地坛体育馆,大学生体育馆,体育学院体育馆等。另外还有些训练场地的改建和新建也是分散配置的。这些场馆的设置符合城市规划中的中型体育设施规划布局,填补了区级体育馆的空白,还完善了某些体育院校的训练场馆,实现了中型体育设施在北京市区内初步均衡布局,为开展群众性体育活动创造了条件。

第二,北京亚运会完善了城市基础设施建设。亚运会的运动员村占地 31.5 公顷,建筑面积约 52 万平方米,它规划在北郊国家奥林匹克体育中心的北侧,既靠近体育中心又与观众集散的主要方向相分离,以避免互相干扰,有利于安保工作。在规划设计中将亚运村布置成为公寓住宅和会议中心用房,在亚运会期间可以接待运动员、新闻记者,运动会后作为国际会议中心使用。此外,新闻转播中心、彩色电视转播塔、邮电局、消防站和大型旅馆也是按照城市总体规划来安排的。

今天矗立在玉渊潭公园旁的中央电视塔就是在亚运会前夕建成并投入使用的。1987 年 1 月开始建设并规划用于第十一届亚运会实况转播的中央电视塔,从室外地面至桅杆顶总高度达 405 米,为当时亚洲之最。该塔在亚运会期间承担了重要的信号转播任务,保障了亚运会向世界转播信号的清晰、及时。由于有了中央电视塔的助力,北京亚运会期间转播电视信号时长实现了突破。在 29 个比赛和表演项目中,可在 19 个场馆里转播 17 个项目的实况。竞争性强的篮球、排球等,从预赛到决赛全都进行直播。乒乓球、羽毛球等项目在复赛、半决赛和决赛时直播。同时向各国电视记者制作节目的地方传送的现场信号可达 14 个以上,直播时间达 870 小时,平均每天 55 个小时(在 1988 年汉城奥运会上,中央电视台只能完成 180 小时的转播任务)。在亚运会结束后,由于登上中央电视塔可以俯瞰北京全景,该景点在较长时间内保持了较高的关注度,成为北京市内中仅次于故宫的第二大热门景点。

亚运会的城市建设改善了北京交通。亚运会前,北京城市东西向交通比较通畅,但是南北向几乎没有宽阔的道路。由于北京亚运场馆分布在城市各个地区,运动员尤其居住北部的运动员能够及时往返亚运村与运动场馆成为了一个难题。按照北京市总体城市规划,已经列入城市建设计划的中轴线建设工程需要加速完成。在北京市和东城区的积极努力下,仅用了 44 天就完成了 387 户搬迁、7000 平方米的拆迁任务,于亚运会开幕前的 8 月 1 日实现通车。此外,北京还拓展和打通了市区北部的安定门外关厢,修建了安定路、北四环路和城市北中轴的部分路段,修建了五座立体交叉路口,修建了北小河污水处理厂等设施,大大促进了市区北部地区的开发。在几个区级体育场馆外,也都做了相应的交通和市政设施改善工作。

第三,北京亚运会开启了城市管理精细化时代。北京亚运会是中国体育界第一次比较自觉地运用、借鉴系统工程的一些基本原理,并取得成功。以后举行的一系列大型综合性运动会,包括北京奥运会,都自觉或者不自觉地学习了亚运会的经验。在北京亚运会期间以及之后的城市管理工作中,有计划、有规范的管理流程得到了广泛使用。例如,北京亚运会期间开创性地使用了流程图的方式用于接待工作。由于有了流程图,城市管理破除了只从一个部门的角度考虑问题的弊端。也是由于有了流程图,赛会的组织者发现大批参赛人员的行李搬运成了问题,于是调集一队武警连进行协助,从而顺利解决了这一问题。根据来京外国游客反映,北京亚运组织工作流程顺畅,在机场只等待了 1 个小时,而在其他国家需要等待 2 个小时。

亚运会开启了城市活动突发事件预演测试工作。亚运会前,北京市借鉴吸收了"两弹一星"组织演练的经验,对亚运会期间突发事件进行了演练。前后进行了三次全区合练,充分暴露了各种设施的毛病。比如,在模拟外国代表团进驻亚运村时,用水时的自来水全是铁锈黄水,而且因为是第一次使用,要放很长时间自来水才能正常使用。还有的体育馆进行电路"热运行"时,按照比赛的负荷一试,不少的电灯都"爆炸"了,甚至燃烧起来。就在开幕式当天,北京发生了 4 级地震,而且天气突然变阴,气象台预报傍晚会有雨。由于进行了及时演练和彩排,亚运会指挥室拿出了解决方案,保证了开幕式的顺利进行。

亚运会实现了科学化决策。亚运会组委会旅游部对亚运期间境外来人进行了预测,总数为 15 万人左右。其中包括组委会邀请的体育代表团、记者、贵宾等 1.7 万人,已购亚运会开幕式票的 2 万人,预计参观亚运会的有万人左右,32 家旅行社统计亚运期间将接待旅游团队 3 万人,预计未上报的零散客人 8 万至 10 万人。根据这个预测报告,北京市客观地分析了北京高档饭店的接待能力,进行了统筹安排,分流疏导,圆满地安排了境外的客人。这些亚运会中的管理经验在会后被保留了下来,成为北京城市管理现代化的重要基础,也为此后北京奥运会管理提供了经验。

### (二) 亚运会与广州城市治理能力的改善

与 1990 年的北京亚运会相比,由于有了北京奥运会的经验,2010 年的广州亚运会实现了体育运动与城市发展的全面互动,城市发展能级在此过程中实现了全面提升。

第一,广州市创造性地运用城市土地融资模式,突破了财政约束。北京奥运会是国家大事,得到了国家资金的强力支持,但是广州亚运会则更多的是靠城市本身资金运作,所以广州如果按照自身财政能力来支持亚运会近 2000 亿元的运作规模是完全行不通的。广州亚运会在筹办之初就制定了大规模的基础设施投资计划。2004 年 6 月,时任广州市市长在接受媒体采访时表示,广州将上报给国家一个包括 80 个亚运场馆改扩建工程、120 千米轨道交通建设工程、20 个重点及大型标志性工程,以及其他污水治理、河涌整治、市容改善项目在内的一揽子项目计划。为了实施这些项目,城市政府在亚运会筹备期间的预算总投资高达 1265 亿元,其中直接用于亚运会、亚残运会的支出为 174.78 亿元,其余 1090 亿元为 2005 年至 2010 年期间城市重点基础设施预算投资,占亚运会总投资的比重达 86.2%。广州亚运会投资的主要资金来源是土地出让收益和以土地为核心的债务融资。2009 年年底,城市政府通过整体出让亚运城土地获得 255 亿元,成为亚运会 174.78 亿元直接支出的主要来源;政府通过投融资平台从银行获得的贷款用于城市重点设施投资。在广州成立的亚运城七个国有投融资集团中有五个是以土地为核心的资产内容,提高了其融资能力。亚运会后,城市土地陆续注入投融资集团。例如,水投集团自 2011 年陆续出让白云湖地块后,获得了 300 亿元的土地出让收益;城投集团在获得了 53.3 平方千米城市更新地块后,获得了 120 亿元土地出让收益。

这一模式也造成了土地出让金收益在偿还城市债务中发挥着越来越重要的作用。2008 年,广州土地出让金占财政总收入的比重为 20.6%,2010 年该比重增长至 32.6%,2013 年之后基本维持在 40% 左右。由于这种超常规融资规模,在后亚运时代城市面临较重的偿债任务,驱使城市在更大范围内出让土地,引导城市居住和商业商务空间形成扩散趋势。在亚运会之前,广州经营性用地出让主要集中在中心城区,而在亚运会后,中心城区出让用地 10.25 平方千米,外围的经营性用地出让面积则达到 22.88 平方千米。

第二,以建设亚运城的方式实现城市空间的更新。在广州亚运会之前,举办城市一般都是建设亚运村,而广州首次提出"城"的概念。广州亚运城位于广州南部,番禺区石楼镇、石碁镇地段,北靠大浮莲岗公园,东临浮莲岗水道。亚运城规划总用地面积 2.73 平方千米,赛时总建筑面积

147.8万平方米,除了传统意义上的运动员村外,还建设了媒体村、技术官员村、后勤服务区、体育场馆区和亚运公园六大部分。亚运城以莲花山地区特有的水溶性低丘陵地貌为规划形态蓝本,充分尊重岭南水乡的自然地形地貌,重塑山水相逢、生态宜居的居住区典范。根据广州市城市总体规划,在闭幕式后,亚运城将成为一座能容纳100万人口的"广州新城"的启动区,成为完善的、高品质的人居环境示范区域。

广州传统城市中轴线位于旧城中心,北起越秀山,南至海珠广场,约3.3千米。2001年,广州市把城市发展战略确定为"东进、西联、南拓、北优"。广州亚运会建设成为此战略的助推器,打造了全新的城市中轴线——北起燕岭公园,贯穿火车东站、天河体育中心、珠江新城、花城广场、新电视塔,南至珠江后航道的海心岛,总长约12千米,推动了整个城市向东迁移、向南拓展战略的实施。全新的城市格局为广州带来了广阔的发展空间。

广州以建设亚运城的方式来完成城市空间升级。这与北京亚运会、奥运会,2022年杭州亚运会存在一定的差异。北京奥运会虽然也进一步拓展了城市中轴线,但奥运会对城市的改造遍布全城,而杭州则没有把拓展城市中轴线作为建设目标。亚运城在亚运会后的发展面临诸多争议,广州亚运城概念在亚运会后的发展也存在一定的困境。首先,亚运城在赛会建设热潮过去后,陷入发展低谷。目前仅有地铁四号线联通亚运城,而规划中的其余地铁线路则面临进展缓慢或被取消的境地。规划中的文化产业也未能发展起来,造成了亚运城俨然成为"睡城"。其次,亚运城的房地产概念过重,造成投资属性大于居住属性。亚运城内大量房屋无人居住,亚运城整体居住人口较少,目前只有4万—5万人居住。

第三,广州亚运会注重民生改善,创建宜居城市。在广州亚运会建设周期内,广州市投入大量资金用于民生改善工程。首先广州市通过制订《亚运城市行动计划:广州2010年亚运会城市基础设施与建设管理工程实施计划》的方式提出了一系列保障措施:通信保障方面,建设及完善移动通信系统、固定通信系统、集群通信系统;市政设施安全服务方面,重点推进市政设施养护维修工作,确保桥梁安全、道路平整;电力供应保障,全力加快电网、电源建设,保证广州亚运会期间各种用电需求;城市燃油保障,全面推进全市加油站等成品油零售设施建设,合理布局,加强监管;城市供水保障方面,推进供水设施建设,确保城市供水系统安全可靠。这些城市最重要的民生和公用事项虽然需要不断提升,但是借助亚运会,其完成速度形成了时间节点,保障了赛会前后广州市民尽快享受到优质的城市民生服务。

广州加快了城市化和早期工业化遗留问题的解决速度。位于广州中央商务区的城中村猎德村在此期间成功改造,实现古村华丽转身,成为珠江畔的一道风景;珠江新城 CBD 在亚运会开幕式中亮相,吸引了高端投资者,促进了产业结构转型,推动了广州在金融、会展、信息技术方面的繁荣。加强环境污染治理,保障了广州宜居城市的形象。广州筹备亚运会期间,启动了 581 项治污工程,整治河涌 388.5 千米,大面积增加绿化,进行了大规模的"穿衣戴帽"工程建设。城市面貌和人居环境有了很大的变化。调查显示,95.4% 的受访者认为亚运会增加了城市公共绿地面积,而 94.3% 的受访者认为亚运会治理了城市污染,提高了环境质量。

第四,广州亚运会推动了政府与社会治理的良性互动。广州在举办亚运会前后积极推动政府与民意、民情互动能力建设。在亚运会举办期间,政府决定实施一周的免费公交政策和三天假期政策。但是,由于大量人流涌入地铁,造成了城市交通的拥堵乃至瘫痪。广州市能够及时听取社会意见做出反馈,将免费政策改为发放交通补贴,得到了多方面的认可。中央电视台主持人白岩松对此事评价说:"广州直面批评,展现我们经过改革三十年之后拥有了更强大的心脏"。

第五,广州亚运会开创了城市志愿者服务的新模式。广州开展亚运会志愿服务的过程中探索了志愿服务社会化运行机制,为公民参与提供新途径、新机遇。与之前的奥运会和上海世博会主要由组委会志愿者部负责不同,广州亚组委较多寻求社会机构的合作,实行委托或者授权。在广州亚组委看来,"公民服务通过项目或者组织来提供——通过政府、社区或社会团体的组织来实现,是长期性的活动,不是偶尔的志愿服务,也不是几个小时或几周的承诺,参与者能把自己的能量、智慧、资源与环境保护、基础建设、社区发展结合起来并对他们有所促进。"所以，在这一过程中，律师事务所、文化营运机构、消费品牌机构等发挥自身优势，积极参与并承接亚运会志愿服务工作。这种模式有利于凝聚更多资源做好亚运服务，也有利于亚运会后志愿服务工作融入城市建设和治理过程中。

两次亚运会的举办体现了中国城市治理能力的不同阶段。1990年，北京仍然处于从农业社会向工业社会的过渡阶段，经历了亚运会的洗礼，城市执政者才开始从城市管理向城市治理转变。到了广州亚运会时期，城市主政者在一开始就把规划新城建设作为亚运会的举办目标，而在举办过程中通过城市更新、细节管理等方式，积累了大城市治理经验。在2010年之后，广州城市外来人口迅速增加，而城市治理应对较为充裕，调动资源能力也较为合理、完善，这离不开广州亚运会积累的宝贵经验。

## 三、亚运会与城市国际知名度的提升

无可否认，北京和广州亚运会的举办提高了城市的国际知名度，在两座城市建设国际化大都市的过程中具有重要的节点意义。

### （一）亚运会对北京城市知名度的贡献

在亚运会后，北京城市格局被打开了。城市中心不再局限于天安门周围地区，而是向北部地区进行拓展。在亚运会后，亚运村的房屋被销售出去，形成了北京早期的高档住宅区，也吸引了大量国企、医院和学校落户亚运街道，成为北京国际化大都市最早的建设样板。除了硬件设施外，亚运会为北京积累了一定的管理经验，从此之后，北京城市管理开始向国际标准看齐。亚运会的举办提高了北京城市的辐射能力。北京长期以来占有重要的政治、经济和文化资源，但是市区面积狭小，城市面貌陈旧落后，制约了北京城市对全国的辐射力和吸引力。经过亚运会的举办，北京培养了一批体育管理人才、城市管理人才，由亚运会形成的爱国热情和国际影响力，巩固了北京作为国家首都的政治地位和号召力。

北京亚运会扩大了中国的国际影响，增进了中国同亚洲各国的友谊，打破了西方国家的所谓制裁。通过亚运会,中国同复交的印度尼西亚和新建交的沙特阿拉伯、新加坡发展了关系;同没有建交的不丹、文莱加深了了解,也同当时与我国不太友好的越南、阿富汗等国家推进了双边关系的发展。亚运会的成功举办,增强了国家和北京申办奥运会的信心。在亚运会结束五个月后,亚组委原班人马立即开始了申办2000年奥运会的工作。虽然在1993年申办失败,但是由于北京亚运会的宣传效应,2002年北京成功获得2008年奥运会的举办权。

### (二) 亚运会对广州城市国际化的贡献

亚运会是广州提升与亚洲乃至世界各国之间经济、文化和政治交流地位的重要事件。在准备亚运会的过程中,经过广州亚组委的争取,亚奥理事会首次将亚运会市场开发权完全授予举办城市。这为广州充分利用亚运会宣传广州城市形象提供了"强心剂"。广州市通过香港商人的支援,使用"阔阔真公主号"仿古木船重走海上丝绸之路,这一新颖的宣传方式在沿海各国掀起了一场"广州热"。亚奥理事会主席艾哈迈德亲王在闭幕式上称赞广州已经成为一座枢纽城市。例如,2010年前后,大量非洲人来到广州居住。这些外来移民利用广州发达的经济网络,成为与各自母国之间商贸往来的纽带。

与北京亚运会相比,广州亚运会提升了广州城市的国际地位和全球影响力。广州亚运会极大地宣传了广州的城市形象。在旅游业方面,广州独特的岭南风情成为吸引全球旅游团体的文化元素。在亚运会举办前一年,5.3万名广州市民先后参加了近千个亚运志愿信使团,他们走过21个国家和地区的120个城市;在旅行过程中,他们以民间交流的方式,向世界各地传播岭南文化,传递广州东道主的盛情和友好。广州的努力也获得了回报,除了东南亚许多民众表示将前往广州现场观赛外,广州在全球的友好城市也以实际行动支持广州亚运会。广州友好城市温哥华的市长在亚运会前夕率团访问广州,并与广州市长举行了足球友谊赛。

由于广州亚运会对城市建设、治理能力的提升是全方位的,在后亚运时代,广州城市能级持续提升。在比赛结束后,广州城市建设没有出现倒退或停滞现象,反而在激烈的城市竞争过程中,不断提升城市品质,打造了具有鲜明特色的国际城市形象。在 2017 年 4 月发布的世界城市分级(2016)中,在全球 361 个入选城市中广州位列 Alpha-级,历史性进入全球城市第一梯队,在 49 个"世界一线城市"中位列第 40 名。到 2020 年,广州的国际排名持续提升。广州在 GaWC 世界城市分级、全球金融中心指数中排名靠前,趋于稳定;在科尔尼全球城市系列指数、普华永道《机遇之城》中突破多年稳定,实现排名上升;在全球创新集群排名中与深圳—香港集群合并,排名上升至全球第二。

## 四、北京建设"双奥之城"的经验

1990 年北京亚运会成功举办后,中国举办国际大型体育赛事的热潮进入一个短暂的"沉寂期"。在此之后,北京城市建设进程也相对变缓。直到 2002 年北京夺得 2008 年奥运会的举办权后,北京的城市建设才再次进入"快车道"。2008 年北京奥运会的成功举办证明了"集中力量办大事"的优越性,也为北京和全国积累了先进的国际体育赛事管理经验。2015 年,北京再次获得 2022 年第 24 届冬奥会的举办权。由于有了 2008 年奥运会的办赛经验,冬奥会的筹办、建设和组织过程更加有条不紊,更为自信,既是北京国际化大都市长期建设的结果,也在更高程度上提升了北京作为全球城市的影响力。北京在"双奥之城"的建设过程中积累了丰富的经验,也为杭州亚运会的建设、筹办和组织提供了宝贵的经验。

### (一) 形成具有连续性的组织保障

北京能够从 1990 年到 2022 年连续举办亚运会和奥运会离不开一支具有连续性的申办团队的支持。早在 1991 年,国家体委和北京市就以亚运会申办团队为主组建了北京 2000 年奥运会申办委员会。虽然在 1993 年首次申办失败,但是该团队最终在 2002 年成功获得了 2008 年奥运会的举办权。2009 年 8 月,在北京奥运会成功举办一周年之际,北京市利用奥运会筹备团队和资金组建了北京奥运城市发展促进会,成为发扬和继承奥运精神和奥运遗产的独立组织单位。北京奥运城市发展促进会除了承担促进奥林匹克事业在城市发展的任务外，还全面参与北京申办、筹备和组织 2022 年冬季奥运会过程中。奥运会申办、筹备和组织过程具有较强的国际化、专业性特点，奥运遗产牵涉面广。北京奥运城市发展促进会维持了北京市与国际奥委会、国际体育联合会的合作关系，并在运行过程中向各相关部门、单位提供专业化、国际化的服务，也保证了奥运遗产持续存在和传播，是北京建设"双奥之城"的重要力量。

### （二）注重与社会力量的合作

注重开发社会资源、鼓励社会力量参与奥运遗产建设事业，是北京成为"双奥之城"的重要经验。2008 年奥运会后，北京创办了"北京奥运城市体育文化节"，以奥林匹克公园中心区为主会场，举办包括奥运城市发展论坛，体育文艺赛演活动，北京国际体育电影周、主题展览在内的多项展览、全民健身和市民喜闻乐见的消夏主题活动，成为北京建设奥运城市的品牌项目。北京市还注重开发青少年参与奥运遗产建设的热情。北京市要求各中小学探索通过体育课、体育活动、校本课程、综合实践活动等方式，开展奥林匹克主题教育，平均每月不少于 3 课时。围绕"带动 3 亿人参与冰雪运动"的目标，北京市将冰雪运动纳入教学体系，鼓励学校通过购买社会服务的方式，与滑冰场、滑雪场等相关社会机构合作开设冬季运动课程。两届奥运会的志愿服务工作进一步带动了更多人参与社会志愿服务中来。2008 年北京奥运会期间，170 万名各类志愿者以真诚的微笑、热忱的服务给全社会留下了深刻的印象。为了推动志愿服务工作不断创新提升，北京冬奥组委编制《北京 2022 年冬奥会和冬残奥会观众服务标准体系》，形成可传承与借鉴的冰雪运动志愿服务规范与标准，不仅为北京冬奥会赛事服务的交付提供标准，也为以后国内大型活动的观众服务工作提供指南，促进了志愿服务事业的长期可持续发展。

### （三）全方位的国际交往能力

2008 年奥运会后，北京市政府从地方型政府向全球城市管理者转变。北京市继续拓展与国际奥委会等国际体育组织的交往,参与国际奥委会、世界体育组织举办的会议和学术活动;在世界奥林匹克城市联盟中发挥积极作用,承办 2010 年第三届世界奥林匹克城市联盟峰会;与中国奥委会合作,利用北京奥运会的组织经验和硬件设施,积极申办、承办大型国际会议和体育赛事;与国际奥委会、联合国等国际组织开展合作项目,围绕世界性话题和北京实际,创办、举办世界性或区域性的会议和体育文化活动,例如,将"北京奥运城市发展论坛""北京国际体育电影周"逐步发展为有影响力的国际活动。在冬奥会筹办期间,北京市融入国家外交活动,推介北京冬奥会,国际交往能力进一步提升。北京冬奥组委积极推动在"一带一路"国际合作高峰论坛、亚洲文明对话大会等活动中融入北京冬奥元素;2018 年创建"丝路杯冰球超级联赛",这是中国体育史上第一个由中国自主参与并主办的跨国跨洲的体育职业联赛,以体育为桥梁,以冰球为媒介,连接"一带一路"沿线国家和地区,扩大中国与世界的连接。

### (四) 赛会与城市建设的良性互动

北京 2008 年和 2022 年两届奥运会的办赛理念与城市长远发展目标高度契合,奥林匹克精神全面融入城市发展。两届奥运会持续带动了首都经济发展和基础设施建设以及环境改善,激发了广大市民参与体育锻炼的积极性。奥林匹克精神已经成为城市精神的重要内容。2008 年北京奥运会的筹办举办,推动了奥林匹克精神的宣传普及,凝聚形成了伟大的北京奥林匹克精神。连续举办六届奥林匹克文化节,累计参与人次超过 1000 万人;开展了奥运史上规模最大、普及人数最多的奥林匹克教育活动,累计 400 多万名青少年参与奥林匹克教育项目。奥运场馆已经成为城市新地标。2008 年奥运会留下了一批体育场馆遗产,赛后得到了可持续利用,成为市民群众体育健身、休闲娱乐的重要场所,也有力支撑了区域发展,产生了良好的经济社会效益。2022 年北京冬奥会充分利用 2008 年奥运会场馆遗产,打造了一批双奥场馆。比如,国家体育场举办冬奥会和冬残奥会开闭幕式,国家游泳中心改造为冰壶比赛场馆。奥运经济已经成为城市经济发展的重要支撑。2008 年北京奥运会的筹办举办,推动了首都经济快速发展。地区生产总值由 2002 年的 638.8 亿美元增长到 2008 年的 1542.4 亿美元。筹办奥运会加快了北京的产业调整和产业升级,以首钢搬迁为契机,高能耗、高污染产业逐步淘汰,2008 年,北京成为中国国内单位 GDP 能耗最低的城市;高新技术产业和现代服务业迅速发展。筹办冬奥会期间,北京高技术产业、战略性新兴产业增加值累计分别增长 56.9% 和 58.5%。2020 年第三产业比重达 84%,数字经济占比 38%。奥运会筹办与经济发展相向而行,奥运经济成为首都经济的鲜明特点和重要支撑。

北京和广州是中国经济实力、国际影响力非常大的两座城市。在城市发展过程中,北京和广州利用奥运会或亚运会等体育大事件成功实现了能级提升,对杭州建设亚运城市具有一定的启发意义。首先,利用亚运会建设周期合理规划城市发展。北京和广州在奥运会或亚运会建设周期内开发了新城区并提升了旧城区的面貌,但是也面临着城市面积过大、通勤半径过长等城市病。杭州需要在未来的发展过程中注重"职住平衡"、生态与经济和谐发展,发展好杭州山水风光城市的形象。其次,要加强城市国际化和国际交往能力。北京和广州在国际交往上具有悠久的历史。北京在新中国成立前即长期为清朝或北洋政府时代的都城,广州自明清以来就是中国对外交往的门户城市。杭州虽然也有国际化交往历史,但是内陆型城市特征较为明显,需要利用亚运会机遇提高与国际组织的交往能力,扩大在国际上的"朋友圈"。再次,坚持城市建设"以人为本"的理念。北京和广州在亚运会建设过程中,不断改善人民的生活品质,提高了城市的"幸福感",这是奥运会或亚运会得以成功的根本保障。杭州在亚运会建设周期中对城市进行了大规模更新和建设,但更多集中于大型公共工程建设项目。随着亚运会召开在即,在未来城市发展过程中,应当更加强调"精细化"建设能力,不断提高人民对城市发展的参与感,提升人民的满意度。

孙超　杭州城市国际化研究院

第二编 "亚运财富"："赛会+"
产业发展报告

# 杭州"体育+"产业融合发展路径研究

在经济全球化背景下,产业发展呈现簇群化、融合化、生态化的趋势,产业融合成为现代经济发展的新增长点。体育产业与相关产业融合的界定是以体育活动为本体要素,以相关产业服务体系为载体,以满足不同消费者群体的需求为向导,将产业间技术、产品与市场融合,经过创新形成具有体育和相关产业共同特性的"体育+"新型产业体系的动态发展过程。近年来,体育赛事在各大城市纷纷开展,体育竞赛、体育旅游、体育医疗、体育教育、体育文创、体育金融、体育用品制造、数字体育、智能体育等已成为各界关注的焦点。体育产业能够在很大的程度上增强城市的竞争力,"全体育"+"数字化",体育产业加速成为经济发展新动能。"十四五"时期,杭州将举办亚运会等一系列国际国内重大赛事,体育产业将迎来前所未有的发展机遇。杭州要围绕"体育+""+体育"两大战略,以满足市民多元化、多层次体育消费需求为导向,以构建现代化体育产业体系为重点,开启世界赛事名城建设新篇章。

## 一、"体育+"产业的内涵与动力

### (一)"体育+"产业的概念

"体育+"是体育产业与相关产业重新组合形成的创新型服务型产业,是一种新的社会经济现象,并且在市场的发展中可能会形成一种独立的复合产业形态。

所谓"体育+",并不是体育产业与其他产业门类简单混杂在一起,而是以体育产业本体资源为核心,为促进产业升级,拉动经济增长,找到与其他产业联合发展的契合点,打破行业壁垒而形成的一个协调共同发展、相互渗透、使其紧密相连的产业系统,也就是一个"1+1>2"的新兴产业业态。换言之,"体育+"就是以体育为主,融合其他领域,通过"强强联合"或"互补短板"的相互组合实现融合发展,形成体育产业的新业态或体育发展的新模式。

国内外实践证明,体育产业需要漫长的人口培养和文化普及,是一个缓慢上涨,但可以长期看好的产业。因为体育产业具有资源消耗低、需求弹性大、覆盖领域广、产品附加值高、产业链条长、带动作用强的特点,且能融合第一、第二、第三产业,因而具有较强的成长性与可持续性。一方面,"体育+"推动产业跨界融合,构建大体育产业格局。在"互联网+"背景下,产业界限逐渐模糊,体育产业融合共享发展模式日益成熟。另一方面,"体育+"推动资源跨界整合,建设"大体育"产业体系。依托互联网平台,推进体育产业链内部高效协作,形成了体育、医养、旅游等多方参与的体育产业生态圈,全面拓宽了体育产业的发展空间。

### (二)"体育+"产业融合发展的动力

第一,产业政策推动力。体育产业利好政策的施行,加之国民体育参与热情的日益高涨,是体育消费增长的主要推动力。国家发布关于"体育+"的多项利好政策,大大削弱产业之间的业务壁垒,为"体育+"产业发展提供了强有力的外部条件支持。2016 年 5 月,《体育发展"十三五"规划》中指出大力发展"体育+",积极拓展体育发展新业态;2018 年,国务院办公厅下发《关于加快发展体育竞赛表演产业的指导意见》文件,坚持融合发展,坚持"体育+"和"+体育"做法,促进体育竞赛表演产业与文化和旅游、娱乐、互联网等相关产业深度融合,拓展发展空间,为经济增长提供支撑。2019 年,国家发改委与体育总局联合印发的《进一步促进体育消费的行动计划(2019—2020 年)》指出,要积极实施"体育+"工程,推进体育与文化、旅游、养老、健康、教育、互联网、金融等产业融合发展,打造体育消费新业态。以上相关政策都明确强调了积极创新、协调发展体育产业与相关产业的融合,建设"体育+"相关新型业态发展的未来方向。

第二,消费需求拉动力。体育消费市场需求是体育产业持续发展的根本动力。随着消费者收入水平的提高,空闲时间的增加以及消费者喜好的多样化,人们对体育物质产品和精神产品的需求层次也逐步提升,体育消费成为新型消费的重要组成部分。体育市场的消费水平不断升级,居民的消费需求扩大了体育产品的市场供应,市场供需不断地推动体育产业融合。伴随着互联网产业的井喷式发展、人工智能技术的更新换代等,居民体育消费模式升级,运动鞋服、健身器材、训练工具、运动营养等市场需求多样化,休闲娱乐旅游等一站式服务,可提高消费者体验、满足消费者娱乐化需求。产业消费市场需求多样化、个性化和娱乐化拉动了"体育+"业融合发展。

第三,技术创新支撑力。体育产业中的技术创新主要是为了追求效益最大化,以体育资源为本体,通过跨产业经营模式,从而开拓新体育市场,提高融合产业经济效益。技术创新是以体育资源作为技术中心点,通过物联网、人工智能、数字经济等一些新兴工艺、技术来扩大升级体育产业本身的经营模式和产业业态,拓宽市场覆盖面。特别是5G+智慧场馆将面向未来的产业发展、承接未来高品质的赛事、打造城市品牌的地标,进而带动周边的经济,为观众提供高品质的内容服务。技术进步驱动体育产业不断创新。比如,可穿戴技术的快速发展和大数据处理所提供的强大功能为新领域打开大门,可穿戴产品开发商正在超越传统设备,如衣带和智能手表,目前正将传感器直接嵌入衣服和设备,如衬衫、鞋子和球。

## 二、杭州"体育+"产业发展的机遇与挑战

### (一) 机遇前所未有

杭州即将举办亚运会等一系列国际国内重大赛事,体育产业发展将迎来前所未有的机遇。第一,亚运会等一系列国际国内重大赛事的举办,将成为杭州"体育+"产业发展的重要机遇。举办重大国际赛事为杭州加快国际化进程、完善城市基本公共服务体系、加快智慧城市建设、优化场

馆设施和功能、推动赛事经济集聚发展、培养市民全民健身意识、培育体育市场等方面带来重要的机遇,也将成为杭州体育产业构建现代化产业体系、实现高质量发展的有力推手。同时,以亚运城市行动计划为抓手,杭州大力推进国际品牌赛事的落户与本土体育品牌赛事的培育。第二,数字经济的蓬勃发展将成为杭州"体育+"产业发展的重要动力。一方面,鼓励智能体育技术的发展,培育一批高科技与制造结合的综合性智能体育企业,鼓励智能体育大赛、线上健身、数据分析、虚拟运动、可穿戴设备等产品的开发与供给;另一方面,通过运用移动互联网、大数据、人工智能、物联网等方面的新技术,推动运动场景感知化、运动体验数据化、运动展示视频化、运动社交情境化,推进体育产品和服务线上与线下的融合与创新,为体育产业高质量发展提供全新动能。搭建"互联网+"平台,促进体育产业线上、线下协同发展,推动体育产业向医养、文旅等多个领域积极延伸,实现体育资源供给与大众需求的精准衔接,拓展产业链、激活生态圈。第三,市民日益增长的多层次、多元化、全方位的体育消费需求,将对杭州"体育+"产业发展提出更高要求。随着市民可支配经济收入的增长、闲暇时间的增加,以及健身意识的提高,与市民生活质量和生命质量密切相关的体育需求、健康需求、旅游需求加速释放,将为杭州"体育+"产业发展提供强大支撑。此外,体育消费正不断"出圈""跨界",杭州必将充分利用国家体育消费试点机遇,创新便捷的体育消费方式引导广大民众扩大体育消费。

### (二) 挑战异常严峻

"十四五"时期,杭州体育产业发展也面临着体育场馆等基础设施数量不充分、分布不均衡;体育产业创新体系不健全,产业创新体制机制有待完善;体育产业要素资源市场化程度不高,资源配置效率有待提升;缺乏有影响力的职业体育赛事俱乐部,国际影响力有待提升;体育产业缺乏大企业、大品牌、大平台支撑,对经济社会发展的带动作用不明显;体育专业化、复合型人才匮乏,体育产业管理水平不高;赛事知名度低、消费者缺乏黏性、同质化竞争严重、品牌推广乏力、商业化模式单一、品牌盈利困难等具体问题。归纳起来,一是杭州体育产业发展质量、集约化程度和总体水平不高;二是杭州体育市场主体的活力和市民的体育消费热情仍需提高,基本公共体育服务体系仍需完善;三是杭州体育法律法规还不健全,体育产业统计工作比较薄弱,体育产业相关管理人才和技术人才稀缺。

## 三、杭州"体育+"产业赋能城市综合竞争力提升的对策建议

### (一) 完善顶层设计,强化规划引领,推动产业政策落地

第一,在"体育+"产业生态圈打造过程中,政府发挥着重要的引导、监督、协调的作用。要加强党对全民健身工作的全面领导,完善体育部门牵头、政府多部门协同合作、社会力量共同参与的体育发展工作机制。将促进体育产业发展作为重要工作任务,理顺体育产业管理体制权责关系,优化整合各级各类行政资源,建立互惠互利互通的体育产业发展联动协调机制。加快研究制定具体实施方案和配套措施,建立健全体育消费的引导促进机制,不断提高杭州体育消费水平。明确"十四五"时期杭州体育产业的发展目标、发展思路、重点领域、重大任务和举措,筹备研制产业评价与监测机制体系。加快推进《杭州市体育产业促进条例》立法调研,确保体育产业及相关产业能够合法、有序、安全地运营和发展。

第二,注重精准施策,做大做强体育企业。建立常态化的企业沟通联系制度,关心各类体育企业发展。推进"专项资金+投资基金+购买服务"的财政综合支持体系建设。筹建杭州市体育产业联合会,积极发挥联合会服务市场发展,沟通政府与企业、企业与企业、企业与市场的平台作用。出台相关的政策和规定,借助体育赛事来提升市民的素质,进而塑造杭州良好城市形象,加大体育赛事产业的积极影响,杜绝不文明的现象出现,共同构建文明城市。加大对体育赛事产业的投入力度,将群众作为体育赛事产业发展的重点,优化体育赛事的资源配置,让体育赛事能够切实带动城市的发展,提升城市的品牌效益。

第三,扩大对体育产业的资金扶持力度。借力政策优势、自然优势、

机遇优势,培育本土知名赛事品牌,多产联动、交叉融合,理顺体育产业管理体制权责关系,优化整合各级各类行政资源,建立互惠互利互通的体育产业发展联动协调机制。探索运用多种政策手段开展产业扶持,统筹资金支持体育产业发展,优化资金使用方式方向、提高资金使用效益。构建"专项资金+产业基金+社会资本"的"体育+"资金支持体系,加大对关键领域、薄弱环节、重点区域的支持力度。完善政府购买体育公共服务目录工作,积极推进领航企业、龙头项目申请上级资金扶持,引导扶持资金依据产业态势与市场实际合理发挥最大效用。

### (二) 实施"体育+"工程,构筑特色平台,引导产业集聚发展

第一,依托西湖、钱塘江、大运河等山水资源,重点发展水上运动、山地运动、极限运动、航空运动等特色户外运动,重点打造几个在全省乃至全国具有示范效应的体育产业集聚区。鼓励和引导将废旧厂房等现有设施改造成健身休闲与商业服务融合发展的体育综合体;持续推进公共体育场馆"改造功能、改革机制",增加体育场地设施和功能,改造成体育综合体;支持各类旅游景区引入体育资源,增设体育消费项目,升级成体育与旅游高度融合的体育综合体;细化落实运动休闲特色小镇规划建设,推动试点项目健康有序发展,打造成生产、生态、生活"三生融合"的体育综合体;积极推动航空飞行营地、汽车自驾运动营地、山地户外营地等建设,打造成体育综合体;大力实施健身步道工程,把美丽乡村串联成集文化、旅游、休闲、观光于一体的体育综合体;充分合理利用公园绿地、城市空置场所、建筑物屋顶、地下室等"金角银边"区域,建设便民利民的健身休闲设施,不断拓展体育消费新空间。

第二,广泛吸引社会资本进入体育领域,培育发展多形式、多层次的体育行业组织、体育俱乐部,繁荣体育市场。特别是在智慧场馆建设、体育数字传媒、体育网络培训、智能设备制造、互联网体育新业态等方面鼓励引导企事业单位、社会组织、个人参与,丰富节假日体育赛事供给。研究推动体育赛事电视转播市场化运作和新媒体传播技术发展,鼓励各级各类电视台直接或联合购买体育赛事转播权,引导新媒体参与体育传播。

鼓励体育用品制造企业加大研发投入,提升产品科技含量和个性化设计水平,结合可穿戴式设备、虚拟现实技术、物联网管理平台等,研发多样化、智能化的体育产品,更好满足群众不断升级的消费需求。积极推广普及性广、关注度高、市场空间大的运动项目,引导和支持社会力量开发适合不同人群的体育技能培训课程,充分借助互联网、大数据等手段,提供形式多样、更有针对性的运动处方和健身指导。推广运动水平等级标准和业余赛事等级标准,满足群众不断提高体育技能的需求,增强消费黏性。

第三,持续推进"体育+"产业深度融合模式,创新"体育+教育培训""体育+休闲旅游""体育+智能制造""体育+全民健身""体育+商业""体育+传媒"等多要素支撑的多维度产业融合结构,促进体育与其他业态交融发展。重点推进体育与文化、旅游、养老、健康、教育、互联网、金融等产业融合发展,推动健身休闲、竞赛表演、场馆服务、中介培训、体育用品制造与销售等产业协同发展。推动体育产品和服务生产、传播、消费的数字化、网络化进程,打造体育消费新业态。比如,杭州马拉松、长三角水上运动节、ITF 国际男子网球赛、冰球联赛和冰球邀请赛、电竞生态公园、电竞品牌赛事和电竞俱乐部等,可以通过"体育+"产业深度融合模式,延长产业链,形成乘数效应。支持体育专题片、体育电影等体育文艺创作和传播,鼓励各级各类媒体开辟专题专栏,营造良好的体育消费氛围。支持发展多媒体广播电视、网络广播电视、手机应用程序(App)等体育传媒新业态,促进消费者利用各类社交平台互动交流。依托亚运轮滑中心、钱塘江沿江体育长廊、金沙湖等资源优势,重点发展水上运动产品、船艇、健身器材、体育训练竞赛器材等体育用品制造。

### (三) 创新运行机制,优化营商环境,放大产业溢出效应

第一,创新体育资源交易机制,推进体育赛事举办权、承办权、转播权的公开、公平、公正流转。构建"体制内+体制外"双轨运行的培养模式,形成"政府引导、社会参与、市场配置、活力高效"的协同育才体系,进一步壮大竞技人才队伍,加大本土优秀运动员、职业运动员培育力度。通过

政府购买服务等途径,引导和支持体育企业提供更多适应群众体育消费需求的产品和服务。支持创新体育消费引导机制,鼓励有条件的地区探索和试点包括全民健身公共积分、运动银行、消费券在内的方式支持群众进行体育消费。进一步完善大型公共体育场馆向社会免费或低收费开放政策。

第二,提升体育市场监管水平,构建杭州体育市场事中事后监管体系。健全完善覆盖体育组织、体育企业、从业人员等的行业信用体系,构建以信用为基础的新型体育市场监管机制。加快推进体育类政务服务"一网通办",持续提升国际化营商环境。扶持壮大市场主体,支持体育企业融资、上市、拓展海内外业务,加强体育知识产权保护和开发,鼓励高科技、新经济企业和体育小巨人、瞪羚、独角兽发展,建立重点体育企业全生命周期服务体系。

第三,推进依法治体兴体。加快体育领域地方标准、团体标准、企业标准建设,积极参与行业标准建设,形成较为完善的标准体系,不断提高体育产品质量和水平。建立重点领域、关键项目、龙头企业监测制度,及时掌握企业的发展动态,定期发布体育产业及体育消费数据。细化体育产业基地评审标准,加强体育产业基地跟踪评测,完善体育产业基地进入与退出机制。壮大体育执法队伍,完善体育执法流程,建立体育领域纠纷多元化解机制。

### (四)彰显开放共享,坚持系统推进,促进产业要素流动

第一,加强部门联动协作。深入推动体育产业与相关产业复合经营、传统体育产业与新兴体育产业互动发展,推动体育与文化旅游、健康、教育、传媒、会展、金融等产业深度融合。加强相关部门的沟通协调,建立健全跨部门的沟通平台和机制,不断完善促进体育消费政策体系,加大体育场地设施用地及水、电、气、网络政策落实力度。推动形成定期研判、动态分析、科学决策、服务城市、服务市民的"大体育"协同发展机制。

第二,打造杭州都市圈体育增长极。杭州都市圈体育增长极是提升区域体育发展效能、培育体育发展新优势的战略引领,是建设世界赛事名

城的关键举措。加强高水平体育后备人才基地交流合作,建立竞技体育人才协同培养机制。打造六地互通的体育旅游精品线路,推动都市圈文旅体康一体化融合发展。通过赛事联办、产业协同、资源共享、平台共建、项目共推,探索联合举办重大体育赛事,形成体育共同发展都市圈"新名片"。

第三,加强国内外交流合作。加强与全球著名体育城市开展国际体育交流,以体育为桥梁走向世界舞台。以2022年亚运会为触媒,促进杭州参与国内体育产业链分工。加强同世界体育产业发达城市交流互动,积极申办、举办大型体育会展活动和高水平体育学术交流活动。鼓励杭州优质体育产业企业参与国际体育市场竞争,全面提升杭州体育国际竞争力和区域辐射力。

毛燕武　杭州国际城市学研究中心

# 智慧亚运："创新活力之城"的数字产业发展

习近平总书记赋予了杭州"历史文化名城、创新活力之城、生态文明之都"三个城市定位,其中,"创新活力之城"是杭州近年来最为突出的发展"城市名片"。当前,在全国各大城市竞相角逐数字产业蓝海,数字产业趋于发展常态的新时期,杭州迎来了 G20 杭州峰会纪念五周年、亚运会倒计时一周年机遇叠加的最好时机。杭州应发挥数字经济和互联网优势,抢抓智慧亚运最后筹备时间及后续效应窗口期,以智慧亚运为契机,进一步加快"创新活力之城"数字产业创新发展,保持持续引领的发展势态。

## 一、国际重大赛事活动的创新效应与杭州亚运智慧理念

### (一) 一场智慧亚运造就一座创新之城

国际学界普遍认为国际重大赛事活动对举办地具有经济、社会和环境方面的积极作用,亚运会同样具有积极的社会效应。经济方面的积极影响主要包括城市复兴、就业机会、商业协作、收入来源以及旅游发展,社会影响有自豪感、社会公平、文化交流、体育项目参与、休闲机会以及增加促进健康,环境影响方面则涵盖了自然景观和地方地产的保护,并能吸引有关环境问题的投资。国际赛事还在提升国家与城市形象、重塑睦邻关系以及推进以体育为载体的民间外交等方面具有独特的意义。同时,也

有学者指出,大型赛事活动可能带来一些负面影响,如物价升高、公共资金不合理等。

在亚运效应促进产业创新发展方面,纵观世界大赛的历史,诸如北京、汉城、悉尼、多哈、广州等多个举办过大型赛事的城市,不仅在城市功能整合、规划布局调整、城市形象提升等方面有直观改善,还会带来一些新兴产业繁荣发展,尤其文化产业创新会得到突破性发展。从举办历届亚运会城市的经验来看,举办亚运会能产生促进国民经济消费需求,投资需求与进出口需求、增加 GDP 等经济效应,以及加速城市建设。据印度尼西亚国家计划部分析,雅加达亚运会可直接为雅加达 GDP 贡献 22 万亿印尼盾。亚运会的盛大举行不仅让广州举世瞩目,更是捧红了广州旅游业、商业和餐饮业,"亚运效应"使得广州服务行业市场持续升温,亚运会带动了广州经济文化交通等一系列的发展,使广州成为继北京、上海之后国际瞩目的一流城市。

### （二）亚运会办赛的智慧理念

"智能"是筹办亚运会的主要理念之一。杭州始终发挥"创新活力之城"的优势,从办赛、参赛和观赛三个维度谋划推进,全面贯彻落实智慧化办会理念,努力实现"使'智能'成为本届亚运会最大的亮点,使'智能亚运'成为全国乃至全球有影响的一张金名片"。

在办赛方面,打造全球大型体育赛事首个数字办赛一体化平台。通过数字平台,集成在线沟通、OA 办公、人员管理、赛事培训、礼宾管理、交通组织、赛场管控、指挥调度等服务功能,形成一套科学规范、集成整合、统一高效、安全可靠的办公系统,为赛会筹办和赛时各方面安全有序运行提供保障,实现亚运筹办各个阶段跨地区、跨层级、跨部门的赛事筹办和赛事指挥协同服务。

在参赛方面,建设一系列智能化运动员、媒体官员服务设施。智慧化设施包括通过赛事信息发布系统（INFO）为媒体记者、转播商以及 OCA 大家庭成员等提供专业赛事信息查询服务;通过智能终端提供在线翻译能力;通过智能物联提供亚运村内"食住行"一键通行等便捷体验,以及无人驾驶技术。

在观赛方面,打造大型综合性"智能亚运一站通"数字观赛服务平台。智慧观赛平台运用人工智能、区块链等高新技术,围绕观众服务提供"食、住、行、游、娱、购"六大需求,整合出行必备的18个服务场景,为观众提供从购票、出行、观赛到住宿、美食和旅游等"一站式"服务。依托平台推出"亚运PASS",整合健康码、公交地铁码、景区码等二维码,为亚运观众"一码通行"服务;建设AR导航,为观众提供"虚拟+现实"的沉浸式体验;为外国人提供外币移动支付功能;提供"千人千面"的智能行程规划;开展全球首个采用区块链技术的"跑向2022,争当亚运火炬手"活动,打造亚运史上覆盖区域最广、参与人数最多、持续时间最长的线上火炬传递活动。

## 二、杭州数字创新产业的国际城市地位日益彰显

### (一) 杭州着力打造科技创新策源地

近年来,为了推动全市创新创业环境升级,杭州以重任在肩、责无旁贷的使命担当,以时不我待、扬鞭奋蹄的高昂姿态,抓紧抓好"创新活力之城"建设有关工作,区域自主创新能力持续增强、科技企业培育质效不断提升、高端创新平台建设加快推进、"高精尖缺"人才引育成效显现、创新创业体系优化升级,杭州"创新活力之城"的地位日益彰显、品牌深入人心。

杭州从搭平台、出政策、优机制等领域出发,让创新环境更包容、更活跃。一方面,为了破解中小微企业融资难担保难问题,杭州首创"政策性信保+银行授信+政策风险担保"模式,持续加大对中小微企业金融支持力度;另一方面,杭州深入实施高新技术企业培育三年行动计划、科技型初创企业培育计划,构建起大中小企业协同发展的企业梯队群。在打造科技创新策源地方面,杭州着力将之江实验室、西湖实验室纳入国家实验室建设序列,在杭国家重点实验室增至14家,杭州现拥有省级实验室4家、省重点实验室39家;省级新型研发机构28个,实验室体系基本确立。

在杭企事业单位获得 29 项 2020 年度国家科学技术奖,获奖数创历年新高。

### (二) 杭州坚持实施创新驱动发展战略

"十三五"期间,杭州新成立或引进高校和科研院所 34 家;城西科创大走廊创新策源地功能显著增强,钱塘新区整合设立,国家新一代人工智能创新发展试验区获批;数字经济核心产业增加值年均增长 14.5%,研发与试验发展经费支出与地区生产总值之比从 3% 提升到 3.5%,市场主体从 75.5 万户增加到 140.3 万户,全国双创周杭州主会场活动成功举办。

2020 年,杭州统筹推进疫情防控和经济社会快速健康发展,实现防疫和发展"双优生"。杭州数字经济核心产业实现增加值 4290 亿元、增长 13.3%。国家新一代人工智能创新发展试验区加快建设,人工智能产业营收达 1557.6 亿元。加快数字"新基建"建设,首个国家(杭州)新型互联网交换中心启用,联合国大数据全球平台中国区域中心落户。深入实施"新制造业计划",规上工业实现增加值 3634 亿元,增长 3.8%。深入实施"鲲鹏计划""凤凰行动""雄鹰行动""雏鹰行动",新培育百亿级制造业企业 4 家、境内外上市公司 28 家、"单项冠军"企业 5 家、专精特新"小巨人"企业 19 家、"隐形冠军"企业 11 家。新增国家高新技术企业 2440 家,规上高新技术产业实现增加值 2448 亿元、增长 8.6%。大力推进数字化改造"百千万"工程,规上工业企业数字化改造覆盖率达 97.4%。强化科技和人才支撑,全力服务"互联网+"、生命健康、新材料三大科创高地建设,城西科创大走廊创新引擎作用不断增强,湖畔实验室、良渚实验室启动建设,之江实验室、西湖实验室纳入国家实验室建设序列,中法航空大学先期研究生培养启动,中国科学院大学杭州高等研究院开学。全市有效发明专利拥有量 7.3 万件,增长 25.2%,位居省会城市第一。新引进 35 岁以下大学生 43.6 万人,人才净流入率继续保持全国第一。全国工商联发布的 2020 年"万家民营企业评营商环境"结果显示,杭州在营商环境城市排名中获全国第一,成为"营商环境最佳口碑城市"。

2021年,杭州坚定实施创新驱动发展战略。杭州以科技创新驱动高质量发展为主线,以深化科技体制改革和健全创新治理体系为突破口,以集聚创新要素和增强创新能力为主攻方向,全面激发创新创业活力,建设创新活力之城,打造创新型城市实践范例。2021年9月8日,李克强总理主持召开国务院常务会议,会议部署在部分城市开展营商环境创新试点,支持地方深化改革先行先试更大力度利企便民。北京、上海、重庆、杭州、广州、深圳被正式确定为国家首批六个营商环境创新试点城市。18项营商环境指标全部获评"全国标杆",改革经验全国推广。除了不断深化商事制度改革外,杭州还着力打造了"亲清在线"新型政商关系平台,推动政策资金直达地方、直达基层、直达民生。

杭州全球创新指数排名跃升至全球第21位,创历史最佳排名。近期,科技部中国科技信息研究所发布《国家创新型城市创新能力评价报告2021》,对全国72个创新型城市进行了综合评价。《报告》显示,杭州创新能力指数78.82,位居全国第二,仅次于深圳。同时,《报告》对全国288个地级及以上城市的创新能力进行了评价,杭州在全国城市创新能力百强榜中位列第四,仅次于北京、上海、深圳。

## 三、以智慧亚运为契机推进杭州产业创新发展的路径

### (一)提升国际赛会能级,激发城市创新活力

高水平办好亚运会和亚残运会,高质量完成亚运会和亚残运会重要里程碑和重大节点性任务,建好"智能亚运一站通"平台,开展迎亚运群众性体育赛事和主题活动。加快引育国际顶级赛事品牌,办好杭州马拉松、杭州(国际)毅行大会等本土国际品牌赛事,加强与国际性体育赛事组织的联系与合作。打造高端国际会议目的地,办好中国质量大会等高规格国际会议。建立国际会议引进申办联动机制和举办竞标机制,坚持以会促产,办好云栖大会等,进一步推动科技创新和产学研转化。实施会展业名展名企名馆"三名"工程,提升中国国际动漫节等一批本土品牌展会国际化水平,加强与国际知名会展城市合作,积极引育国际一流的策展

机构、展览专业服务企业。高标准推进杭州大会展中心建设,促进国际组织集聚,支持联合国可持续发展大数据国际研究中心等国际机构高质量发展,谋划建设国际机构和总部经济集聚区,广泛开展公共外交和民间友好交往,加大对民间组织开展国际交流的指导力度。

### (二) 推进数字赋能产业创新驱动发展

坚持科技自立自强,高水平建设国家自主创新示范区,率先打造"互联网+"、生命健康、新材料三大科创高地,全面塑造创新驱动发展新优势。以城西科创大走廊为主平台,争创综合性国家科学中心和区域性创新高地,努力打造"面向世界、引领未来、服务全国、带动全省"的创新策源地。全力支持浙江大学"双一流"建设、西湖大学建设高水平研究型大学,加快中法航空大学、国科大杭州高等研究院等名校名院名所建设,支持浙江省四大实验室和大科学装置建设。完善以企业为主体的技术创新体系,支持龙头企业牵头组建创新联合体和共性技术平台,集中突破"卡脖子"关键技术。推进最优人才生态城市建设,大力引进国际一流的科技领军人才和高水平创新团队,打造全球高端人才"蓄水池"。深化科技与人才体制改革,实行"揭榜挂帅"制度,全面构建"产学研用金、才政介美云"十联动的区域创新生态。全面建设数字赋能产业变革新高地。深入实施数字经济"一号工程",推进国家新一代人工智能创新发展试验区建设,大力培育具有国际竞争力的数字产业集群,奋力打造"全国数字经济第一城"。深入实施"新制造业计划",加快工业互联网平台推广,持续推进传统制造业改造提升。加快下一代信息技术、生物医药、高端装备、新能源、新材料等战略性新兴产业生态圈集聚,打造制造业标志性产业链。加快现代服务业与先进制造业深度融合,推动研发设计、科技服务、商贸物流、广告会展、管理咨询等生产性服务业集成化、平台化、国际化发展。

### (三) 提升数智科技创新国际传播体系

打造走在前列的国家级国际传播阵地,打造面向国际、亚洲领先、国内一流的主流视听新媒体高地。构筑以"文化+数智+科技"为核心的中国南方(杭州)国际传播创新中心。打造国内一流,具有强大综合实力的国家级国际传播杭州中心。讲好独特韵味别样精彩的杭州创新故事。进一步讲好对外经济、红色经典、历史文化、跨越发展、古都新风等杭州故事。持续办好"杭州国际日"。以"杭州国际日"为依托,策划举办多层次、多领域的国际交流活动。启动实施亚运国际传播行动。全面展示杭州贯彻落实习近平总书记重要指示批示精神所取得的标志性成果。

### (四) 强化政府科技创新基金引领

政府应以科技创新专项基金方式投入,坚持市场化、专业化、规范化运作,更好发挥政府引领的杠杆作用。优化产业生态,围绕打造"互联网+"、生命健康、新材料三大科创高地,持续培育产业生态和做强产业链,做好补链、强链、延链的文章。强化要素保障,聚焦科技企业全生命周期需求,创新土地供应、融资支持、人才引育、研发补助等政策模式,全力构建要素一体供给、一应俱全的保障支撑体系。深化数字赋能,坚持以数字化改革为引领,建设多跨协同、共建共享的科创服务平台,打造"全市域、全网络、全空间"的数字孪生"创新活力之城"。

### (五) 大力创建全球智慧运动城市

杭州成功举办 G20 国际峰会,实现了"天下从此重杭州"的历史性大跨越。杭州即将成为国内第三座举办亚运会的城市,为承办国际体育重大活动奠定软硬件基础。在新发展格局下,杭州应发挥数字经济引领发展的优势和势头,积极申办世界级的体育重大交流活动和竞技活动。杭州以更开放的姿态积极申办国际体育重大交流活动,如适时申办世界体育大会,甚至夏季奥林匹克运动会等,建设全市运动特色彰显的全球智慧体育之城。

黄宝连　杭州城市国际化研究院

# 杭州亚运会与文旅会展产业的发展

新冠疫情作为不可抗拒危机事件,对杭州的文旅、会展业带来极大挑战,国际化进程在短期内受到遏制。景区、博物馆、文化馆、剧院剧场等文旅活动场所,旅行社组团业务、公众聚集性活动、星级饭店大型活动等业务的正常开展都受到阻碍。游客量直线下滑,旅游消费预算大幅收缩,让旅游业、会展企业承受巨大损失,内循环成为当前文旅经济和会展经济的主旋律。在这一背景下,杭州筹办 2022 年亚运会成为拉动消费、扩大内需、构建双循环格局的新动能,从而推动杭州餐饮住宿服务、休闲旅游、文化和会展领域产业结构的优化升级,实现"赛会+"引领下的文旅经济、会展经济高质量发展。

## 一、杭州市文旅、会展业国际化发展现状

### (一) 三大遗产奠定"世遗城市"杭州的国际影响力

2011 年 6 月 24 日,西湖列入世界文化遗产名录,杭州由此成为"世界遗产城市"。截至 2021 年 7 月,中国世界遗产总数达到 56 项,杭州拥有(西湖、良渚古城遗址、共享大运河)3 项世界文化遗产,居全国第 2 位,实现跨越式发展。

杭州作为中国八大古都之一,拥有跨湖桥文化、良渚文化、西湖文化、大运河文化、钱塘江文化、吴越文化以及南宋文化等,具有鲜明的文化个性。杭州历来重视名城历史文化的保护利用,坚持"积极保护、合理利用、适度开发"的政策,创新文化遗产保护利用与城市更新相结合的模

式,开展五大保护工程,形成极具杭州特色与符合实际的保护理念和机制。构建起以历史名城为主体,以历史遗产为核心,涵盖文保单位、历史文化街区以及非物质文化遗产等各类文化遗产类型的历史文化保护体系。在世遗城市发展过程中,杭州以保护和共享为中心,加大文化挖掘和保护力度,注重传统文化元素的活态传承,延续城市文脉。同时切实发挥三大世界文化遗产的综合带动效应,串点成线,串珠成链,让文化遗产保护与城市化、产业化发展和谐共生,形成文化遗产的杭州模式。

2020 年杭州市成立首个世界遗产联盟,由杭州市历史文化名城保护委员会发起,包含杭州三处世界遗产地,以及钱塘江古海塘遗址、南宋皇城遗址等世界遗产后备项目单位,世界遗产群落开发为杭州城市国际化建设推波助澜。借助"世界遗产"品牌,彰显杭州文化名城魅力。让世界遗产积极有效地融入城市发展,切实刺激杭州国际文旅与会展经济发展,有力提升现代服务业的集聚竞争力,推动杭州升级为世界区域性城市。

**(二)"G20"带来"峰会杭州"国际品牌**

作为 G20 峰会首次在中国的举办地,杭州立足本地特色,完成了基础设施建设和环境综合整治,城市建设实现大提速,重点推进包含国际会展在内的 25 个重大建设项目,杭州已经具备承办大型国际会议的能力。G20 峰会后,杭州发布全新会奖品牌形象"峰会杭州",提出打造国际会展之都目标,通过品牌引领、项目驱动等策略,依托"会展+"发展理念和杭州"互联网+"优势,重构会展产业结构,延伸产业链,加快形成多种业态联动发展的格局,加快文旅会展行业发展,开发可持续发展的会展商业生态,实现杭州文旅会展行业的跨越式发展。

杭州拥有高技术产业基地,也是中国文化创新中心、电子商务中心和区域金融服务中心,并连续多年被世界银行评为"中国城市总体投资环境最佳城市"。根据国际大会及会议协会(ICCA)发布的 2019 年全球会议目的地城市榜单,杭州跃居全球第 74 位、亚太第 17 位、中国大陆第 3 位。据统计,2016—2019 年杭州共举办各类会议 61751 场,年均增长20.01%,其中国际会议 1834 场。成功引进了 2017 年城地组织世界理事会议、2019 全球女性创业者大会、第二届金砖国家相关部长会议、丝路国际大会、世界工业设计大会等一批国际专业性会议。成立全国首个国际会议竞标服务中心，吸引高端国际会议落户杭州，成功举办了 APEC 工商领导人中国论坛及 APEC 工商咨询理事会会议、中国与中东欧 16 国文化部长会议等大型国际会议。电器和电子工程学术会议、生物医药学术会议、标准化会议、化学学术会议等四大领域学术会议在杭州召开，世界旅游联盟、国际大会及会议协会(ICCA)中国区教育委员会、国际丝绸组织、eWPT 世界电子贸易平台、"一带一路"国际联盟总部等国际组织相继落户杭州。杭州以积极开放的姿态主动融入全球化，提升文化国际影响力，彰显杭州独特的世界名城形象。

## 二、疫情影响下杭州文旅会展业的响应

新冠疫情暴发以来，杭州文旅会展业深受影响，国际化进程受到严重阻碍。2020 年杭州市全年旅游接待总数仅为 1.7573 亿人次，同比 2019 年下滑 15.6%。旅游总收入为 3335.36 亿元，同比下降 16.71%。全市旅游休闲业增加值为 999.0 亿元，同比下降 16.3%，占国内生产总值的比重为 6.2%。其中，杭州市接待国内旅游者 17558.8 万人次，同比下降 15.2%；旅游收入 3331.29 亿元，同比下降 15.7%。杭州全市接待入境旅游者 14.3 万人次，同比下降 87.4%；旅游外汇收入 5902.9 万美元，同比减少 92.0%。2020 年，全市乡村旅游共接待 7080.06 万人次，同比下降 27.78%；经营总收入 692801.36 万元，同比下降 16.24%。全球疫情的蔓延以及国际关系变化等所带来的不利影响加剧，杭州市对境外客源的竞争将面临更加残酷的境地。在这些背景下，杭州市的入境旅游想要实现复苏的难度更高、时间更长。同时，疫情在国内持续性地小范围暴发以及全国各地出台相关措施实施封闭式管理，国内旅游者的旅游需求受到了一定程度的抑制，总体上杭州市的文旅行业受到非常大的冲击。在新冠疫情影响下，因传统的线下展会人员密集、流动性大，空间密闭等特点，全球展览大面积停办或延期(国际品牌展会 2—3 年举办一届)，杭州近两

年国际展会市场同样陷入历史低迷期。杭州市应对挑战,积极开拓行业发展新赛道,以文塑旅、以旅彰文,文化与旅游呈现深入融合发展态势。文旅会展业强化数字赋能,提质增效,杭州成功入选首批国家文化和旅游消费示范城市。

### (一) 国内市场聚焦,充实产业内涵

在疫情下,国内市场、本地市场成为杭州市文旅会展产业复兴的重要支撑。组织开展"欢乐游杭州"系列活动,推出 10 大类别 100 项健康旅游特色产品线路和 240 余项文旅惠民举措。通过举办"新经济会议目的地产业交易会"、世界旅游联盟"杭州之夜"推介、"全球旗袍日"、苏东坡文化旅游节等活动,极大提振了行业信心,推动旅游业转型升级。同时,以乡村振兴为产业复苏增添活力,通过践行浙江省"一村一品、一村一韵、一镇一业"的"万村千镇景区化"战略,推进杭州西部乡村旅游的发展,实现乡村振兴,推动杭州文旅行业的复苏进程。

### (二) "夜经济"开发,增添产业亮点

在后疫情阶段,杭州文旅企业在原有夜文旅产品研发的基础上,考虑杭州市文旅资源的空间分布特征与资源禀赋差异,充分挖掘西湖文化、运河文化、古城文化等,进行创意研发,明确不同区域夜间文旅产品的主题与定位,相继推出《艺说严州·重逢梅城》等具有杭州本土文化韵味的夜间游玩项目,丰富夜经济文旅休闲产品,扩展多元夜间游玩场景,延长区域商圈店铺的营业时间,增加群众夜间逗留时间,拉动本地消费和旅游消费。首创文旅夜经济 IP"杭州奇妙夜",成立金牌导游直播联盟,直播销售文旅产品 3008 万元。

### (三) 数字化赋能,促进产业革新

新冠疫情推动 5G、人工智能、大数据等在文旅业中从理论走向实践应用。在后疫情期间,平衡旅游需求与安全游览需借助数字技术,倒逼杭州市文旅行业进行改革创新,数字化改革成为驱动杭州市文旅行业发展

的新能源。杭州市会展业与物联网、大数据结合,实现会展活动的线上和线下互联与融合。采取线上直播、研讨会等方式进行线上培训、产品推广,开展讲座以及学术沙龙等,弥补线下展览的缺陷与局限性。通过应用新技术,杭州市会展业的商业模式和业态布局实现新突破,创新会展业务模式,整合行业资源,全力打造第六代场馆,采用"1+X"模式,实现高效智能化的场馆运营,打造"数字会展中心城市",实现会展业与旅游、商业、文创等产业的融合发展。在运营方面采取线上直播销售、实现智慧化管理、启动 VR 云旅游,丰富线上文旅产品供给,推出"数字经济旅游十景""城市记忆十探"等新型会展跨界深度游产品。同时,对展会客户深化数字化沉淀。对参展商、参会嘉宾进行持续化的运营,获取参展商、参会嘉宾的反馈。深挖展会的附加功能,满足参会嘉宾的观展意愿以及增加展会的主题性与功能性,丰富展会场景,提高展会的可参与性和可体验性。同时对参展商进行人文关怀,降低参展商的参展成本,为参展商提供深度增值服务,助力参展商企业复苏,实现双赢。

杭州全市 195 个景点、206 家文化和旅游消费场所及 515 家酒店,依托"城市大脑"文旅系统,大力推广非接触式服务和"10 秒找空房""20 秒景点入园""30 秒酒店入住"等应用场景,累计服务中外游客超过 5000 万人次;在国内率先推行文化旅游场所分时段预约,把流量管控的关口前移,避免了游客瞬间集聚,实现了"收放自如"的管理;在全国首推阿里巴巴、海康威视等"数字经济旅游十景"。

### (四) 文旅融合深化,丰富产业生态

通过"旅游+文博"新形式,实施文物激活推广工程。开发 10 条精品"红色走读路线",整合市内的国家级、省级非遗项目,推出供市民游客体验的"城市记忆工坊",着力打造 68 家"书香杭州"。通过"旅游+文创",培育新业态。推出万事利丝绸、朱炳仁铜雕等一批兼具传统工艺又符合现代审美的文旅产品,助力王星记扇子、张小泉剪刀等国字号传统工艺创新发展。通过"旅游+演艺",建设"中国演艺之都",打造《宋城千古情》《最忆是杭州》等演艺精品,推出西溪湿地的《今夕共西溪》、建德的《江清

月近人》等文旅演艺项目,大力引进全球顶尖太阳马戏《X 绮幻之境》入驻杭州新天地太阳剧场,塑造"来杭州旅游、看杭州演艺"的良好口碑。

## 三、亚运会为杭州市文旅、会展业带来契机

### （一）亚运会基建为杭州文旅、会展业发展创造机遇

亚运会筹办加快了举办地城市建设的发展速度,亚运会所带来的城市建设投资以及亚运会的直接投资与关联投资能够拉动举办地上百亿元GDP,起到完善基础设施、促进产业转型升级、刺激社会消费、加快当地服务行业发展等的作用。

亚运会筹办为杭州文旅业、会展业转型发展奠定新起点,快速推动杭州的各类交通基础设施的完善。杭州地铁将建成"十普一快两市域"城市轨道骨干网络,配套建设市域城际线路,新建杭州南站,改建杭州西站和萧山机场等综合交通项目,形成多网融合的都市圈轨道网,杭州主城、副城及组团将实现"45 分钟"交通圈。杭州与周边城市共建 8 条高铁,如杭黄铁路、沪乍杭铁路、杭衢铁路等,市际间的交通互动将更加便利。区内区外便捷快速交通网络形成,助力杭州打造国家级的综合交通枢纽城市,极大提升杭州文旅与会展行业的区域辐射能力。

杭州市内各类现存的设施、场馆按照亚运会标准进行改建和维修,实现杭州市内各区域体育公共设施全覆盖,提高体育基础设施普及率,丰富群众体育休闲生活,提升杭州赛事组织能力,助力杭州打造国际赛事之城。城市基础设施建设的巨大投入,使得杭州城市环境得到极大改善,城市公共基础设施更加完善、文旅资源品质得到提升、城市服务更加规范化、城市景观更加美丽以及城市面貌更加国际化等,为杭州文旅会展行业创造更好的发展环境,增强杭州城市国内外影响力。

### （二）文化传播彰显杭州文化软实力,增强国际影响力

亚运会是展现城市文化软实力的窗口,将极大提高举办地的文化影响力,也是提升国际形象、增强国际知名度和影响力的最佳路径。在筹建

亚运会传播亚运会的过程中,杭州加快推进文化基因解码工程,构建多元文化产业体系,梳理杭州宋韵文化、良渚文化、运河文化等文化基因,打造一批具有代表性的文化标识,提炼杭州文化符号,突显杭州特色,激发杭州优秀文化艺术产品的创作与产出速度,加快杭州文化传播速度。

通过扶持杭州优秀文化艺术产品的创作,加强与境内外媒体的深度合作,积极参与境内外国际文化和旅游展会,在海外设立杭州文化旅游展示中心和文创产业交流中心,讲好杭州故事,多层次展示杭州文旅品牌形象,传播杭州文化。通过强化文旅融合,推进文旅公共休闲空间供给工程,建设集旅游集散、文化展示等为一体的城市会客厅,建设具有杭州特色的文旅空间与地标。通过构建具有国际水准的会展产业体系,增加展馆体量、品牌展会数量,打造兼具商贸、旅游、文化交流、赛事等功能的会展场馆,促进商品、技术、信息、资金、人才等要素向会展行业流动,从而持续推进加快杭州市国际会议目的地建设。

### (三) 亚运会助推杭州文旅会展业产业结构调整、服务品质提高

利用亚运会相关资源,开发特色文旅会展项目,通过推进"体育+文旅"的发展,促进文旅会展行业与体育相结合,培育体育赛事、体育展会、体育休闲、文化创意等产业。将具有特色资源的乡村培育成体育赛事旅游区,能够助推乡村振兴,催生文旅会展产业新业态,开拓文旅会展消费新热点,扩大市场消费规模。借助亚运会投资,提高城区与乡村的联结性,有助于推进文旅产品转型升级,加快发展生态游、休闲游、研学游、亚运游、奖励游等高端文旅产品。借助亚运会筹办契机,提升杭州历史文化街区、遗址遗迹等的文化资源品质。通过构建以体育赛事、康体养生为核心,以体育培训、体育健康服务、体育旅游等为基础的大体育综合旅游区,有助于打造一批国家体育旅游示范基地,这些基地未来将成长为杭州旅游的新兴热点,带动杭州文旅会展行业进入新发展时期。

亚运会筹办也将带来杭州会展业产业结构的转型升级。本届亚运会以"智能亚运"为特色,立足杭州数字经济优势,实现互联网、大数据等与亚运会的跨界融合,以智慧场景提升城市体验,围绕"吃住行游购娱"实

施一批智能场馆、运动科技、体育赛事等重大项目,为杭州现有的专业展会提供转型升级的机会。

### （四）亚运会提升城市人文素养和社会治理水平,为文旅会展业创造良好发展环境

亚运会筹办过程成为提升市民素质、惠及民生、营造全民健身氛围、促进杭州城区全面发展以及推动城市文明建设的过程。完善的公共服务体系与全覆盖的公共治理体系,将进一步推动杭州公共产品和公共服务供给能力的提升,杭州城市环境、城市管理水平也将跃上一个新的台阶,形成与杭州经济发展相匹配的新型现代化社会治理结构。

随杭州文化创意产业的发展,杭州将成为全球文化体验和创新中心之一。社会文化创新创意氛围日渐浓厚,将吸引一大批知名文化企业聚集杭州,有助于打造文化创意产业聚集区。文化市场体系的健全,将促进文化创意与高新技术、金融资本有效对接,提高和加快文化创新水平和文化产业化进度,培育一批具备杭州特色的文化品牌和以文化为内核驱动的文旅、会展优秀企业。后亚运时期,可凭借亚运期间提升的软硬件设施以及人文环境,申办国际高水平体育赛事、展会活动以及构筑国际化营销渠道,助力杭州打造"国际赛事之城"。

## 四、亚运时代背景下杭州市文旅、会展业国际化提升路径

### （一）深耕城市文化遗产,建设"遗产城市"文化品牌

充分发挥历史文化名城、创新活力之城、生态文明之都的特色优势,找准文化和旅游融合的切入点,以文为魂丰富旅游内涵,以游为体彰显文化魅力,实现资源互补、协同发展。打造杭州"现代东方文化典范之城",构建杭州遗产城市"文化记忆"。以西湖、大运河、良渚三大世界文化遗产为中心为文旅发展核,"活化"利用和创新开发世界文化遗产游产品体系,建设大运河文化带、钱塘江唐诗之路、浙东唐诗之路等三条杭州市域

文旅发展轴,推进南宋皇城遗址、钱塘江海塘、跨湖桥遗址的保护利用。充分利用好城市文化街区资源,打造北山街、南山路、河坊街、中山中路、中山南路、五柳巷、思鑫坊、大兜路、小河直街和桥西等十大特色鲜明的文化旅游街区,推动历史遗产"活化"利用,促进城市文化和旅游产业互动融合。加大对南宋文化、茶文化、佛教文化、丝绸文化、美食文化等的创造性开发和创新性转化。进一步传承与发展越窑(官窑)青瓷、金石篆刻、木板水印、西湖绸伞、中泰竹笛、萧山花边、天竺筷、王星记扇子、张小泉剪刀、浙派古琴艺术、江南丝竹、余杭滚灯等本土非遗文化。

**（二）科技赋能,打造"数字经济"文旅会展产品**

整合杭州数字经济等优势产业资源,创新性推出独具特色的数字经济产业旅游产品集群。积极推进数字旅游新场景、新业态创建。以"数字＋"为手段,推动旅游产品生产、服务方式和管理方式创新,通过智慧酒店、智慧旅行社、智慧景区建设,乡村旅游数字化建设,全面提升旅游服务质量和体验品质,有效拓展旅游消费空间。充分运用数字全息、5G、VR、人工智能等技术发展全景旅游、沉浸式旅游等虚拟现实交互旅游场景,提升场景文化内涵,打造符合大众旅游消费需求的项目和产品,培育具有核心竞争力的现代旅游企业。建设数字博物馆和数字文化馆服务平台,推进图书馆数字资源共建共享。推进市、区(县、市)两级文旅大数据中心数据开放和旅游企业旅游资源数字化归集与统合,加快形成以开放、共享为特征的旅游业发展新模式。建成一批大数据、云计算、人工智能、虚拟现实等新技术文旅应用产品。通过提升优化城市大脑展示中心、阿里巴巴数字经济智慧旅游步行街、海康威视展厅、网易杭州展厅等"杭州数字经济旅游十景",打造杭州新经济会议目的地。

**（三）立足"体育＋",构建亚运会场馆开发利用体系**

将杭州亚运会场馆区打造成为国家级体育示范区,构建好亚运会场馆赛后开发利用体系,促进杭州培育本土品牌体育赛事,丰富杭州体育赛事活动的供给。谋划好亚运会场馆赛后利用,围绕亚运会场馆打造体育赛事、体育培训、康体养生、休闲运动、体育产业发展等几大平台,拉动体育赛事、体育活动消费。以亚运会体育场景营造为核心,推进传统体育运动空间向体育消费空间转换,打造体育公园、体育培训馆等体育服务综合体,激发"互联网+体育"的消费潜力,推动建筑业、新材料产业、会展、体育旅游、餐饮、娱乐以及文化产业的发展。加强与世界旅游组织等国际组织的沟通与合作,吸引更多国际会议、国际赛事来杭筹办,吸引跨国公司来杭落户,助力杭州建设国际赛事之城、国际会议目的地城市、国际会展之都。杭州未来可举办国际智能体育装备博览会、国际体育用品展览会、世界智能体育科技创新博览会、国际体育休闲博览会等相关的展会以及体育产业高峰论坛等活动,以产促展,以产促旅,为杭州会展业的发展注入新动力。

### （四）跨界融合创新功能,完善城市文旅公共服务

注重文化赋能乡村旅游开发,推动新旧动能转换,促进乡村旅游产业升级。依托古镇古村开发乡村全域文旅产品,打造好突显杭州乡村历史记忆、地域特色、品质业态的典型旅游风情小镇、景区镇、景区村,彰显杭州乡村山水风貌和人文底蕴。拓展"文旅+"农业、工业、商贸业、体育、教育、健康等领域跨行业产品开发。以 2022 年亚运会为契机,引进举办有影响力有分量的体育旅游活动。以"最忆是杭州"为主题,挖掘开发一批杭州本土研学旅游产品。探索科技旅游,开发低空旅游、高科技视觉体验等文化和旅游新产品。创新推动卫生健康与文化旅游业深度融合,充分利用优质生态、中医药、温泉等资源优势,打造一批高品质的中医药养生、温泉度假、天然氧吧等绿色康养旅游产品。

充分利用城市公共文化场所,增设旅游信息咨询功能,开展旅游推广宣传。利用城市各级公共图书馆(室)服务体系,开展文化活动、旅游产品、会展产品推广推介活动。引导鼓励文化和旅游企业互相渗透,旅游企业可进社区建设文旅体验中心,同时非物质文化遗产、文化演艺团体、动漫文化企业进驻景区、旅游服务中心;各类文艺机构参与旅游演艺项目;4A 级以上景区、特色街区、特色小镇和历史文化村亦可引进文化演艺项目。

#### （五）国际合作，多元途径传播杭州国际形象

加快"一带一路"沿线城市合作，发挥国际文化旅游组织的作用，加快推进世界旅游联盟总部配套项目建设，积极招引国际知名的文化旅游组织落户杭州。鼓励优秀旅游演艺经营主体和品牌项目申报《国家文化出口重点企业目录》和《国家文化出口重点项目目录》。支持文化旅游跨境电商发展，培育一批文化旅游专业跨境交易线上新平台，积极推进文化产品跨境电子商务发展。采取"传统媒体+新媒体""线上+线下"等方式，加强与境内外媒体深度合作，扶持杭州优秀文艺产品创作，发挥影视、文学作品在文化旅游传播中的作用，多维度展示杭州文化和旅游品牌形象。积极参加境内外重要国际性文化和旅游展会，用"创意语言"推广杭州文化、讲好杭州故事。有计划地在海外设立杭州文化旅游展示中心和文创产业交流中心，深化国际友城合作，有效开展文化交流和旅游宣传活动。

#### （六）因势利导，推进"会展之都"建设

杭州是中国现代会展业的发祥地之一。早在1929年，杭州举办了首届西湖博览会。2011年《杭州市"十二五"会展业发展规划》就明确，杭州将重点打造最具潜力的全国展览中心城、最具活力的中国节庆之都、最具魅力的国际会议目的地的会展业三大品牌。2016年，杭州建设"国际会议目的地城市"，打造具有国际影响力的"会展之都""赛事之城"。2016年G20峰会，让杭州会展业找到了新的爆点和发展机会。亚运会的举行将进一步促进杭州打造具有国际影响力的"会展之都"，为杭州抢占会展经济发展机遇、提升城市发展能级发挥重要的推动作用。

杭州会展业要实现快速发展，必须在数字化背景下尝试多元化产业融合路径，形成以会展活动为载体的数字经济、智能经济、绿色经济、创意经济等会展业新经济形态。新技术正在给会展业带来一些新改变，将会增强业内企业在经营、管理、服务等各方面的能力，拓展企业发展思路和模式；同时，通过抖音等平台举办在线展会的新模式，也将进一步丰富会展业的内涵和外延。在国际大会与会议协会（ICCA）发布的2019年度全

球城市国际会议排行榜中,杭州在全球5214个城市排名中位居第74,在中国大陆城市排名第三。2020年12月,杭州又获得"中国最具创新力会奖目的地"奖项。在新冠疫情的冲击下,会展业突破瓶颈开发"云上展会"。2020年,杭州推出国内首个"云上动漫游戏产业交易会",突出5G、人工智能、VR等现代科技元素的应用,创新运用短视频、直播等方式,为海内外观众搭建了"云上交易""云上展售""云上互动"三大平台。2020年8月举行"Linking Hangzhou 链接杭州"杭州新经济会议目的地云上推介会,首次在同一时间面向全球买家推广杭州会奖资源。

许振晓、丁小洋　杭州师范大学阿里巴巴商学院

# 杭州亚运会与电竞产业发展研究

2020 年 12 月 16 日,亚奥理事会(OCA)第 39 次全体代表大会决定,电子竞技成为 2022 年第 19 届亚运会正式竞赛项目。这一信息迅速地引起了国内外电竞市场的高度关注度,杭州电竞体育与电竞产业也迎来了前所未有的发展机遇。2021 年是电子竞技深刻融入主流文化的一年,显著标志是"电竞入亚"与 EDG 夺冠。我们通常所说的"电竞产业",实际上是基于"电子体育"赛事及其周边业态的新兴产业,可以归类于现代会展业的体育赛事产业。"电竞入亚"终于完成了其法定程序,这意味着电子竞技正式进入奥林匹克赛事大家庭。本文将基于国际电竞产业发展的大背景,全面梳理杭州电竞产业发展的比较优势、面临的挑战和问题,并在借鉴和吸取国内外电竞产业政策和实践经验的基础上,围绕如何抓住杭州亚运会的历史性机遇,探讨杭州电竞产业生态提升发展的对策建议。

## 一、国内外电竞业发展趋势

### (一) 国际电竞游戏市场规模与产业生态

电竞市场规模主要包括客户端电竞游戏、移动电竞游戏、电竞生态这三大消费市场。而电子竞技赛事都是基于游戏展开的,主要包括电视游戏、电脑游戏和智能手机游戏三大平台板块。目前,国际上作为电竞赛事的游戏多为直接对抗的 FPS 游戏、英雄对战类 MOBA 竞技游戏、格斗游戏等。电竞赛事一般是以联赛的方式举办,一年举办一次,或一年分多个赛季。迄今最具影响力的国际电竞赛事主要有:英雄联盟 S 系列赛、

Dota2 国际邀请赛、CSGO Major 系列赛事、ESWC 电竞世界杯、CPL 电竞职业联赛、PGI 绝地求生全球邀请赛、OWL 守望先锋联赛、KPL 王者荣耀联赛等。全球的年轻人跨越了语言、文化以及种族的隔阂,在游戏世界中共同体验虚拟场景所带来的刺激与惊险,同时公平的竞技又给各国选手创造了为国争光的机会。2020 年因疫情影响,国际电竞比赛数量大幅度减少,然而世界电竞市场规模依然十分可观。据外媒统计,2020 年各项赛事总奖金金额、现役选手数量和赛事数量前三名分别是 CSGO、Dota2 和英雄联盟。

表 1　2020 年国际电竞三大赛事情况表

| 赛事名称 | 总奖金 | 选手数量 | 赛事数量 | 世界排名 |
| --- | --- | --- | --- | --- |
| CSGO | 约 1580.80 万美元 | 2862 名 | 570 次 | 第 1 名 |
| Dota2 | 约 923.38 万美元 | 937 名 | 146 次 | 第 2 名 |
| 英雄联盟 | 约 800.36 万美元 | 1320 名 | 65 次 | 第 3 名 |

根据欧洲权威市场研究机构——荷兰数据研究机构 New zoo 发布的《2021 年全球电子竞技和直播市场报告》,2021 年全球电竞市场收入从 2020 年的 9.47 亿美元增至 10.84 亿美元,年同比增长 14.5%。电竞比赛观众增长至 4.74 亿人,与 2020 年相比,电竞比赛观众人数增长 8.7%,其中电竞深度爱好者(每月观看比赛一次以上)的占比接近一半,达到 2.34 亿人。全球游戏直播观众数在 2021 年达到 7.288 亿人,同比增长 10.0%。到 2024 年,电竞观众的复合年均增长率预计为 7.7%,人数将达到 5.772 亿人。New zoo 报告认为,电竞市场收入的增长幅度相比电竞观众的增长更快更大。其主要原因是电竞人群的黏性提高,超过 75% 的电竞市场收益将来自媒体版权和赞助费,约占总收入的四分之三。种种迹象表明,电竞运动早已超越了“小众”的范畴,日渐跻身为全球范围关注度最高的新兴体育赛事项目之一。

后疫情时代的中国电竞产业发展势头十分迅猛。据《2021 中国电竞运动行业发展报告》,中国电竞市场规模已经突破 1000 亿元,中国已经超过北美成为全球最大的电竞市场。2020 年的中国电子竞技游戏用户规模达 4.88 亿人,同比上涨 9.65%,用户数量保持稳定增长。而艾瑞咨询发布的《2021 中国电竞行业研究报告》分析认为:2020 年的中国电竞市场保持着高速的增长,增长主要来自移动电竞游戏市场和电竞生态市场的快速扩张。在疫情影响下,用户的在线娱乐时长显著增长,带动 2020 年的移动电竞游戏市场增速达到 36.8%,电竞生态市场增速达到 45.2%。艾瑞报告 2021 年中国电竞整体市场规模达 1826 亿元,年增长 23.9%;2022 年总规模将达 2157 亿元,年增长 18.1%。

中国电竞市场结构的三大板块:客户端电游、移动电游、电竞生态,近年来也发生了明显的变化。客户端电子竞技市场处于逐步下降状态,移动电竞游戏收入保持较高增长速度,电竞生态市场规模则获得快速扩张。其中,电竞生态市场规模包括赛事门票、周边、众筹等用户付费和赞助、广告等企业围绕赛事产生的收入,以及电竞俱乐部及选手、直播平台及主播等赛事之外的产业链核心环节产生的收入,广义的电竞生态市场还包括电竞教育、电竞地产等。可见,电竞生态市场呈现多元化的商业模式。

据艾瑞咨询《2021 中国电竞行业研究报告》,随着头部电竞游戏及赛事的影响力持续提升,电竞商业化的发展进程不断加速,并且带动了电竞产业链下游的游戏直播、电竞陪练、电竞衍生等业态强劲发展。在 2021 年电竞生态市场细分规模占据 28.3% 的电竞市场份额;游戏直播市场规模从 2020 年的 180 亿元增长到 240 亿元;电竞陪练市场规模从 2020 年的 86 亿元增长到 140 亿元;电竞赛事、俱乐部及相关市场规模从 2020 年的 97 亿元增长到 120 亿元。

### (二)中国电竞游戏产业发展的几大趋势

综合艾瑞咨询发布的《2021 中国电竞行业研究报告》、中国音数协游戏工委和中国游戏产业发展研究院联合发布的《2020 年中国游戏产业报告》和《2021 年 1—6 月中国游戏产业报告》以及相关学术研究成果,中国电竞游戏产业发展主要呈现以下几大趋势。

1. 从行业规范来看,国家级实名认证平台正式启用,行业标准体系日趋完善;电竞行业性组织开始出现,促进了国内电竞产业制度的完善;国家新闻出版署"游戏企业防沉迷落实情况举报平台"正式上线运行,推动了未成年保护手段的持续升级;国内游戏企业也更加注重内部思想文化建设和社会形象塑造,守法合规意识和履行社会责任的意愿持续提升。

2.从政策支持来看,不断有政策出台支持电竞产业发展,电竞运营师和电子竞技员正式成为国家认可的两个新职业,电竞被官方归入职业体育。各地方(如上海市、海南省等)文化产业扶持政策相继出台实施,为高品质游戏产品的研发推广拓宽了渠道,游戏产业再次迎来新的政策机遇。

3.从企业战略和产品创新来看,国内游戏企业不断升级战略布局,以自主研发为依托,在技术应用、IP运营等多领域持续发力,同时持续推进全球化发行策略,以精细化运营和本地化营销,趋向于开辟多元化的发展路径。国内头部游戏企业的自主原创游戏产品创新能力普遍增强,游戏产品类型面向多元拓展,精品力作着眼于长线开发。

4.从电竞赛事和运营来看,第一方、第三方赛事共同发展,多个国际性重量级赛事落地中国。在赛事运营上,出现独立化趋势,比如全球首家独立运营的电竞体育公司腾竞体育成立,将英雄联盟赛事IP独立运营,推动电竞向数字体育进一步发展。

5.从电竞产业生态拓展和电竞文化演变来看,随着产业政策和投资的持续加码,以及大众认可度的提升,电竞游戏产业生态已经在"超级数字场景"的语境下,不断突破固有的边界,正在逐渐打破以赞助及广告收入、转播权和赛事直播用户付费为主要盈利来源的模式,重点转向跨产业融合创新发展——以"电竞+"的模式,与文化产业、旅游业、IT业等产业进行融合发展,呈现了"电竞+直播""电竞+城市旅游""电竞+传统体育""电竞+文创"及"线上+线下"同步发展等全新商业模式,日益彰显出数字经济独特的发展潜力。同时,各大游戏IP相继推出衍生产品,一起发力构建泛娱乐电竞生态,"电竞文化"正在从社区文化向流行文化跃迁,逐渐成为当代青年群体的重要生活方式。

## 二、全国"电竞城市"发展指数分析

2021年7月30日,中国音像与数字出版协会游戏出版工作委员会在上海召开的2021全球电竞大会上发布了《2020年度全国电竞城市发展指数评估报告》(以下简称《报告》),依据2020年7月1日至2021年6月30日的电竞产业数据、调研数据和舆情数据,选取目前电竞产业活跃度较高、比较具有代表性的30个城市,对其进行系统性指数评估,初步构建形成现阶段我国"电竞城市发展指数"指标体系,划分为三个层级,包含6个一级指标、18个二级指标和50个三级指标。

在"电竞城市发展指数"综合排名中,上海以78.7分位居第一,北京以70.9分位居第二,广州以69.7分位居第三,成都、杭州、南京等新一线城市位列前十,当前处于全国发展前列的"电竞城市"仍以具备一定城市规模、经济实力及人口数量的一线及新一线城市为主。2021年12月26日,上海市电子竞技运动协会、毕马威企业咨询(中国)有限公司联合发布了《全球著名电竞城市产业发展指数指标体系设计与排行报告》(该报告在上海市文化和旅游局、上海市体育局、上海市新闻出版局共同指导下发布),在2021年全球著名电竞城市综合排名中,洛杉矶、上海、首尔名列前三。专家解读,从报告的"电竞城市发展指数"一级指标中,可以分析出影响电竞城市综合排名的关键因素,从中也可窥见第一梯队电竞城市发展的主要路径、重要经验及其启示。

其一,"产业布局"指标是电竞城市发展指数一级指标中权重最高的指标。根据报告,"产业布局"指数评分标准首先基于城市电竞相关企业、产业园区、大型赛事以及主场战队的数量、质量相关综合情况。报告指出,在这项指数的评定中,决定城市产业布局排名最关键的因素是"赛事+战队",其次是赛事丰富度和战队多元性。以"产业布局"排名第一的上海为例,根据伽马数据发布的《2020年上海电竞产业报告》,2020年有英雄联盟全球总决赛、英雄联盟职业联赛、王者荣耀职业联赛、守望先锋主场赛等13项头部赛事在上海举办。而根据《上海文化发展系列蓝皮书(2021)》公布的数据,2020年全国约有500项电竞赛事举办,其中40%落地上海。除此之外,上海还集中了全国80%以上的电竞企业、俱乐部、战队和直播平台。这充分说明:赛事和战队的引入是打造电竞城市名片的决定性要素,同时也意味着优质电竞赛和战队事成为电竞城市发展的稀缺资源,未来竞争将会更加激烈。

其二,"政策环境"指标是指电竞城市在产业政策和行业规范制定、推广情况。政策环境指数基于政策针对性、完善度、认知度三个因素评判。在排行前十的城市中,北上广等一线城市,政策环境得分明显高于其他城市。评分最高的三座城市分别是上海、广州、北京。其中,三大城市均出台系列文件,明确定位电竞产业发展的宏观目标:如上海明确将要把城市打造成全球电竞之都;广州力争建成全国电竞产业中心;北京也将电竞作为2021年城市品牌。三大城市的关键性电竞产业扶植政策也各有特点:如上海市最早于2017年12月发布《关于加快本市文化创意产业创新发展的若干意见》(简称《文创50条》),首次提出要将上海建设成为"全球电竞之都"。① 其后出台一系列产业扶植政策和行动计划,2019年6月上海市发布《促进电子竞技产业健康发展20条意见》关键性政策(简称《上海电竞20条》),该政策明确了上海将从赛事体系、媒体建设、优化布局、增强产业主体、人才培养、优化产业环境、强化综合保障以及加强顶层设计等九大方面加强城市电竞产业发展。2019月8月在上海召开的全球电竞大会上,上海市文化和旅游局发布了《电子竞技场馆建设规范》和《电竞场馆运营服务规范》,从场馆硬件规范与服务入手,引导行业健康规范发展。自推出标准以来,已有14座场馆成为上海电竞不同级别授证场馆。笔者追踪发现,上海市《电子竞技场馆运营服务规范》在2021年正式从团体标准"升级"为上海地方标准,并于2022年2月开始实施。近年来,上海接连举办多项国际顶级电竞赛事和职业联赛,汇聚了电竞产业链上的众多独特资源,为更加精准帮助电竞企业熟悉产业政策和专业

---

① 刘新静、王丽:《上海建设全球电竞之都及人才高地评价体系研究》,《中国名城》2021年第35卷第6期。

门槛,鼓励企业积极参与电竞赛事,上海电竞协会与上海体育学院专业团队携手,在上海市体育局、上海市体育总会的指导下,于2021年12月22日全新推出《上海市电子竞技赛事办赛指南(2021版)》,标志着上海电竞产业标准体系建设再上台阶。可见,上海市为推进建设"全球电竞之都"进行了产业布局和政策环境建设,推出了一系列"组合拳",为全国乃至世界做出持续有益的探索。又如广州市,2019年8月发布《广州市促进电竞产业发展三年行动方案(2019—2021年)》,制定了城市在2021年成为"全国电竞产业中心"的目标。2020年11月广州大湾区国际电竞创新中心开始建设。2021年6月广州市政府印发《广州市加快数字互动娱乐产业创新规范发展工作方案》,把电竞产业作为疫情后发展新兴产业的重要支撑,推动数字互动娱乐产业创新发展。可见,广州发展电竞产业的政策导向有其鲜明特点:不是简单引入战队和场馆,而是着力全产业链的高端布局,拓展电竞周边产业,打造较完善的电竞产业生态圈。北京市自2019年12月发布《关于推动北京游戏产业健康发展的若干意见》,明确定位为"国际网络游戏之都",重点任务为打造电竞产业集群。2020年8月在北京国际电竞创新发展大会发布了《关于支持数字文化产业发展的若干措施(电竞产业篇)》(海淀)、《石景山区促进游戏产业发展实施办法》、《北京经济技术开发区游戏产业政策》等系列文件,从政策扶持、精品生产、科技应用、消费带动等方面发力,打好推动电竞产业繁荣发展的"团体战"。

其三,"人才环境"指标是反映城市对电竞人才的供给、需求和培养情况,涵盖供需、薪资、教育成熟度三个方面。《报告》显示,北上广等一线城市在电竞人才就业、薪酬待遇、专业培训、院校数量等方面优势明显,各个城市对电竞教育均投入大量资源,将其视为打造电竞城市的重要发力点之一。研究表明,近年来,电竞教育开始成为考察城市电竞产业发展水平一个不可忽视的评判维度。2021年中国首届电竞专业本科生毕业,这些来自中国传媒大学、南京传媒学院的正规电竞人才,将首先充实这些院校所在城市的电竞人才储备,成为提升电竞城市竞争力的生力军。

其四,从"受众环境"和"城市发展"两项一级指标来看,"受众环境"

指标主要聚焦城市居民对于电竞的兴趣,以及对本市电竞产业发展的认可情况。调查发现,各个电竞城市在受众环境上的差距很小,说明当前全国大部分城市在发展电竞产业方面具有良好的受众基础,且对电竞产业促进城市发展有较强感知。北京、上海两座电竞产业发达的城市在"受众环境"指标榜单中跌出了前十之列,而以南京、武汉为首的二、三线城市是电竞用户最狂热的地方。这表明整体电竞市场呈现"用户下沉"趋势,其主要原因在于电竞战队主场化,其中南京 Hero 久竞战队此前夺得过 KPL 赛冠军,激发南京市民在短期内掀起了一股电竞热潮;另外,南京也是全国全民电竞赛事开展最广的城市之一。2018 年,南京市体育总会就曾主办首届"六朝杯"英雄联盟城市联赛总决赛,以政府机构的身份从体育运动的角度认可了电子竞技。"城市发展"是指电竞产业对城市消费的带动、市民对电竞正面形象感知提升以及对文化旅游的吸引力情况。从目前的统计分析看,各电竞城市的差距不甚明显。可见,电竞城市化发展模式业已被行业广泛认可和接受。虽然北京、上海一线城市得天独厚的影响力,使其电竞赛事曝光度、媒体宣传等方面明显优于其他城市,但是有些没有进入综合排名前十的城市,也可以在电竞城市发展的某些领域中做出特色和亮点,在某些指标上甚至领先于一线电竞城市。

其五,从"基建环境"指标来看,各城市的发展情况总体较为均衡,主要在二级指标"配套丰富度"上拉开了差距。"配套丰富度"主要对各个城市体育场馆数量、专业电竞场馆数量、大型活动承办经验等进行综合计算得分,北上广等一线城市相较于其他城市具有明显优势。

## 三、杭州电竞产业发展的优势与不足

根据"2021 全球电竞大会"上最新发布的《2020 年度全国电竞城市发展指数评估报告》,杭州跻身于全国"电竞城市"十强行列,以 61.3 分位列综合排名第六。2022 年"亚运之城"带给杭州电竞业的机遇前所未有,然而机遇与挑战并存,杭州电竞业的发展机遇需要基于自身的产业基础、比较优势,才能面对各种挑战。

**（一）杭州电竞业发展的比较优势**

1.产业布局早,政策措施实。杭州多年来致力于打造创新活力之城、数字经济之城和国际会展之都。早在 2017 年便开始发力布局电竞产业。当年 6 月,中国(杭州)电竞数娱小镇正式落户下城区(现为拱墅区)石桥。小镇规划面积 5 平方千米,计划总投资超过 154 亿元。作为全省首个电竞数娱小镇,它集电竞、直播、演艺、旅游等于一体,定位于打造电子竞技产业综合发展先行区、引领区。2018 年,杭州市下城区推出全省首个电竞数娱产业扶持新政《关于打造电竞数娱小镇促进产业集聚发展的实施意见(试行)》(简称"电竞 16 条"),设立促进电竞数娱小镇产业发展专项资金 1 亿元,对入驻企业租房补助最高达 100 万元,承办各级电竞赛事补贴最高可达 1000 万元等极具诱惑力的政策。2018 年 11 月,杭州电竞数娱小镇首发项目——海蓝国际电竞数娱中心 LGD 联盟电竞馆正式开园。至 2021 年 3 月已签约电竞数娱产业链企业 113 家,包括电子竞技、游戏开发、赛事平台、直播新零售、网络科技等方面。2020 年 9 月,首届(中国·萧山)数字经济与电竞产业高峰论坛在杭州萧山举行。三个电竞项目签约萧山电竞双创中心,代表着萧山电竞产业按下启动键,新塘街道的电竞产业布局也正式启动。2021 年 1 月杭州滨江区正式发布推行《关于进一步扶持文化创意产业发展的实施意见》,明确扶持区内企业动漫游戏、数字内容、影视传媒、创意设计,以及其他科技含量高、经济附加值高的文化产业新业态。《意见》鼓励电竞产业集聚发展,重点资助电竞一线俱乐部、国际国内电竞职业大赛入驻滨江区。

2.产业基础强,发展趋势好。杭州作为全国排名第六的电竞城市,在电竞企业、电竞俱乐部、电竞赛事、电竞场馆等核心指标上均有较好的产业基础。杭州动漫游戏企业至 2020 年年底共有 166 家,产值达到 258.9 亿元,同比 2019 年增长了 30.63%,创下历史新高。其中网易、电魂等全国领军的游戏研发企业发展势头良好。2020 年全年,网易游戏营收突破 500 亿元,达 546.1 亿元。网易游戏连续 11 个季度站稳百亿元以上营收,继续扩大用户规模、丰富游戏产品线。电魂网络是 A 股 IPO 游戏第一股,2020 年业绩暴发,财报显示期内实现营收 10.24 亿元,同比增长

46.96%。杭州电竞俱乐部目前拥有各类电竞战队 16 支,涉及王者荣耀、绝地求生、英雄联盟等多款主流电竞游戏。① 其中国内顶尖老牌电竞俱乐部 LGD 战队,2017 年即把杭州作为战队主场驻地,旗下英雄联盟、Dota2 等多支主要战队入驻杭州石桥数娱电竞小镇的星际影城。2020 年 10 月,哔哩哔哩(bilibili,简称 B 站)电竞浙江总部在杭州余杭区未来科技城正式启用,并正式将"杭州闪电队"的主场落定在此。2017 年、2018 年杭州举办了英雄联盟高校联赛(LPL)浙江省总决赛,2019 年举办了《王者荣耀》城市赛总决赛(KPL)等大型赛事,使杭州成为全国极少数拥有 LPL 和 KPL 双主场电竞赛事的城市之一。哔哩哔哩电竞浙江总部落户杭州之后,2021 守望先锋联赛杭州闪电队线下主场赛事,即以"启杭·应潮时"为主题,在杭州未来科技城学术交流中心正式开赛,这是守望先锋联赛首次在中国线下举办的赛事。杭州电竞场馆得益于亚运场馆建设,在全国电竞城市发展指数榜单的基建环境评分上具有比较优势。值得一提的是,基建环境评分在相当程度上受到政策支持度的影响。但在政策支持环境中未能进入榜单前十名的杭州,却在基建环境榜单中排行第三,这是唯一的例外。其主因,除了杭州是阿里巴巴总部所在地之外,电竞成为 2022 年杭州亚运会正式比赛项目,基建投入增加和硬件配套水平有了大幅提升,杭州亚运会专业电竞比赛馆的建设,无疑提高了杭州电竞基建环境的评分。

　　3. 得天独厚的"亚运周期"。2015 年 9 月杭州获得 2022 年第 19 届亚运会举办权,成为继北京和广州之后,中国第三个举办亚运会的城市。2016 年 3 月第 19 届亚运会组委会成立,杭州正式进入"亚运周期"。2020 年 12 月,电子竞技首次成为杭州亚运会正式竞赛项目。2021 年 9 月 8 日亚奥理事会官网发布 8 款游戏正式入选亚运会电竞比赛项目,其中有英雄联盟、王者荣耀(亚运版)、和平精英(亚运版)、炉石传说、梦三国 2、街霸 5、Dota2 和 FIFA On line 4,另外,还附有两项表演赛项目 Robot

---

① 吴雪飞、俞超、滕云雯、朱美虹:《推动杭州电子竞技产业发展的对策建议》,《浙江经济》2021 年第 4 期。

Masters 和 VR Sport。目前,杭州亚运会电竞比赛专业场馆已竣工,总建筑面积约 8 万平方米,拥有观众座位 4087 席,作为国内首个承接国际大型电竞体育赛事的专业电子竞技场馆,其设计理念和科技含量已经引起国内外游戏头部企业和电竞数娱企业的强烈关注,杭州电竞产业迎来跨越式发展的黄金时机。虽然迄今国内电竞赛事活动仍主要集中在上海、北京、广州等地,但得天独厚的"亚运周期"成为杭州电竞业拥有的最好机遇和最大优势,专为电竞而生的杭州亚运电竞馆,从建筑、音响、灯光等硬件设施的科技打造,到赛事策划、赛场布置、参赛选手、媒体采播、观众服务等赛事管理,可以做到"拎包入住",大大降低办赛成本,并提高参赛、观赛体验,今后将成为国内、国际各大电竞赛事举办的优质场地,并由此激发杭州电竞专业人才队伍建设和电竞生态产业链的拓展。

**(二) 杭州电竞业面临的主要问题**

综合中国音数协游戏工委最新发布的《2020 年度全国电竞城市发展指数评估报告》(以下简称《报告》,有关电竞产业数据、调研数据、舆情数据统计截至 2021 年 6 月 30 日)中的指标数据排名、专家解读以及其他相关调研成果,可以发现杭州电竞业发展面临以下主要问题和挑战。

1. 产业政策支持力度不足。《报告》中"政策环境"作为电竞城市发展指数一级指标,基于电竞政策的针对性、完善度、认知度三个因素来评判,2020 年度杭州的排名未能进入前十名(上海、广州、北京、成都、海口、深圳、西安、重庆、南京、福州),在综合排名前十大电竞城市中,唯有杭州(第六)、苏州(第十)在"政策环境"单项榜单中跌出前十。杭州的电竞产业政策相比上海、广州等一线电竞城市,总体定位不明、层次较低。既无在市级政府层面上出台全局性、针对性产业政策,更无上海广州面向全球、全国打造电竞产业中心的目标定位。杭州的电竞产业专项政策主要停留在区级政府层面上,产业政策目标缺乏高度和力度。

2. 面临国内"电竞城市"的激烈竞争。根据最近的 2019、2020 年度两份全国电竞城市发展《报告》提供的统计数据来看,杭州在综合排名中虽然从 2019 年度的第七位上升到 2020 年度的第六位,但杭州电竞产业的竞争力,不仅与一线电竞城市上海、广州、北京相比差距明显,而且在综合指数和许多单项指标上,也面临着二线电竞城市的激烈竞争。比如在综合指数上,杭州既面临重庆、南京、苏州、武汉的追赶,又面临成都、深圳的压制。在"政策环境""受众环境""城市发展"等关键性单项指标中,杭州不仅落后于近邻南京、福州,而且落后于西北的西安,西南的成都、重庆,华南的海口、深圳,在"受众环境"榜单中更落后于武汉、佛山、太原。

3. 产业生态发展存在明显短板。其一,杭州虽然拥有数娱电竞小镇,拥有网易、电魂这样的国内领军电竞游戏厂商,但仍然缺少全国乃至全球引领性头部企业,电竞企业自主独立开发游戏 IP 产品能力不强,缺乏一款像王者荣耀这样现象级的拳头产品,在国际电竞产业生态链上主要充当了"代销员"和消费者角色,而非生产者和发明者。其二,缺少以杭州为基地的多元化电竞战队,承办国内顶级电竞赛事和国际性大型电竞赛事能力不足,电竞产业布局尚未形成"赛事+战队驱动"的最优模式。其三,电竞生态产业链整合不足,未能拓展"电竞+"产业创新发展模式,电竞与杭州 IT、动漫、文创、旅游、会展、直播等优势和新兴产业的融合发展效能没有很好发挥。其四,缺乏核心的电竞品牌赛事与大型活动。相比于其他城市,杭州市缺乏与电竞、游戏、动漫等泛娱乐文化产业相关的大型活动,比如上海有全球电竞大会、成都会举办电子竞技产品论坛、广州会举办电子竞技产业年会,而杭州的电竞数娱小镇明显缺乏核心的品牌赛事与大型活动的引领和拓展。

4. "电竞行业文化"营造不足。如果从电竞体育和产业生态的角度来定义电竞行业文化,那么所谓电竞文化就是行业的所有介入者通过需求、认知、态度、自身情感等参与和掌握电竞产品生产和消费过程中的心理变化、行为表现以及行业准则规范共同构成的物质与精神文化的总和。电子竞技作为一项新兴的体育竞技运动正在国内快速发展,而电竞文化是为电竞行业提供发展动力的源泉。电竞行业的发展需要营造具有自身特色的电竞文化,其核心是电竞精神文化。但是长期以来,社会大众对产生于电子游戏中的电子竞技,始终难以摆脱游戏沉迷成瘾的否定态度,普通大众与电竞消费者对电竞体育的认知差异仍然十分巨大,持怀疑和否定态度者不在少数。主流文化应该如何保持一种开放包容的心态、如何容纳和引领电竞文化,已经成为一个不可忽视的社会文化现象。2021年8月30日国家新闻出版署发布《关于进一步严格管理、切实防止未成年人沉迷网络游戏的通知》,9月23日中国音像与数字出版协会游戏出版工作委员会发布《网络游戏行业防沉迷自律公约》,我国电子游戏行业对于游戏产品分类、内容审核、时长限制等行业规范进一步完善,国家统一制定的未成年人网络游戏电子身份认证和防沉迷新规落地实施。游戏产业和电竞产业需要良性地发展下去,有合理的行业规范和监管机制,电竞文化才能够作为社会所接受的主流文化存在下去。目前,伴随电竞游戏产业的暴发性增长,"电竞文化"正在从社区文化向流行文化跃迁,逐渐成为当代青年群体的重要生活方式。电竞已衍生为一种青年文化形态,包含新型职业、商业包装、粉丝经济等诸多维度。随着2021年度"电竞入亚"与"EDG夺冠",电竞文化从不被认可到逐渐变成社会潮流,对每一个社会群体都将产生不可轻视的社会化作用。

杭州作为电竞体育正式列入国际大型体育赛事的首发之地,对于电竞行业文化的营造和宣传机不可失,更是责无旁贷。然而,杭州在电竞文化的营造上存在明显不足:一是围绕"亚运周期"的亚运会电竞比赛参赛场地、项目、战队、规则、选手和赛事动态的大众化宣传普及活动没有展开,亚运会电竞比赛氛围营造不足,可能错失"电竞文化"大众普及提高的良机。二是有关杭州电竞行业文化营造理念的引领和实践样板的宣传不足,尤其在电竞游戏开发与行业自律规范上,如何纠正游戏开发和运营中缺乏传统文化底蕴、轻视行业规范、片面追求短期利益等不良倾向?如何正面引导和培育电竞青少年的身心健康、职业道德、体育精神?目前来看,政府和行业部门都明显缺乏敢于提出"杭州电竞文化营造之策、创建之路"的历史担当。

## 四、杭州电竞产业创新发展的对策建议

综合参考国际电竞行业发展趋势、中国电竞产业行业研究报告、中国

电竞城市发展指数报告以及相关学术研究成果,笔者在深入分析了杭州电竞业的发展基础、比较优势以及面临的机遇和挑战的基础上,重点就如何抓住"亚运周期"的难得机遇,借鉴全国一线电竞城市的发展经验,探讨提升发展杭州电竞产业生态的对策建议。

### （一）提升电竞产业定位,出台市级层面政策

从近年来连续发布的全国电竞城市发展指数评估报告中,可以清晰地看到位居全国一流电竞城市发展水平的上海、广州、北京等,在"政策环境"指数榜单上高居前列,因为它们早在多年前就以市政府文件的名义定位本市的电竞产业:上海 2017 年明确提出打造"全球电竞之都",北京 2019 年提出将建成"国际网络游戏之都",并将"电竞 2021"作为首都城市品牌,广州则在 2019 年提出打造"全球电竞产业中心",2020 年提出建设"大湾区国际电竞创新中心"。同时,北上广三地在电竞行业的标准化建设上也都取得了突破性进展。而在 2020 年度电竞城市"政策环境"指数排名中落在十名之外的杭州,其主因就是需要城市电竞产业市政府层面上的"定位补缺",综合考虑杭州城市发展的旅游城市资源禀赋、国际化目标、科技研发能力、电竞产业基础,尤其是亚运城市带来的场馆设施、国际赛事经验、旅游服务品质等比较优势,笔者认为杭州电竞城市产业发展目标可以定位于打造"国际电竞赛事之都",并尽快出台政府文件,明确杭州电竞产业建设"国际电竞赛事之都"的行动计划和资助奖励措施,同时借鉴和吸收国内外先进经验,为推进电竞赛事准则规范的制定和完善作出实际贡献。

### （二）优化电竞产业布局,完善"赛事+战队"和电竞人才培育机制

根据专家解读,最新发布的全国电竞城市发展指数评估报告表明,"产业布局"是电竞城市发展指数中权重最高的一级指标,得分排行第一、第二、第三名的上海、北京和广州都有一个共同的特征:城市电竞产业具有明显的"赛事+战队"驱动模式,而在二级指标"赛事丰富度"和"战队多元性"的得分情况成为决定城市能否跻身榜单前列的关键。杭州市

应该高度重视借鉴上海等一流电竞城市在产业布局上的政策导向,突出强化"赛事+战队"驱动模式的政策配套,尤其要抓住"亚运电竞周期"良机,充分利用杭州亚运会电竞场馆的优越条件,吸引更多国内外顶级电竞赛事以杭州为比赛举办地;同时引导更多中小电竞企业融入"赛事+战队"主流发展渠道;大力发展电竞高等教育,打造电竞专业人才培养体系,重点培养游戏软件开发专业人才,提升电竞原创游戏研发能力,同时培养一批以具备电子竞技赛事项目管理能力为核心的高素质复合型人才;创新电竞产业发展思维,借助杭州数字经济发展顶层设计逻辑,积极尝试"电竞+金融"的产业扶持路径,吸引更多电竞企业来杭州创新创业,努力走出优化电竞产业布局、电竞人才培育的杭州创新实践之路。

### (三) 借鉴国内外开发经验,拓展"电竞+"产业生态

随着游戏用户对电竞的认同感和归属感的增长,电竞 IP 所具有的商业价值持续扩大,尤其是电竞俱乐部和优秀电竞选手在电竞行业的核心地位开始逐渐显现,各大游戏 IP 相继推出衍生产品,从而加速催生电竞与更多场景的跨界融合,孵化出更加丰富的"电竞+"产业新业态。目前,美国、韩国、日本等电竞产业强国,也已经从过去以电竞厂商企业投资软件开发和赛事活动组织为主导的产业生态,向以电竞 IP 商业价值和"电竞+"产业链为主的新生态过渡。根据艾瑞咨询、游戏工委发布的中国游戏产业报告和专家学者的研究分析,国内外电竞游戏产业生态正在不断突破固有的行业边界,其主要盈利越来越依靠"电竞+"商业模式,日益彰显出跨产业融合的数字经济发展潜能。杭州可以借鉴国内外电竞开发的成功经验,从电竞赛事、电竞直播等电竞主业上,进一步拓展电竞与零售业、传媒行业、文化产业的跨界融合,创造出更大的经济价值。重点转向"电竞+"产业融合发展路径,大力拓展电竞+旅游——共同开发电竞旅游特色线路;电竞+酒店——推出电竞主题酒店;电竞+咖啡酒吧舞厅,拓宽电竞社交场景;电竞+日用家居品——开展跨界合作,面向全球玩家推出电竞文创系列产品;电竞+传统体育——面向国际体育爱好者,让传统体育明星、解说名嘴加入"亚运"电竞赛事。期望"亚运周期"中的杭州让电

竞与用户的生活更加紧密融合,一起构建泛娱乐电竞产业新生态。

### (四) 积极把握亚运良机,有效营造电竞文化

从某种程度上而言,电子游戏竞技逐渐成为一种独具魅力的全球年轻人交流交往的"语言",电子竞技赛事活动实际上已经成为一个重要的国际文化交流平台,电竞已经成为一种不可忽视的全球化现象,必将对全世界年轻一代的世界观、意识形态产生深远影响。2022 年杭州亚运会,既是杭州学习借鉴国外先进电竞文化的难得机遇,又是促使杭州积极营造电竞文化,让杭州本土电竞文化走向国际交流大舞台的契机。要积极把握"亚运周期"良机,通过各种现代传媒手段,开展宣传活动,促进更多人关注到杭州电子竞技体育行业,关注杭州电竞的"亚运时刻",重视电竞行业的人才培养,吸引更多人才积极投身于杭州电竞行业"亚运周期"的传播推广活动中。

首先,开辟"亚运电竞"专题宣传活动,让政府、学校、各大组织机构和电竞企业加入专项活动,举办各种"亚运电竞论坛""电竞体验与专家解读"活动,积极回应"防电子游戏沉迷"与电竞行业规范等各种社会关注的热点问题。充分利用微信、微博、今日头条、数娱电竞小镇产业园区等多种平台,面向从业人员和社会大众,推送关于电子竞技体育产业的"常识普及",重点宣传电竞赛事信息,尤其是国际性重大职业联赛项目的比赛情况等,提升游戏用户和公众的关注度,促进电竞游戏产业的公众知名度,提升对电竞选手社会身份的认可度。

其次,通过新闻媒体强化电子竞技体育产业的正面报导,尤其要深度报道国内电子竞技体育在国际赛事中取得的成果,报道电竞选手的团队精神、体育品德和道德情操,深度追踪电竞游戏内容的精神价值、文化意义,激发公众的民族自豪感,引导社会公众对电子竞技体育活动和电竞行业价值的社会认可度。

徐海松　杭州师范大学经济学院会展系

# 亚运时代杭州新媒体运营及
# 传播创新模式

席卷全球的数字化和网络化浪潮,带来了媒体产业发展的第三次革命,以新媒体为代表的新业态产业经济正在崛起。伴随着新媒体的兴起,抢抓新媒体发展机遇,以新媒体传播赋能媒体运营转型和传播方式升级,正在成为国内外主要城市的普遍共识。体育赛事作为媒体报道的重要内容之一,在新媒体加持下,体育信息的传播打破了传统媒体因受媒介所限产生的时空限制,受众的广度和深度均得到大幅提升。一方面,社交化、互动式的体育新媒体,已越来越多被消费者认可,逐渐成为体育迷们观赏体育、参与体育、传播体育的新方式;另一方面,新媒体的不断发展为体育赛事传播提供了全新的渠道,更易吸引更广大观众的注意,获得商业利润,也回应了民间体育井喷式的需求,为民众更多参与体育生活提供了便利。

2022 年第 19 届亚运会、第 4 届亚残运会将在杭州举行,这是继 G20杭州峰会后杭州迎来的又一次中外交流盛会,为新媒体运营和传播模式创新带来了新的契机。对杭州而言,亚运会不仅仅是一场体育比赛,而且是一个跨越时间、延续发展、影响深远的亚运时代。如何在亚运时代中充分发挥新媒体传播的优势,充分挖掘新媒体在体育新闻传播过程中的发展模式,发挥新媒体在新闻传播中的积极作用,对杭州的城市国际化宣传和国际化发展都具有重要意义。

# 一、体育赛事中的新媒体

新媒体的重点在于新，表明它长期处于一种变化的状态。同时，新媒体也是一个相对的概念，因为相对于报纸、杂志、广播、电视等传统媒体而言，它是出现时间较迟的新兴数字化媒体，且不断处于逐渐发展壮大的过程中。新媒体主要以互联网技术、数字技术和移动技术等为依托。当信息发布者发布信息时，需要在基于数字技术与互联网技术支持下的网络交互平台上进行操作。信息经互联网传输后，受众通过移动技术创造的例如手机、电脑、新数字电视等移动端设备来接收信息。相比传统媒体，新媒体使信息传播流程更加清晰简便，传播范围覆盖更加广泛。它打破了时间、空间的局限性，使传播速度有了质的飞跃。此外，新媒体平台的信息量空前庞大，信息的海量性是新媒体标志性的特点。不仅如此，在新媒体平台上传播信息时，受众和传播者拥有极高的共享性与交互性，基于原有的信息展开的交流与评论，甚至会衍生新的信息，具有极强的应用价值。

## （一）提高体育新闻的时效性与真实性

新媒体在传播效率方面的强劲优势一直以来都是有目共睹的。传统媒体时代，与体育赛事相关的新闻需要采访、录制、编辑后才能传播，而新媒体可以通过网络信息技术和移动设备的应用直接省去绝大部分的中间环节。这与传统媒体时代的报纸、广播、电视相比，时效性得到了极大提升。虽然电视节目也有直播形式，但举办一场正式的电视直播需要耗费大量的人力物力。随着新媒体时代的直播成本不断降低，自媒体也可以通过网络实现信息的实时传播，央视更是实现了 5G+4K 和 8K 超高清电视节目在新媒体平台的对接。同时，新媒体平台不仅可以实现视频的实时直播，还可以进行类似于微博、微信平台的即时文字图片传播。这进一步保证了体育新闻的时效性。

从体育赛事和体育新闻传播的应用价值来看，新媒体平台同样发挥了时效性的优势。传统媒体时代流行的电视节目几乎都是经过编辑后在电视平台定时播出的，而新媒体平台通过互联网技术造就的这种传播渠道便捷、传播成果高效、传播成本大幅降低的实时直播方式一经面世便广受大众青睐，使得实时直播成了目前传播体育新闻消息的主力军。例如中甲联赛直接引入短视频平台，既获得了全场次的短视频权益，得以迅速进行赛事新闻和热点集锦的推送，又可以通过直播重要场次比赛来进行全程比赛的传播。

### （二）满足受众对体育信息的多样化需求

在信息技术发展和移动设备普及应用的背景下，体育新闻的受众广泛且多样。大众不再满足和拘泥于单纯的文字、图片的形式来获取体育新闻信息，而是倾向于全方位、多角度地接收相关的体育赛事和体育新闻信息。新媒体时代，受众对体育新闻的需求更为多样，由此催生了更为多样的媒体形式来满足受众的需求，既更新了文字、图片等传统媒体一贯具有的形式，又萌生了例如视频、直播这样的新兴形式。譬如抖音 App 就有各大专业赛事、球队以及相关媒体平台入驻；微博和哔哩哔哩的长视频也有很多博主进行体育赛事和体育新闻的分享讨论与传播，同时还包括微博的图文直播、各大直播平台的直播，以及新媒体技术下实现的移动端App 的直播。

为了更好地达到体育新闻多样化传播的效果，新媒体也不断加强与传统媒体的合作，两者深度融合并构建多维网络平台，借此实现信息的多样式同步传播。在发挥自身优势的同时，新媒体得以利用传统媒体长久以来已积累的行业优势，拓展信息来源渠道，挖掘更有深度的内容，并由此带动传统媒体的转型。

### （三）强化受众对媒体的互动性体验

在互联网环境下，受众不再是单方面接收内容的被动角色，他们可以在移动端的不同平台自主选择感兴趣的内容。受众角色的转变不仅体现为从被动接收者变为主动选择者，更体现在互动交流层面。伴随网络信息技术的普遍应用,对体育新闻和赛事的评论不再是传统媒体的专属,普通大众也希望在新媒体平台上对相关赛事和新闻报道发表自己的观点。例如,微博等新媒体就构建了与受众的实时互动平台,加强与受众的实时互动并随时接收用户的反馈。这样的交互性是报纸、广播、电视等传统媒体无法做到的。同时,不同的平台拥有着符合自身定位的高辨识度的互动方式,譬如微博的实时互动评论,微信文章下的精选评论,虎扑文章下可以被点亮和统计的评论,哔哩哔哩播放视频和直播时流动的弹幕等。这些新媒体平台的独特设计,增强了受众与体育新闻的实时互动交流。

## 二、国际体育赛事中的新媒体

### (一) 2008 北京奥运会

2007 年 12 月 18 日,央视国际与国际奥委会正式签约,成为北京 2008 年奥林匹克运动会官方互联网/移动平台转播机构,这标志着国际奥委会第一次将互联网、手机等新媒体作为独立的奥运转播机构。新媒体与传统媒体一起被列入奥运会的转播体系,这是新媒体与整个体育产业发展相结合的一个重要里程碑。

奥运会在北京举办,使得中国的新媒体拥有了强大的"主场优势",不仅深入广泛的中国受众的奥运生活中,在吸引注意力上发挥了前所未有的巨大优势,更是趁机把自己的媒体地位同传统媒体并驾齐驱。央视利用网络电视、手机电视、IP 电视、公交移动电视四大传播平台,力求发挥新媒体及时、互动、便捷的特色,让广大用户能够随时随地看奥运,交流互动参与奥运。各大互联网公司相继高投入签约央视网,争取获得奥运会开闭幕式以及赛事视频转播权。央视网广结合作伙伴:与 PPS.tv 和悠视网签约,结成奥运视频直播合作伙伴。搜狐斥巨资成为奥运赞助商,新浪、网易、腾讯等门户网站在奥运相关运营和传播投入上大力追进。根据 DCCI2008 上半年中国互联网调查数据:73.2%的中国互联网用户表示互联网是其第一接触媒介,远高于排名第二的手机(9.5%)和排名第三的中央台(6.3%)。由此可见,新媒体的强势地位已经凸显,其在媒体传播中所扮演的角色已经在某些方面超越传统媒体。

北京奥运会结束后,中央电视台与国际奥委会的媒体合作不断深入,并在 2009 年 3 月 26 日召开的国际奥委会体育大会上正式签署协议,该协议的内容包括 2010 年温哥华冬奥会和 2012 年伦敦奥运会中国电视转播权、新媒体版权以及音像制品版权。这意味着,新媒体在奥运会上的身份正式得到了国际的认可,新媒体史无前例地被纳入奥运会转播的官方媒介。

### (二) 2012 年伦敦奥运会和 2016 年里约奥运会

2012 年的伦敦奥运会,至少 36 亿人在电视上观看奥运比赛,而转播赛事的正规赛事机构网站达到 190 家,逾 24 亿人通过网络收看了比赛。全球著名的网站排名系统 Alexa 的统计结果显示,伦敦奥运会期间新浪、腾讯、搜狐三大门户网站奥运专题近一个月的日均页面浏览量超过了 1000 万次。上述体育门户网站在比赛期间不仅通过文字新闻、高清图集、短视频、讨论专区等丰富的媒体形式满足了受众广泛的新闻需求,同时还支持用户在界面定制自己喜欢的赛事和关注联赛中自己支持的球队,例如新浪体育还为用户提供了排球、篮球、网球、赛车、游泳等项目新闻。这种赛事私人定制的优势在于能更好地挖掘受众的长尾效应,例如对马术、极限运动、国际滑雪赛等小众精英项目的分众传播可以快速满足这类特殊用户的需求。伦敦奥运会标志着以微博、微信、新闻客户端等"两微一端"为代表的移动媒体达到巅峰,在 2008 年北京奥运会的基础上又有了新的突破,不但媒体传播形式大幅更新,受众面更是达到了新的高度。

四年后举办的 2016 年里约奥运会,进一步实现了以"直播+视频+微博+微信"为代表全媒体的融合。从 2016 年 4 月到 2016 年 6 月,YouTube 上奥运赞助商的广告取得了相当于超过 400 年的观看时长,主流网站中里约奥运会的话题声量也超过了同年美国超级碗(Super Bowl)的 7%。如此大的传播价值,自然成为媒体和品牌都不会错过的盛会。当年的里约奥运会,正逢移动互联网飞速发展,用户观看比赛的习惯已经发生了变化。

首先,移动不再是"第二屏"。在过去,移动端被称为"第二屏",是电视、电脑等屏幕之外的一个补充。然而《2016 里约奥运会:移动之年》(2016 Rio Olympics:The Year of Mobile)调查显示,70%的移动设备用户计划在智能手机和平板上来观看比赛,仅23%的人会把移动设备作为第二屏。移动应用基础设施和体验公司 Phunware 针对美国 500 名互联网用户的调查也显示,移动设备是他们观看比赛更为重要的渠道,因为这样可以自由地选择比赛的国家、运动员和比赛项目等。其次,社交互动成主流。移动互联网大背景下的奥运会,社交互动成主流。央视传播等媒体调查显示,微信(51%)、社交网站 App 等新媒体(43%)已成为 16 岁至 25 岁的年轻受访人关注奥运信息的主要渠道。在 Twitter 上,#Rio2016 这个话题引发了 1.87 亿条讨论,推特印象也达到 750 亿次,更有 2.77 亿人在 Facebook 上共发起了 15 亿条关于里约奥运会的讨论,1.31 亿用户在 Instagram 上发起 9.16 亿条讨论。此外,直播风头正劲。"洪荒少女"傅园慧走红之后的第一个直播,直播的观看人次和回放人次超过了千万人,在 1 小时的直播时间里,粉丝疯狂消费 32 万元。张继科在花椒进行独家直播,因人气太旺而导致服务器被刷爆。苏炳添、杜丽、菲尔普斯、中国女排和郎平等也入驻直播平台。这种兼具媒体属性和社交属性,又可以和体育明星互动的方式,相较于"你说我听"的传统模式,更受"90 后"、"00 后"年轻人的喜爱。

### (三) 2010 年广州亚运会

新媒体同样在 2010 年的广州亚运会中发挥了重要作用。市场研究机构艾瑞发布的广州亚运会半程数据调研显示,在华南地区乃至全国范围内,互联网是网民关注亚运会的主要媒体,有 97.9%的受访用户通过网络关注亚运会,其中仅新浪一家就达到了 86.4%。另有调查显示,有近六成网民使用微博参与亚运互动活动和话题讨论,这其中仅使用新浪微博的用户就占到了 76.9%。截止到 11 月 22 日下午 2 点,该页面已收纳了 23989183 条亚运微博、7154 位亚运志愿者、417 位亚运记者和 312

位亚运运动员。

广州亚运会是首次与微博社交新媒体实现如此广泛和深度地融合。对观众而言,他们从此告别了被动观赛,可以主动地发言、参与监督、表达心情;对运动员而言,不用等着媒体记者们来采访,可以把自己的现状和心情在第一时间传递出去;对于新媒体而言,当人人都成为信息提供者和传播者时,信息的种类和内容得到快速扩大,突破了传统媒体的局限。

### (四) 2018 年雅加达·巨港亚运会

随着新媒体和传统媒体融合的加速推进,融媒体逐渐成为新媒体的新形式。中央广播电视总台获得 2018 年雅加达亚运会的独家新媒体版权,而央视新媒体 CCTV-5 客户端也对本次亚运会进行了高清直播,为用户奉上精彩的赛事内容,展示央视新媒体内容丰富、全面的视听盛宴。CCTV-5 客户端上线了亚运会定制版本,新媒体直播互动节目《亚运新视角》独家揭秘开幕式;推出"亚运日记"社交圈,分享亚运会动态,每日发布"亚运 Fun 点"原创产品,以长图形式将当日新闻一网打尽;CCTV-5《风云会》的专访与前方新媒体节目《解说秀》的直播进一步扩大了金牌的宣传力度,同时挖掘金牌背后的故事,对运动员进行立体刻画。亚运会开幕四天后,CCTV-5 客户端新增用户 29.2 万人,日均日活较平日提升 30%,客户端累计启动次数达 1053.2 万次。截至 8 月 21 日,CCTV-5 客户端累计相关发布视频图文新闻 684 条,阅读量累计 3066.4 万次;直播共计 84 场,累计观看量 3292.4 万次,其中清流直播 39 场,观看量合计 1298.6 万次。CCTV-5 官方微博表也实时发布动态消息,开设"你想看谁我去拍"活动,加强了与粉丝间的互动。截至 8 月 21 日,共计发博总数 291 条,累计阅读量高达 2.12 亿次,粉丝互动热情高涨,粉丝数净增 52.5 万人,亚运会主话题#2018 亚运会#话题阅读量突破 5 亿次。

## 三、杭州亚运会给杭州新媒体带来的传播机遇

2022 年第 19 届亚运会是杭州继 2016 年 G20 峰会后的又一重大国

际事件。正如奥运会之于北京、亚运会之于广州,伴随着亚运会的筹备与举办,杭州的经济发展、自然和人文环境、知名度和影响力等将迎来大幅提升的历史契机。亚运会的举办给杭州新媒体带来了传播和发展机遇,而新媒体技术也为亚运会的传播和推广提供了新的路径。

第一,杭州亚运会为新媒体提供了凝聚注意力、提升影响力的大好机遇。在信息社会中,传播媒介空前发达,大量信息的爆炸式涌现,极大地分散了公众的注意力。2022年杭州亚运会以"中国新时代·杭州新亚运"为定位,以"中国特色、浙江风采、杭州韵味、精彩纷呈"为目标,它不仅将汇聚亚洲各国和世界各国人民的关注,也会让杭州市民及全国人民以各种各样的方式参与其中,这从根本上注定了杭州亚运会必将成为举世瞩目的体育盛会,既给新媒体提供了不可多得的核心主题,也带来了海量而丰富的内容供给。围绕亚运会场馆建设、赛事筹办、比赛进程、运动员故事、亚运文化等各领域,新媒体借助亚运会所凝聚的注意力,制作和传播内容新颖、形式多样、案例鲜活、观点突出的各种内容,可以获得关注度和影响力的极大提升。

第二,杭州亚运会为新媒体提供了展示实力、开拓市场的大好机遇。近年来,杭州的新媒体获得了前所未有的发展,既有《杭州日报》《都市快报》等在新媒体领域有强大影响力的传统媒体,也有今日头条、新浪浙江、腾讯大浙网、19楼等互联网媒体企业,更有二更、抢先娱乐、年糕妈妈、吴晓波频道、儿科医生鱼小南等具有全国影响力的知名自媒体。杭州亚运会的举办必将为这些媒体提供丰富的信息资源,而各媒体也得以利用得天独厚的条件,通过深入、细致、创新、活力的信息提供,在报道和传播杭州亚运会的过程中展示自身实力,刷新品牌形象,并由此迈入更高、更强、更大的新台阶。

第三,杭州亚运会为新媒体提供了展示杭州、宣传杭州的大好机遇。2022年亚运会在杭州举办,将全国和亚洲各国的注意力汇聚于杭州,必将极大程度提升各界对杭州历史文化、经济建设、社会发展、生态文明等各领域的全方位关注。借助亚运会宣传契机和新媒体传播形式,杭州可以展现韵味独特的人文古都魅力,彰显杭州"精致和谐、大气开放"的城市人文精神和"敢为人先、敢冒风险、敢争一流、宽容失败"的创业创新文化。生活在杭州的市民也更为城市感到自豪，向世人展现良好的素质，营造开放文明的城市形象，共同推动城市文明建设。

## 四、杭州亚运会新媒体运营的基础

近年来，杭州的数字经济快速成长，文化创意产业和信息产业得到了长足发展，通过打造"全国文化创意中心""动漫之都""电子商务之都""国家数字出版基地""国家三网融合试点城市""国家云计算试点城市"等，杭州具备了发展新媒体产业的良好基础，拥有了发展新媒体产业的先发优势。以2022年杭州亚运会为契机，杭州积极在构建新型媒体平台、推进国内媒体合作、拓展国际媒体资源方面进行了有益探索，为杭州亚运会的新媒体运营和传播打下了扎实的基础。

### （一）依托传统媒体，构建新型平台

推进媒体转型，搭建新型内容传播载体。2011年起，杭州致力于打造新媒体产业集群，已涌现《杭州日报》《都市快报》等在新媒体领域有强大影响力的传统媒体，为新媒体产业发展奠定坚实基础。目前，杭州已经拥有了浙报传媒、杭报集团、文广集团、华数传媒等一批在国内具有竞争力的大企业集团，媒体行业蓬勃发展。杭报集团有能力较强的采编、制作团队，于2013年跻身"亚洲品牌500强"，成为唯一入选的国内报业集团，并荣获2013亚洲品牌年会"中国名优品牌奖"。《杭州日报》推出"杭+新闻"新闻客户端，用视频解读杭州，在2020年荣获"年度全国报业十佳影响力直播平台"荣誉称号。华数传媒是本地有线数字电视网络运营平台和面向全国的互动电视运营服务主平台，同时拥有全国最大的数字化节目内容媒体资源库，是全国最大的互动电视内容提供商。

深耕电视媒体，推出官方电视资讯平台。2020年5月，杭州亚组委和杭州文广集团共建的杭州亚运会"亚运频道"正式开播，作为杭州亚组委官方电视媒体资讯平台，"亚运频道"旨在建设成为杭州亚运会筹办进

展的记录者和报道者,亚运文化知识的传播者和普及者,健康浙江和健康杭州建设的推动者和倡导者,亚运品牌和主办城市形象的宣传者和展示者。自 2020 年起,"亚运频道"联合全国多家主流体育频道,开始搭建全国体育频道亚运节目内容交互云平台,通过制作播出专题节目、短视频、Vlog、微纪录片等多种视频内容产品,以大屏小屏联动的融媒体形式,宣传展示杭州亚运会筹办工作进展和杭州城市形象,传播普及亚运知识。以新媒体传播为基础,策划和开展一系列线下主题活动,多角度讲述亚运会筹办和城市发展的"两个故事"。

**(二) 推进资源整合,联动国内媒体**

深入与浙江日报报业集团协作。浙江日报报业集团作为浙江省内历史最悠久的老牌传统媒体,近年来大力推进媒体深度融合,将原浙江在线新闻中心、浙江新闻客户端编辑团队与《浙江日报》采编部门合并,以"大编辑中心+垂直采编部门"的模式,浙江新闻客户端用户达 1300 多万人、浙江手机报用户突破 1000 万人、浙江在线新闻网站日均访问量突破 2000 万人。2020 年 7 月,杭州亚组委与浙江日报报业集团签订战略合作协议,双方共同加强宣传资源整合,运用浙报集团旗下的传统媒体和新媒体矩阵,发挥报、网、端等全媒体融合传播作用,开展亚运新闻报道和活动宣传。

推进与中央广播电视总台合作。中央广播电视总台是世界规模最大、传播平台最多的综合性传媒航母,拥有国内最具影响力的体育传播平台和经验最丰富的赛事转播制作团队,具备多项国际国内大赛的主转播经验。2020 年 12 月,浙江省人民政府与中央广播电视总台在杭州签署《杭州亚运会广播电视宣传战略合作协议》,由中央广播电视总台担任杭州亚运会和亚残运会的主转播机构,负责统筹国际广播中心设计和运行、开闭幕式及赛事公共信号制作等各项工作。杭州亚运会期间,中央广播电视总台将统筹所属电视、广播、网络等全媒体资源,全面开展亚运会和亚残运会相关宣传报道,并为亚洲各国转播商提供服务。

探索与支付宝开发数字亚运平台。2020 年 9 月,由杭州亚组委联合支付宝共同开发的"智能亚运一站通"上线运营,并同步推出全球首个采用区块链技术的"跑向2022,争当亚运火炬手"活动。作为杭州亚运会唯一的线上火炬活动平台,"智能亚运一站通"开启亚运城市站点,每个站点包含多条亚运路线。用户通过日常行走和跑步积累的步数,可以参与链上火炬路线,完成每条路线任务之后便可获得区块链证书。完成全部路线的用户便有机会获得线下火炬手资格。除了链上火炬外,支付宝用户还可通过搜索"亚运",获得与亚运会相关的一站式服务体验,全球观众可以实现出行、购票、餐饮等18种场景无缝切换。

### (三) 增进海外传播,拓展国际合作

成立海外融媒体中心。2020年10月21日,杭州亚运会海外融媒体运维中心揭牌成立。该中心作为杭州亚组委官方电视媒体"亚运频道"及官方网站和社交媒体平台等融媒体宣传矩阵的补充和拓展,将在海外主流社交平台开设2022年杭州亚运会的官方融媒体账号,依托互动式传播和线上线下联动,发布杭州亚运会筹办信息和赛时资讯,并开展杭州城市文化宣传推介,策划推出亚运相关话题。增进各国网友的互动交流。通过打造海外新媒体的"中央厨房",实现新闻信息一次采集、多种生成、多元传播,进一步拓展杭州亚运会在海外其他新媒体的传播效力,扩大"国际朋友圈"。

开播全英文栏目《走近亚运》。2020年10月18日,全英文栏目《走近亚运》正式在杭州电视台综合频道上线开播,该节目为双周播出,每期时长6分钟,节目定位紧密围绕"亚运与城市"这个主题,以"杭州城市成长"为核心内容,以"高知群体、国际友人"为主要受众群体。节目由曾担任杭州申办亚运会的英文陈述人的陈永馨担任主持人,通过更专业、更国际、更精致的理念和视角,以新闻、访谈、专题的形式呈现。除了在杭州电视台综合频道、杭州电视台亚运频道、杭州地铁移动电视等本地媒体平台播出外,还通过杭州亚组委的官方媒体矩阵和海外新媒体账号在全球播出,为海外其他新媒体的视频传播提供内容支持。

推出联合宣传短片。2019年起,杭州亚组委与日本爱知·名古屋亚

组委通过互访等形式加强亚运会筹办工作的交流学习,促进两座"亚运城市"之间的了解,并于 2020 年 7 月进行了共同制作的联合宣传片的全球线上发布。该宣传短片以"亚运城市"为主线,借助中日英三种语言字幕,讲述了杭州 2022 年第 19 届亚运会以及日本爱知·名古屋 2026 年第 20 届亚运会对亚运精神的传承和发扬。作为杭州亚组委与亚奥理事会签订的海外宣传推广备忘录的首个落地项目,联合宣传短片将在亚洲各大主流电视媒体和短视频新媒体进行推送播放,展示杭州与爱知·名古屋的风采,在全媒体领域营造亚运会氛围。

## 五、推进 2022 年杭州亚运会新媒体运营传播的建议

重大事件历来都是媒体发展不可错过的历史机遇,而随着信息技术的快速发展,大型体育赛事也已成为各类新媒体技术投入应用的极佳场景。对杭州亚运会而言,新媒体运营和传播不仅是一项挑战,也是一次机遇。而对新媒体而言,杭州亚运会也提供了一个展现自身实力、推进自身发展的重大机遇。2022 年世界重大体育赛事密集举办,除了杭州亚运会外,还有北京冬奥会和卡塔尔世界杯,因此留给杭州亚运会的传播窗口期有限,更考验媒体传播的效率。为更好地把握机遇,切实推进亚运时代杭州新媒体运营及传播,需要着重注意以下几个方面。

### (一)搭建媒体"中央厨房",增强信息内容供给

由杭州市委宣传部和亚组委宣传部牵头,联合中央广播电视总台等核心媒体,组建亚运媒体"中央厨房",打破传统媒体已有的板块分割的运作模式,以内容的生产传播为主线,统筹采访、编辑和技术力量,打造媒体融合发展的业务平台、技术平台和空间平台,实现"一次采集、多元生成、多渠道传播"的工作格局。在进行信息化全媒体演播室建设和应用的基础上,以"亚运频道"为试点,结合其他媒体的共性需求,实现融合媒体节目编排及多终端媒体内容统一制作。建设内容分发服务子系统,构

建面向多渠道的发布引擎,主动向国内外主流的报纸媒体、广播电视媒体、互联网媒体、自媒体等提供高质量素材,增强有针对性的内容供给。

### （二）结合数字信息技术,创新内容传播形式

亚运会是推进数字化改革的重要场景,也是向国际社会展示"数智杭州""数字浙江""数字中国"的重要窗口。应把"1+5+2"数字化改革的工作体系贯穿到亚运筹办工作中,用好大数据、云计算、5G 通讯、VR/AR、3D 全息投影、人工智能等先进数字信息技术,充分发挥新技术在体育赛事传播中的积极作用。由杭州市科学技术局、市经济和信息化局、市体育局等协作牵头,加强新技术在体育新闻传播领域的前瞻性研究和应用,在数字视频眼镜、可穿戴设备等硬件推动关键核心技术自主创新,积极探索前沿媒体技术在手机等手持终端设备的新型展现形式。

### （三）注重人才引育结合,打造专业人才体系

人才是新媒体产业发展的核心要素,也是实现和推动新媒体运营和传播的关键保障。由杭州市委组织部和市人力资源和社会保障局牵头,协同市文化广电旅游局、市经济和信息化局等,将新媒体人才队伍建设计划纳入人才工作规划之中,结合"115"引才计划、"521"全球引才计划、高层次人才特殊支持计划、"131"人才等政策,加大对新媒体高技能人才,经营管理、营销策划人才的培养与引进力度。同时,强化人才培养引进"双轮驱动",加大新媒体人才的培养力度,通过常态化组织品牌化培训、开展技能比赛,实施专项人才培养计划等举措,逐步探索全方位、多元化、立体式的人才培养体系。

### （四）强化网络文化建设,推动正面能量传播

新媒体是新生事物,在推动经济社会快速发展的同时,也容易存在失范之处。由市网信办、市委统战部等牵头,依托市网络文化协会,在已有的"西湖朋友圈"杭州自媒体联盟的基础上,扩大自媒体聚合平台涵盖范围,大力宣传新媒体产业对杭州经济转型升级和加快经济发展方式转变

的积极作用,提高社会各界对发展新媒体产业重要性的认识。鼓励和引导互联网媒体和自媒体积极发声传递正能量,通过组织网络文化活动,融入积极向上的正能量,营造向善向上的正面网络氛围,对外传播杭州良好的城市形象,发挥网上舆论正向引导作用。

### (五) 加大政策扶持力度,拓展产业发展空间

加快转变财政资金扶持方式,提高财政资金使用效率,引导社会资本投入新媒体领域,扩大互联网媒体和自媒体直接融资规模,进一步完善投融资体系。积极落实中央、省、市现有的税收、投融资及园区等政策,组织有竞争力的项目获得上级财政资金的资助支持,积极推动龙头企业上市融资,有效降低新媒体企业发展成本,进一步拓展新媒体产业发展空间。进一步优化营商环境,秉承开放包容的态度,吸引更多高质量新媒体资源向杭州汇聚。

傅培恩、林航、姚雯馨　杭州师范大学人文学院

# 第三编 "亚运之光":城市文明行动报告

# 吉祥物：亚运会与杭州特色文化

作为国际大型赛事的形象标志，吉祥物展示着赛会主办国和主办城市的历史底蕴、精神风貌和文化魅力。时至今日，吉祥物已发展成为国际大型运动会视觉形象系统中重要且不可或缺的元素，成为主办城市的文化形象大使以及奥林匹克体育精神与文化的传播者，也成为极具经济价值的动漫形象 IP。吉祥物在彰显举办地的地域特色和民族文化的同时，其卡通拟人化的形象也会给观众带来一种积极进取的感染力，引导人们主动参与到体育运动中。正因如此，亚运会吉祥物所承载的意义非同凡响，很大程度上成为了历届亚运会最具形象特征的标志，历来备受民众瞩目。

## 一、大型国际运动会吉祥物设计理念

对举办国和城市而言，大型国际体育赛事是一次极佳的展示机会，所以运动会吉祥物设计灵感通常来源于地域特色、传统习俗、当地文化等，从中选择合适的元素进行设计。从历届奥运会来看，成功的吉祥物造型设计往往都具有突出的造型和明确的性格特征，常用的表现手法包括具象形态、抽象形态。

### （一）具象形态吉祥物设计

在大型国际运动会吉祥物的设计中，具象形态最常用的往往是动物形态和人物形态两种，其中动物形态在造型设计的选择上有着不可撼动的地位。

夏季奥运会的首个吉祥物出现在 1972 年的慕尼黑奥运会,是一个名叫"瓦尔迪"(Waldi)的小猎犬(如图 1)。它的灵感来源于德国纯种小猎狗形象,这种小猎狗坚韧、敏捷、抵抗力强,在德国随处可见,深得德国人喜爱。"瓦尔迪"代表了运动员的顽强、坚韧和敏捷的特性,同时也与奥运会的拼搏进取、促进世界和平的精神交相辉映。

图 1　慕尼黑夏季奥运会吉祥物　　　图 2　洛杉矶夏季奥运会吉祥物

1984 年,美国洛杉矶夏季奥运会以美国国鸟白头海雕为设计蓝本,融入了美国星条旗的红白蓝元素,吉祥物"山姆鹰"(图 2)头戴有美国国旗图案和奥运会永久会徽的大礼帽,身着代表美国传奇人物"山姆大叔"的服装,手举火炬,为奥运会增添了鲜明的美国特色。由于洛杉矶奥运会的成功举办和商业化推广,"山姆鹰"也开启了奥运会吉祥物商业化的第一个窗口。

2000 年,悉尼夏季奥运会以澳大利亚当地特有的三种小动物笑翠鸟 Olly、鸭嘴兽 Syd 和针鼹 Millie 为吉祥物(图 3),它们分别代表了澳大利亚的土地、空气和水。结合起来,这三种动物体现了澳大利亚的民族文化特色,象征着澳大利亚这片土地上开放、友好、热爱体育和乐观向上的人民,又与奥林匹克相吻合,可谓寓意深远。

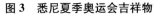

图3 悉尼夏季奥运会吉祥物          图4 北京冬季奥运会吉祥物

2022年,北京冬季奥运会的吉祥物"冰墩墩"(图4),以大熊猫为设计原型,将可爱的国宝形象和富有超能量的冰晶外壳结合在一起。这一新的奥运吉祥物的设计理念也体现了新时代我国的发展特色,将冬季冰雪运动与现代先进的科学技术相结合,富有创意和构思。"冰墩墩"的造型与身着宇航服的航天员相似,体现出我国探索未来的信心和创造非凡的决心,也代表了我国人民追求卓越的品质。

### (二)抽象形态吉祥物设计

出现在奥运会上的第一个非正式吉祥物是1968年法国格勒诺布尔第10届冬季奥运会吉祥物,取名为"舒斯"(Schuss)(图5),原意是"高速滑雪"。舒斯是一个拟人化的卡通形象造型,承载了丰富的地域色彩。格勒诺布尔市是著名的滑雪之都,冬季运动非常发达,而舒斯的形象则象征了格勒诺布尔市蓬勃的冬季运动。

2004年,雅典夏季奥运会吉祥物(图6)是根据古希腊陶土雕塑玩偶"达伊达拉"为原型设计的,命名为雅典娜(古希腊神话中智慧女神)和费沃斯(光明与音乐之神),他们代表了希腊,代表了合作、公平竞争、友谊和平等的奥运精神,同时体现了雅典奥运会的4个核心价值:遗产、参与、庆典和人性化。

2008年,北京夏季奥运会吉祥物"福娃"(图7)的造型采用我国传统文化"五行"——金、木、水、火、土五种元素来塑造,并给每个娃娃一个象形的身体特征,也就是后来我们见到的四种动物形象和一个奥林匹克圣

图5 法国格勒诺布尔冬季
奥运会吉祥物

图6 雅典夏季奥运会吉祥物

火形象。这五个福娃的造型纹样分别来自华夏大地的不同方位,各有特色又和谐统一,名字连成"北京欢迎你"的口号,形象体现了中国北京对于全世界宾朋的热情与期待。

图7 北京夏季奥运会吉祥物

2012年,伦敦夏季奥运会的吉祥物"文洛克"(Wenlock)(图8)来自马齐文洛克的施罗普希尔村。该地曾经举办过文洛克奥林匹克运动会,而这项古老的赛事正是现代奥运之父顾拜旦创造现代奥林匹克运动会的灵感来源地之一。伦敦奥运会吉祥物是为儿童创作的,把儿童和运动联系在一起,讲述让人们引以为豪的奥运会的故事。

2014年,南京青奥会吉祥物"砳砳"(图9)以雨花石为创意源泉,用动感、现代的方式对雨花石的自然形态进行了艺术抽象处理,意在向全世

图 8　伦敦夏季奥运会吉祥物　　　　图 9　南京青年奥运会吉祥物

界青少年提倡自然、运动、健康、快乐的生活方式，象征着南京青奥会将在青年奥林匹克运动的探索中奋勇前行，打造青奥会的"南京模式"，为全世界的青少年带来惊喜与快乐。

2020 年，东京夏季奥运会吉祥物"未来永恒"（Miraitowa）（图 10）采用蓝白色日本传统"市松模样"（方格图案），向传统日本文化和创新的现代日本文化致敬。"未来永恒"的设计理念受成语"温故知新"的启发。"mirai"意为"未来"，"towa"意为"永恒"，寓意着东京奥运会将会引领人们迈向一个充满永恒希望的未来。

## 二、杭州亚运会吉祥物的设计理念

### （一）"江南忆"：杭州亚运会吉祥物设计

2020 年 4 月，杭州亚运会正式发布了"江南忆"吉祥物组合，"三大世界文化遗产"的三位人工智能机器人。三个吉祥物分别取名为"琮琮""莲莲"和"宸宸"（图 11），代表了"杭州的三张金名片"——良渚古城遗址、西湖、京杭大运河。镌刻着良渚文化的标志性符号"神人兽面纹"的"琮琮"，是中国五千年历史文化深厚底蕴的实证，意寓"不畏艰险、超越

**图10 东京夏季奥运会吉祥物**

自我"，同时也蕴含了人与自然和谐相处的理念。"莲莲"全身覆盖清新自然的绿色，以莲叶饰头、顶为三潭印月，既映衬了"接天莲叶无穷碧"的美景，展现了杭州基于科技创新和生态自然的一种具有诗性的文化生活方式，也象征着"万物互联"元素。"宸宸"名字源于京杭大运河杭州段的标志性建筑——拱宸桥，头顶造型为钱塘潮涌，额头上的智能感应器造型源自拱宸桥与水中倒影的结合，体现了科技开拓的先锋精神、"弄潮儿"勇立潮头的探索姿态。杭州正在打造全国数字经济第一城，在厚重的人文历史及和谐的生态资源之外，科技创新是杭州当下最突出的属性特点。

杭州亚运会吉祥物设计充分体现了"绿色、智能、节俭、文明"的办赛理念和杭州文化特色。不同于往届亚运会绿色、低碳、环保的办赛理念，杭州亚组委首次在办赛中强调"智能亚运"，这是与历届亚运会办赛理念最不同之处，也反映出杭州作为"世界互联网金融之城"在科技创新领域的自信与特色。在人工智能技术的加持下，三位吉祥物被赋予了丰富生动的动态效果，展现了吉祥物的性格特征。"琮琮"自信稳重、动态具有力量感，"宸宸"激情满满、动态灵敏迅捷，"莲莲"柔美可人、神态灵动热情。吉祥物运动项目图标设计结合了每一位吉祥物的个性运动能力，如"宸宸"擅长速度、技巧性运动项目，为它设计的图标主要包括田径类的跨栏、短跑，小球运动等敏捷性项目。"琮琮"擅长力量型和文化性运动项目，为它设计的图标主要包括武术、拳击、举重等运动项目。"莲莲"擅长准确、细腻的水上运动项目，为它设计的图标主要包括游泳、大球类等运动项目。三位吉祥物作为杭州亚运会的形象代表，其本身造型元素和人工智能运用，很好地体现了"智能亚运"的办赛理念。

宸宸
Chenchen

琮琮
Congcong

莲莲
Lianlian

**图11　杭州亚运会吉祥物**

### (二)"飞飞":杭州亚残运会吉祥物

杭州亚残运会的吉祥物名为"飞飞"(图12),她的设计灵感源自良渚文化中"神鸟"的形象,其双翼延续到脸颊上的是良渚文化标志纹,扬起的翅膀展现了力的美感。鸟冠上的"i"字(intelligence)是智能、智慧的象征,也体现了杭州这座互联网城市的特征,在运动、开心时会发出蓝色的光芒。胸前45个点组成的环形象征着亚残奥委会各成员欢乐会聚。"飞飞"的第一个"飞",是鸟的飞翔。天高任鸟飞,寓意着人类社会包容、尊重、友爱的良好氛围。第二个"飞",是残疾人运动员追逐梦想,飞跃自我的精神状态。她身上融合了杭州历史人文和科技创新,也承载着人与自然和谐共生的企盼。"神鸟"在中国有着传递佳音的传说,因此,她也代表着文化和幸福的使者。

**图12　杭州亚残运会吉祥物**

## 三、"潮涌"：杭州亚运会会徽、体育图标及二级标志

杭州亚运会的会徽、体育图标、二级标志等的设计也同样围绕杭州江南特色，从多个角度进行了总体设计，系列视觉形象具有整体性和延续性，既具有很强的艺术美感，又有很高的识别度，便于游客、运动员等迅速抓取有效信息。

杭州亚运会会徽名为"潮涌"（图13）。它的主体部分由扇面、钱塘江、钱江潮头、赛道、互联网符号及象征亚奥理事会的太阳图形六个元素组成，下方是主办城市名称与举办年份的印鉴。扇面造型反映了江南人文意蕴，赛道代表体育竞技，互联网符号契合杭州城市特色，太阳图形象征亚奥理事会。特别是，会徽形象的核心是钱塘江和钱江潮头，它们既展示了杭州山水城市的自然特质，江潮奔涌又表达了浙江儿女勇立潮头的精神气质。

**图13　杭州亚运会会徽"潮涌"**

杭州亚运会体育图标（图14）和二级标志在视觉形象与会徽"潮涌"保持延续性和整体性。体育图标在设计过程中除简化和提炼不同项目运动员的姿态外，还依照各种运动"力的方向"，改变扇形的底面形态，使得体育图标既能准确表达每项运动的姿态，又能体现运动的力量感。体育图标在艺术表现上强调线性、水系的视觉内涵，融合"曲水流觞"的互联共享的人文理念，采用标准件及"双勾线"的视觉手法创作而成。

杭州亚运会二级标志（图15）共含7种，分别是可持续标志、公众参与标志、测试赛标志、智能标志、火炬传递标志、文化活动标志、志愿者标志。二级标志与会徽、体育图标在造型上一脉相承，皆类似"扇面"或"潮涌"的形态。以拟人、抽象等手法将互联和智能的城市、亚运圣火、良渚

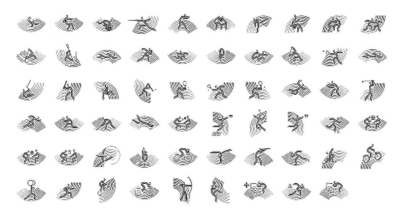

**图 14 杭州亚运会体育图标**

玉璜纹样等元素融为一体,鲜活展现了绿色、智能、节俭、文明的亚运会办赛理念。

**图 15 杭州亚运会二级标志**

# 四、大型国际运动会吉祥物的应用:
# 以南京青奥会吉祥物砳砳为例

大型国际运动会吉祥物因其特殊的设计理念,又借助了赛事的极强传播力,具有极高的艺术、文化、商业和传播价值。进入互联网时代,吉祥物商业和文化传播价值、交往功能不断提升,吉祥物变"网红"。互联网技术的进步使吉祥物摆脱时空束缚,媒介融合的浪潮大大解放了符号的表现力。一个具有知识产权的符号在新媒介、新渠道、新终端的帮助下，其传播能量可以被无限放大。

2014年南京青奥吉祥物砳砳刚面世时，由于五彩的外表和凹凸的造型，曾被吐槽为最丑吉祥物，网上评论也以负面为主。但是，砳砳却在先发劣势的情况下后来居上，最终成为南京青奥会期间最大的"网红"，不仅玩偶卖脱销，在网络上，砳砳的相关图片、表情包也成为一股潮流。究其原因，是吉祥物的交际功能得到了充分激发。

首先，砳砳形象独特，脱胎于既有语境经验，这是交际的共同基础。"五彩腰子精""袜子精""变异豌豆""变异青蛙""彩色胶囊""菜青虫""彩虹香皂"，以上都是人们勾连既往经验解读，化陌生的符号为熟悉的符号，并得到趣味效果。尤其是"二胡卵子"这个称谓，来源于南京本地方言，形容一个人调皮捣蛋，它和砳砳丑萌的形象互为映照，深得南京人民的认同。其次，砳砳人格独特，就像"二胡卵子"所指内涵一样，砳砳会摔跤、卖萌、耍宝，这样一个带着浓厚生活气息的趣味人格体能激发人们交际互动的冲动。最后，青奥会奥组委拓展多个渠道，设计多个环节促进以砳砳为中介的人们的交往互动行为。比如，微博上发起"冰桶挑战"互动活动，在青奥会官微上不断发布调侃记录砳砳的搞笑图片、短视频、视频、段子，很多最终被网友制作成为表情包，流通到日常会话场景中。

据百度指数显示，砳砳在赛事结束后两年仍然保持着较高搜索指数，显著高于伦敦奥运会吉祥物文洛克、里约奥运会吉祥物维尼休斯两年后的搜索指数。2021年8月16日，江苏新闻发布了"怀念砳砳"的官微，依然收获了很多充满感情的评论和点赞。这说明，砳砳这个曾经陌生的符号已经以记忆的形式渗透进社会公共交往领域里，渗入普通人的日常交往层面。比较前互联网时代受限于时空的奥运会吉祥物，砳砳作为青奥会制作的一个公共品，以其强大的交际功能成为一个持续性的泛在化的传播符号，从而极大地提升了砳砳的传播价值，并取得良好的效果。

# 五、杭州亚运会吉祥物及其衍生物运用

杭州亚运会吉祥物从设计征集邀约到正式发布,都和互联网密不可分。吉祥物的云端发布活动充满科技感和体育精神,现代时尚、活力四射。在发布活动中,吉祥物主题歌舞秀活泼可爱,动画宣传片大气灵动,以一场穿越之旅生动诠释了"江南忆"组合的形象特征和运动活力。"江南忆"出自唐朝诗人白居易的名句"江南忆,最忆是杭州",既承载着深厚底蕴和充满时代活力,也融合了杭州的历史人文、自然生态和创新基因。亚奥理事会主席艾哈迈德亲王为吉祥物的发布专程致贺信,盛赞杭州亚运会吉祥物形象生动、内涵丰富,将中国文化、杭州特色、亚运会和亚洲的精神融为一体,通俗易懂的智能化意蕴在历届吉祥物中独树一帜,弘扬了我们时代的力量。他表示,吉祥物与杭州亚运会会徽、主题口号相呼应,共同展现杭州亚运会的独特魅力,相信一定会受到各界朋友们,特别是青少年的喜爱。互联网上关于杭州、亚运会、吉祥物等相关话题、搜索量飞速增长,吉祥物衍生产品如雨后春笋般出现,可以说杭州亚运吉祥物从发布开始就赢得了广泛的认可和好评。

《杭州 2022 年亚运会、亚残运会形象景观总体规划》正式公布后,设计团队以"东方诗意、中国窗口"为定位,凸显"中国特色、浙江风采、杭州韵味、精彩纷呈"的设计理念,对亚运会的视觉形象进行了进一步整合提升。该规划具有开放性、指导性、建议性、约束性的特点,既确保了整个赛会视觉形象氛围营造在规划的统一指导下同频共振,为会徽、口号、吉祥物、体育图标、核心图形及色彩系统等形象元素在亚运会场馆内外及城市景观中的运用提供规范,又为设计师提供了实用的"工具包",方便进行再创作。

在各类标志陆续发布的同时,杭州亚组委还在 2021 年 4 月 6 日推出了重要标志组合及拓展设计。重要标志组合指的是"从整体上对会徽、口号、吉祥物、体育图标等重要视觉元素规范中存在缺漏项及不适用的情形进行优化升级"。拓展设计项目是指"从产品端实际需求出发,对会徽、口号、吉祥物、体育图标、场馆图形、文化遗产、数字媒体等重要视觉元素进行造型、颜色、设计语言等多方面的多元化艺术再创作与衍生。"杭州亚运会拓展设计已逐步登上手提袋、T恤、手机壳、外套、背包、帽子等各类亚运主题商品,使亚运标志与日常生活结合得更加紧密。在5G时代万物互联的社会环境下,杭州亚运会吉祥物的商业和文化传播价值将得到几何倍数的放大,吉祥物所代表的三处世界文化遗产和亚运精神交相辉映也将会迸发惊人的能量。

陈良 杭州师范大学人文学院

# 杭州篇章：世界文化遗产新魅力

国际体育赛事不仅为体育赛事和运动交流提供了重要平台,更为世界文化沟通、文明交流互鉴等搭建了独特的平台,方便全世界的文明进行交流对话。大型国际性运动会的平等精神实际上就为这种对话提供了可能性,携带着巨大的文化价值,是主办国弘扬本国文化的一条有效途径。

## 一、亚洲文明视角中的杭州世界文化遗产

杭州是中国第三个获得亚运会举办权的城市,历史悠久,地理环境优越,人文积淀深厚,拥有良渚古城遗址、西湖文化景观、大运河三处世界文化遗产,既具有杭州特色,又是具有世界意义的中国传统文化。

### (一)良渚古城遗址:东亚地区史前稻作文明的最高成就

习近平总书记在浙江工作期间,曾两次到良渚调研,明确提出"良渚遗址是实证中华五千年文明史的圣地"。良渚文化距今 5300—4300 年,且持续发展约 1000 年,属于新石器时代晚期的考古学文化。良渚古城遗址,是长江下游地区首次发现的新石器时代城址,在陕西神木石峁遗址发现之前,是中国最大的史前城址,被誉为"中华第一城"。良渚古城外围水利系统是迄今所知中国最早的大型水利工程,也是世界最早的水坝,与良渚古城共同构成了中国长江下游环太湖地区的一个区域性早期国家的权力与信仰中心。

2016 年,习近平总书记作出重要批示,强调要"不断加深对中华文明

悠久历史和宝贵价值的认识",提出了"三个有利于"的申遗原则,不但加快了良渚古城遗址申报世界遗产的步伐,而且成为引领中国文化遗产事业的思想基础和指导方针。2018年1月26日中国联合国教科文组织全国委员会秘书处致函联合国教科文组织世界遗产中心,正式推荐"良渚古城遗址"作为2019年世界文化遗产申报项目。2019年7月6日中国良渚古城遗址获准列入世界遗产名录。世界遗产委员会对良渚古城遗址给出了三个定位:代表东亚和中国5000多年前稻作文明的最高成就,填补了世界遗产名录东亚地区新石器时代城市考古遗址的空缺,良渚古城遗址是中华五千多年文明史最直接、最典型、最有力的实证,在人类文明发展史上堪称早期城市文明的杰出范例。良渚古城遗址的申遗成功,不仅改写了中国文明史,而且改写了世界文明史,具有里程碑式的意义。2020年5月,良渚古城遗址入选首批"浙江文化印记"。

### (二) 西湖文化景观:亚洲山水与人文交融的文化名湖

"水光潋滟晴方好,山色空蒙雨亦奇"。浸透着江南韵味、凝结着时代匠心的杭州,构成了东方美学的想象、诗意中国的意境。"杭州西湖文化景观"肇始于9世纪、形成于13世纪、兴盛于18世纪,并传承发展至今。西湖旧称武林水、钱塘湖、西子湖,宋代始称西湖。西湖有三岛:三潭印月,湖心亭,阮公墩,绕湖一周约15公里。山水与人文交融是西湖文化景观的一大特色。

杭州西湖文化景观总面积为3322.88公顷,由西湖自然山水、"三面云山一面城"的城湖空间、"两堤三岛"景观格局、"西湖十景"题名景观、西湖文化史迹和西湖特色植物6大要素组成。2011年,杭州西湖文化景观作为文化遗产列入《世界遗产名录》,是现今《世界遗产名录》中少数几个湖泊类文化遗产之一。与其他以自然景观取胜的湖泊相比,西湖秉承"天人合一"哲理,在10个多世纪的持续演变中日臻完善,成为景观元素特别丰富、设计手法极为独特、历史发展特别悠久、文化含量特别厚重的"东方文化名湖"。世界遗产委员会评价:自公元9世纪以来,西湖的湖光山色引得无数文人骚客、艺术大师吟咏兴叹、泼墨挥毫。景区内遍布庙宇、亭台、宝塔、园林,其间点缀着奇花异木、岸堤岛屿,为江南的杭州城增添了无限美景。西湖是对"天人合一"这一中国传统文化中的理想境界的最佳阐释,是文化景观的一个杰出典范,它极为清晰地展现了中国景观的美学思想,对中国乃至世界的园林设计影响深远。

历经十余年的申遗历程,西湖文化景观研究不断深入,学界和公众对西湖的认识从感性上升到理性,西湖的历史、文化、美学等价值得以充分论证。对西湖文化景观而言,这是从风光到文化的深刻置换,也是从物质表象到精神内涵的深入挖掘。物质与精神的双重互动,反映了人与自然的和谐统一,铸就了西湖文化景观的精神内核,是西湖文化景观价值的根本所在。

### (三) 大运河:东方文明智慧的高度呈现与蓬勃生命力

京杭大运河始建于春秋时期,是世界上里程最长、最古老的人工运河,也是工业革命前规模最大、范围最大的工程项目,它促进了中国南北物资的交流和领土的统一管辖,反映出中国人民高超的智慧、决心和勇气,以及东方文明在水利技术和管理能力方面的杰出成就。历经两千余年的持续发展与演变,大运河至今仍发挥着重要的交通、运输、行洪、灌溉、输水等作用,是大运河沿线地区不可缺少的重要交通运输方式,自古至今在保障中国经济繁荣和社会稳定方面发挥了重要作用,是中国文化地位的象征之一。大运河南起余杭(今杭州),北到涿郡(今北京),途经今浙江、江苏、山东、河北四省及天津、北京两市,贯通海河、黄河、淮河、长江、钱塘江五大水系,主要水源为微山湖,全长约 1797 公里,对中国南北地区之间的经济、文化发展与交流,特别是对沿线地区工农业经济的发展起了巨大作用。

2006 年 12 月 31 日,习近平同志到京杭大运河(杭州段)调研时提出,希望杭州用好运河这张"金名片",把运河真正打造成具有时代特征、杭州特色的景观河、生态河、人文河,真正成为"人民的运河""游客的运河"。这条承载了千年历史的京杭大运河,以"世界文化遗产"之姿,已成为浙江文化高地上浓墨重彩的一道风景线。15 年来,杭州以运河综保工程为基础,秉持"还河于民"的理念,坚持"保护第一、生态优先、扩展旅游、以民为本、综合整治"的原则,深化大运河保护管理,推动大运河有机活化利用,打造"人民的运河"。

## 二、亚运会给杭州世界文化遗产带来的机遇

### (一) 增加知名度,促进旅游业的发展

亚运会、奥运会这样的国际大型赛事,对主办国最直接的影响就是旅游经济的增长,无论是赛前赛后,旅游业都是受益最大的行业之一,主办城市也会因此增加国际知名度。以 2000 年悉尼奥运会和 2004 年雅典奥运会为例,1997 年至 2004 年间,到澳大利亚旅游的人数因奥运会效应增加 150 万人,带来约 61 亿美元的收入。在雅典举办 2004 年奥运会 3 周年纪念会上,希腊旅游部长佩特拉利亚表示,雅典奥运会是希腊旅游业获得长足发展的重要里程碑,雅典奥运会以后,希腊在世界旅游版图上占据了自己的一席之地。佩特拉利亚说,来希腊旅游的人数持续增长,2005 年和 2006 年旅游人数分别增长了 5.6%和 8.4%。2006 年,只有 1100 万人口的希腊接待了创纪录的 1570 万旅游者。2007 年,来希腊旅游的人数又增加了 10%。据希腊中央银行统计数据,2005 年,希腊旅游业带来的经济收入高达 110 亿欧元,占国民生产总值的 6.1%,与 2004 年相比,增长了 6.7%。希腊从旅游业获得的纯收入在欧洲排名第四;2005 年和 2006 年希腊经济增长率分别达到了 3.7%和 4.3%,均高于欧盟成员的平均水平。

### (二) 加速城市国际化,传播中国文化

站在迎接亚运会、打造展示新时代中国特色社会主义重要窗口、高质量发展建设共同富裕示范区的历史节点上,作为主办国文化的结晶,世界遗产与亚运会对接,不但为亚运会增添亮点,也为主办国世界遗产的可持续发展提供了一种新的思路。亚运会的多元化和世界化带来新的机遇,促使亚运会真正成为跨文化、跨民族、跨国度的世界性文化体系,同时也

将为中国文化与世界文化接轨提供重要契机。就杭州亚运会而言，是杭州的三大世界文化遗产首次在亚运会上获得主动权，进行世界性的展示和亮相。这种展示有别于一般意义上的国际文化交流周、文化博览会，而是在全民、全球的体育盛会中，将中国传统文化、浙江风采、杭州特色在全世界范围内的深度传播。因此，要利用亚运会大力推介杭州的世界文化遗产，发挥三大世界遗产联动综合效应，扩大杭州世界遗产的辐射功能，进一步彰显杭州的历史文化魅力，从而促进中华文化在全世界更广泛地传播，将杭州打造成为东方文化国际交流重要城市。

## 三、推动亚洲文明交流互鉴，构建亚洲文明共同体

亚运会为杭州展现三大世界遗产带来了新机会，也是杭州的新使命。借助亚运会平台，以世界遗产为载体，推动亚洲文明的交流互鉴，构建亚洲文明共同体。

### （一）促进亚洲文明交流，促进世界文化遗产联动

2022 年亚运会是杭州城市发展的新机遇，既能加快杭州城市国际化发展，也能发挥新时代杭州世界文化遗产的特色魅力，促进亚洲文明之间相互交流，促进世界文化遗产联动。作为主办城市，杭州还可以利用亚运会这个绝佳的时机，做好对外传播宣传，扩大主办城市文化的国际影响力。

2021 年 6 月 25 日，由中央网信办网络传播局指导，浙江省委网信办、上海市委网信办、江苏省委网信办、安徽省委网信办、国际在线联合主办的 2021"打卡中国——你好长三角"国际网络传播活动走进京杭大运河杭州景区，开展浙江站运河水上旅游打卡采风活动。本次采风活动有来自英国、意大利、委内瑞拉、克罗地亚等知华友华的"网红"以及中央广播电视总台"网红"主播等 40 余人，实地探访体验杭州参与大运河文化带建设和历史文化传承保护等亮点工作。在科技日新月异的当今时代，国内外"网红"主播们将本次行程全程直播记录，通过互联网向国内外传

递着京杭大运河的历史底蕴、梦幻色彩,将运河景区的美好推向世界。

2021年6月24日至27日,第三十六届韩国国际旅游展在首尔贸易中心(coex)举行。

在浙江文旅的专题宣传展示中,良渚元素屡屡惊艳亮相,一幅良渚古城遗址公园的美图登上《中央日报》头版,向韩国读者展示中国和浙江深厚的历史底蕴。《中央日报》是韩国最大的传媒机构,通过这样的国际交流,让更多的年轻一代能够了解良渚文化,让更多的人读懂良渚文化,认识中华文明,从而推动良渚古城遗址的保护、研究、传承、利用,展现良渚古城遗址的文明魅力与时代价值。

由浙江广电集团摄制的《人类的记忆——中国的世界遗产》系列纪录片之《走进良渚》在2021年7月26日、27日在中央广播电视总台中文国际频道首播。这个系列节目是中宣部"中华优秀传统文化传承发展工程"十四五重点项目——"国家文化记忆和传承"世界遗产记录传播项目,采用纪录片形式对中国当前所有世界遗产进行整体盘点和系统梳理。良渚文化是中国的,也是世界的。在第44届世界遗产大会召开期间,浙江向世界展示良渚古城遗址发现以来,特别是申遗成功以来对世界自然遗产保护与传承所做的贡献。

### (二) 主动对接亚运会,生动传播中华文明

通过化身亚运会吉祥物并深度融入亚运会开幕式,杭州的世界文化遗产将以主动直接与亚运会对接的形式,更直接有效地传播杭州城市文化,传播中华文明。

2020年4月3日,杭州亚运会吉祥物组合"江南忆"正式在互联网云端发布,三个机器人造型的吉祥物分别是琮琮、莲莲和宸宸,分别代表良渚古城遗址、西湖和京杭大运河。在吉祥物里融入世界文化遗产元素,这一创新凸显了杭州对于发掘城市历史文化资源工作的重视,展现了杭州对于其独一无二的城市文化和城市精神的自信,更彰显了杭州优秀的遗产治理能力和文化输出能力。同时,三个可爱吉祥物的诞生充分地肯定了杭州的文遗保护工作,在生动诠释杭州深厚文化底蕴和多元城市精神

的同时,也发扬了顽强拼搏,积极向上的现代体育精神。在未来,他们更借助亚运会将走向亚洲、走向世界,鲜活展示杭州独特的历史文化魅力。

亚运会开幕式是体现主办城市历史底蕴、文化内涵、科技实力的综合性仪式,是赛会的亮相之作,也是最具华彩的部分。例如,2004年雅典奥运会开幕式在古奥林匹克体育场举行,标志着现代奥运之光再一次回到她的发祥地。在开幕式中,主体育场中间出现一片"爱琴海",五环燃烧在"爱琴海"中,以空中飞行的人体象征天体降临人间,所有的演员向着上空悬着的橄榄树奔去。这样的场景浓缩了现代奥运的精神和古希腊辉煌的文明,向世界具象展示了作为西方文明发源地的雅典,渗透着深厚的文明气息和文化底蕴。

雅典奥运会开幕式与文化遗产的成功对接,给杭州亚运会以很好的启示。2021年7月20日,杭州亚运会开幕式主创团队发布会在北京正大中心举行,宣布杭州亚运会开幕式将与良渚古城开启一场跨越5000年时光的历史回眸。由此,人与历史遗迹将融为一体,营造出和谐氛围,由此突出遗址文化深度及历史价值,将成为古老文化与当代文化、民族文化以及世界文化的一次精彩对话。

### (三)夯实保护传承基础,提升遗产智能化管理水平

杭州坚持"还湖于民,保护第一,从严管理,传承文化,生态优先",出台《杭州西湖文化景观保护管理条例》,成立西湖世界文化遗产监测管理中心,加强西湖的生态保护,提升博物馆公共服务能力,推出更多高品位、高质量和影响力大的展览;依托互联网、大数据、云计算等技术,打造"智慧西湖",构建高信息化、高实效性的西湖遗产监测平台,提升遗产管理的智能化水平。

杭州正努力在建设人与自然和谐相处、共生共荣的宜居城市方面创造更多经验。"双西合璧、精彩蝶变",西湖、西溪一体化保护管理是杭州努力成为全国宜居城市建设"重要窗口"的有力举措,也是杭州在推进"绿水青山就是金山银山"理念和城市治理体系与治理能力现代化过程中的积极创新。联动实施西湖全域综合提升和西溪湿地原生态保护提

升,促进西湖和西溪有机融合,高水平打造"湿地水城",在 2022 年杭州亚运会到来之际,杭州将呈现出一个数字化、国际化、人性化的全新的西湖西溪。

**(四) 实现文旅深度融合,助推产业融合发展**

2014 年,中国大运河成功列入《世界遗产名录》。申遗成功后,杭州市委、市政府明确大运河遗产的保护管理机构,建立杭州拱墅大运河文化研究院,出台保护条例和规划,各项保护管理工作走在全国前列。2019 年 1 月 15 日,杭州出台了后申遗时代全国首个大运河世界文化遗产地方保护规划《杭州市大运河世界文化遗产保护规划》,对大运河杭州段 110 公里 11 个遗产点段"分类分段分级保护管理",妥善解决遗产保护与经济发展、城市建设的关系。在《长城、大运河、长征国家文化公园建设方案》出台以后,遵循"千年运河"统一品牌的目标,杭州秉持"还河于民"的理念,坚持"保护第一、生态优先、扩展旅游、以民为本、综合整治"的原则,深化大运河保护管理,推动大运河有机活化利用,打造"人民的运河"。

水净河清,如今的运河面貌一新。杭州大运河段两岸约有 22 公里的游步道,景观带基本全线贯通,惠及沿岸居民 200 多万人。良好的生态让旅游业成为拉动经济增长的新引擎。去年,大运河杭州段接待游客超过 1500 万人次。目前,杭州运河综合保护模式已发展到 3.0 版,以产业导入、产城融合为主要模式,做好规划、生态、文化、项目、城市、产业、经营、统筹的文章。如今的京杭大运河杭州段,形成了以三大历史街区、四大文化园区、博物馆群为重要节点的 22 公里文化休闲体验长廊。一批工业老厂房改建成为文创园、博物馆、艺术中心。桥西历史街区、小河直街、大兜路历史街区的运河古居保护修葺,祥符桥历史文化街区也得以重建,重现运河人家依水而居的生活习态。历史与现实在此交融,也让文化浸润生活。

大运河拱墅段蜿蜒近 30 公里,3 条遗产河道及其支流在全域纵横交错、密布成网,18 个街道中有 16 个紧邻大运河,大运河中央公园、半山国家森林公园、城北体育公园犹如"城市绿肺"，与星罗棋布的城市绿地、口袋公园一起，点亮推窗见绿、开门见花的诗意生活。辖区内云集各类博物馆 20 余座，工业遗产 21 处，历史风貌街区 5 条，市级以上非物质文化遗产 31 项，是杭州运河历史底蕴最深厚、文化遗产最丰富、文旅价值最优越的核心段。目前，大运河文化带建设如火如荼，其中运河水上文化是亮点之一，一直以来，京杭大运河杭州段是本地市民眼中的"水上威尼斯"。市运河集团的水上旅游发展覆盖了水上交通、水上旅游、水上休闲等领域，已逐步建立起杭州全层次的水上交通旅游产品体系，为大运河国家文化公园打造水上风景线，打造体现杭州城市韵味、国内一流、国际知名的的世界级水上旅游产品。位于杭州城北运河湾南部核心的运河文化公园建成亮相，建成后这里以展示运河文化、打造旅游目的地为特色，是集文化、商贸、娱乐、旅游、居住功能于一体的城市活力滨水区。

### （五）形成"大保护"新格局，开创"全联动"新局面

2019 年，良渚古城遗址申遗成功。杭州设立高规格保护机构"杭州良渚遗址管理区管理委员会"，制定《杭州市良渚遗址保护管理条例》，建成良渚博物院。通过设立杭州良渚遗址管理区管理委员会（浙江省良渚遗址管理局）等保护管理机构，建立有效保护管理的体制机制；编制执行《杭州市良渚遗址保护管理条例》等专项政策法规；编制执行《良渚遗址保护总体规划》《良渚古城遗址管理规划》等遗产保护及相关专项规划；实施落实作为国家重点文物保护单位和浙江省省级文物保护单位的保护措施；实行遗产地遗产保护补偿机制，保护成果惠及民众；加强专业知识与保护管理技术的培训；加强遗产展示与宣传；加强遗产保护管理监测等手段执行保护管理，遗产得到有效保护。

申遗成功两年来，良渚古城遗址保护研究传承利用工作，不断跨上新台阶、形成新局面。以打造展示真实立体的古代中国和现代中国的"重要窗口"为目标，以规划建设良渚国家文化公园为抓手，着力构建"以文化促发展、以发展强保护"的文化赋能区域综合发展新格局，不断推动良渚遗址保护研究传承利用工作高质量、可持续发展。近年来，良渚古城遗

址坚持按照国际标准构建全天候、全方位、全要素、全过程的保护管理体系,开创了良渚古城遗址"大保护""全联动"的全新格局。

后申遗时代,杭州正努力将良渚古城遗址建成大遗址保护利用典范和文旅融合发展样板。良渚遗址保护区范围随着考古发掘推进,目前已拓展到54平方公里,保护区内遗址点多达305个。分布面大、遗存密集,如此大面积的遗址保护工作是世界性的难题。为此,杭州积极利用数字化手段加强遗址保护。

在强调发挥世界遗产旅游效应的同时,良渚古城遗址将进一步加大世界遗产相关的科研、教育力度,使遗产更贴近老百姓的生活,得到可持续性的发展。良渚文化申遗成功后,杭州市决定自2020年起将7月6日设立为"杭州良渚日"。作为体验和感悟"中华五千多年文明"的重要场所,陆续推出"走进五千年"系列活动,涵盖研学、阅读、云游、数智等多个方面,包含考古探秘、匠心手作、文创市集、良渚讲堂等公众体验。两年来,良渚古城遗址游览人数已达400余万人次,成为众多游客体验中华五千多年文明史的热门"打卡地"。良渚古城遗址坚持"保护第一、最小干预"的原则,构建综合阐释与展示体系,切实增强遗址现场的可看性、可读性、体验性、互动性。让良渚古城遗址融入社会,在保护中利用,在利用中进一步诠释和丰富其价值,将良渚古城遗址打造成为中华文明"朝圣地"和中国文化"展示地",将其建设成为大遗址保护利用典范和文旅融合发展样板。

### (六)让文化遗产"守得住,活起来"

后申遗时代,良渚古城遗址在坚持保护第一的基础上,聚力活态化、融合数智化、走好国际化,真正让历史文化遗址"活"在当下、服务当代。良渚古城遗址创新保护展示模式,全媒体、全景式构建"良渚大IP",以5G、AI、VR等现代科技和新潮创意阐释最古老的文明。近年来,良渚博物院致力于数字化实践,让古老的良渚文明更贴近大众。去年,良渚博物院、良渚研究院编著的融媒体专著《良渚》出版,文字+234张图片+33个扫码视频相辅相成,创新融媒体传播方式,概述了良渚文明的传承与影响,让读者一饱眼福。畅游在良渚古城遗址,不仅可以实地体验全球首款集语音导览和视频画面导览于一体的 AR 智慧导览系统,也能线上体验"云展览""慢直播",立体、真实地了解良渚古城遗址的独特风貌。

借力"跨界+数字化"转型,良渚文创产业也逐渐走上了发展快车道。良渚遗址管理区管委会与优质企业合作,将良渚文化元素融入现代生产生活,以大众所熟悉并喜爱的方式对良渚文化进行解读与创新,推出一系列兼具文化艺术性与实用性的良渚文创精品。截至 2021 年年底,已累计打造并推出了 500 余款良渚文化衍生产品,让更多消费者在使用产品的同时感受到了良渚文化的魅力。此外,良渚文创入驻天猫,通过文化创新的方式传递文化厚度,让 5000 多年的良渚文化焕发新的魅力,让更多的消费者通过文创产品,了解良渚文化,传承中华历史文脉。

## 四、结　语

习近平总书记强调,"历史文化是城市的灵魂,要像爱惜自己的生命一样保护好城市历史文化遗产,要本着对历史负责、对人民负责的精神,传承历史文脉,处理好城市改造开发和历史文化遗产保护利用的关系,切实做到在保护中发展、在发展中保护。"纵观人类历史,如何处理好经济发展与环境保护的关系,一直是人类社会的一个永恒话题。近年来,杭州在文化遗产保护利用过程中始终坚持"保护第一、积极保护、规划引领、以人为本、研究先行"的理念。对于杭州这样一座拥有 8000 年文明史、5000 年建城史的城市而言,彰显城市人文之美就是坚持"保老城、建新城"和"城市有机更新",正确处理好保护历史文化与建设现代化都市的关系,延续城市历史文脉,保护历史城市景观,形成古今协调、城景交融、底蕴深厚、道德高尚、文化繁荣的良好状态。

陈珏　杭州师范大学国际教育学院

# 文明使者:亚运会与国际
# 志愿行动研究

　　2022 年第 19 届亚运会是继 2016 年 G20 峰会之后杭州举办的又一个国际大型盛会,对杭州城市建设、城市综合能级提升和国际影响力扩大都具有无与伦比的推动作用。同时,亚运会还是杭州精神面貌和文化软实力的重要展示平台,将向亚洲和世界直接呈现市民文明素质和礼仪水平。作为大型赛会的重要组成部分,广大志愿者直接服务各国参赛运动员、政府官员、观赛群众和媒体记者,其服务质量和杭州形象直接挂钩,是代表社会文明水平和民众整体素养的文明使者,而高品质的志愿服务也成为赋能赛事成功、宣扬杭州文明形象和提升杭州城市文明高度的重要抓手。2020 年 4 月 17 日,《杭州市亚运城市行动计划纲要》正式发布,明确提出推动城市文明共建行动,提升城市文明水平,重点在于普及全民志愿文化、广泛培育和招募志愿者。杭州志愿服务起步较早,通过多年的实践,杭州已拥有扎实的志愿服务基础,志愿服务理念也广受社会认可。亚运会之于杭州志愿服务既是机遇,又是挑战。为助力亚运会成功举办,展示杭州的独特韵味别样精彩,向世界展现杭州文明、包容、进步的城市面貌,亚运会志愿服务应立足杭州、面向世界,广泛学习国内外大型赛会志愿服务经验,建立"高标准、专业化、国际范"的志愿者形象,使杭州亚运会成为一场具有"中国特色、浙江风采、杭州韵味、精彩纷呈"的体育盛会。

# 一、志愿服务与体育赛事的紧密关系

## (一) 赛事志愿者发展历程

"志愿者"一词(volunteer)来源于拉丁文"voluntas",本意为"意愿"。志愿者首先诞生于19世纪的西欧,他们秉承自愿、无私、非盈利的原则,很快发展为稳定社会秩序、提高社会福祉的重要民间力量。志愿者参与体育赛事在1896年第一届雅典奥运会便已萌芽,1912年斯德哥尔摩奥运会首次将志愿者写入书面报告。20世纪中叶以来,志愿服务与大型赛事的融合逐步加深,志愿者规模也逐渐加大,赛事志愿服务管理渐趋组织化、规范化,对志愿者专业素养的要求也越来越高。1980年美国普莱西德湖冬季奥运会正式将志愿服务列入组委会整体规划,1992年西班牙巴塞罗那夏季奥运会首次对"奥运会志愿者"做了清晰明确的定义。作为一种"提供竞赛产品和相关服务产品的特殊事件",大型体育赛事规格高、社会影响力大,对举办地的经济发展、城市建设和国际知名度提升都有重大作用,加之大量人力财力投入的需要,以高品质志愿服务助力赛事成功举办和举办地国际影响力扩大已逐渐成为国际惯例。

## (二) 赛事志愿服务价值

经济方面,大量的志愿者有效填补了赛事管理在人力资源上的缺口,并极大地降低了主办方的经济开支。历届奥运会志愿者的数量都是巨大的,2012年伦敦奥运会总共招募赛会志愿者6万人,2016年里约奥运会达7万人,2008年北京奥运会赛会志愿者人数更是多达10万人。庞大的志愿者团队不仅为奥运会举办提供了充足的人力资源,其无偿性和非营利性也大大节省了组委会的经济开支,使得志愿服务有着无与伦比的经济价值。悉尼奥运会志愿者预算只占总预算的0.44%,而北京奥运会志愿者总计为组委会节省了42.75亿元经费。

文化方面,志愿者搭建了全世界不同文化沟通交流的桥梁。大型体育赛事除了创造各国运动员互相切磋的机会外,也构建了各民族、国家及地区文化交流的平台。志愿服务承载着举办地的独有文化,在多个领域服务于运动员、国家政要、赛事观众和媒体记者的志愿者们既肩负着传扬本土文化的使命,也肩负着促进各文化双向交流、推动各族人民友好往来的使命。同时,志愿者来自不同国家、民族和地区,打破了传统的地域、民族和文化界限,志愿者本身的交流往来就具有深刻的文化内涵。

社会方面,体育赛事志愿服务有利于构建和谐社会。大型赛事为全社会提供了合作与交流的机遇,通过志愿服务,志愿者之间、志愿者与服务对象之间互帮互助,有助于消除陌生与隔阂,促进彼此了解与关怀。服务大型赛事也是志愿服务自身发展、提高社会认知度的一大途径。体育赛事本身的规模和影响力能极大影响社会对志愿服务的了解和接受程度,提升人民的公共参与意识和社会责任感,鼓励更多人参与志愿服务事业,在全社会营造平等互助、团结友爱、融洽和谐的氛围。

### (三) 作为文明使者的赛事志愿者

随着时代发展和社会进步,志愿服务不断迭代创新,其内涵也正逐渐丰富。赛会志愿者的价值可体现于赛场上,又超越赛场的特定范围,辐射整个社会。志愿服务之于赛事及举办地的作用早已突破了提供人力物力资源的限制,成为展现城市文明与形象的窗口和载体。志愿服务水平的高低很大程度上反映了城市文明水平的高低。一座人人争当志愿者、志愿文化根基深厚的城市,必定是一座有温度、有人文关怀、居民素养高的城市。以"奉献、友爱、互助、进步"为核心的志愿服务精神是衡量民众社会责任感、公共参与感和文明知礼观的重要标杆,志愿服务因而成为一座城市的精神文明符号,而志愿者则是社会精神风尚的引领者和文明使者。

亚运会的成功举办离不开社会文明程度的提升,一届精彩绝伦的体育盛会又为城市留下丰富的精神文明遗产,为提升城市文明水平和构建和谐社会注入持久生命力。这就赋予亚运会志愿者双重使命:除以专业、热情的态度服务赛会进程之外,还有弘扬志愿精神、丰富市民精神生活、提升民众文明素质以及改善城市形象。为此,专业有序的志愿者团队、科学有效的志愿者管理、广泛深入的志愿文化弘扬等要素缺一不可。多年来,国内外大型赛会的志愿服务工作已积攒了较多宝贵经验,杭州需在积极学习这些经验的基础上,结合本地志愿服务发展及亚运会筹备的实际,创新亚运会志愿服务形式,开辟大型赛会志愿服务的杭州路径。

## 二、国内外大型赛会志愿服务经验

### (一) 北京奥运会

2008 年北京奥运会是改革开放以来,我国承办的最大规模的国际体育赛会,被誉为一届"真正的无与伦比的奥运会"。北京奥运会的成功举办离不开广大志愿者的支持和付出,共 10 万名赛会志愿者、20 万名拉拉队志愿者、40 万名城市志愿者、100 万名社会志愿者一同服务于奥运会,其人数之多、规模之大、民众参与度之高刷新了奥运志愿服务历史。志愿者的微笑也成为北京最好的名片,为国际友人展现了现代、文明、热情洋溢的中国形象,给海外民众留下了深刻印象,成为北京志愿服务发展的里程碑。总结北京奥运会志愿服务经验,主要有以下成功之处。

首先,建立"6+1"创新性格局。6 大项目(赛会志愿者、城市志愿者、社会志愿者、迎奥运志愿者、奥组委前期志愿者、奥运会志愿者成果转化)和 1 个主题活动(群众"微笑北京"活动)项目式运作,囊括赛前、赛中、赛后各环节,极大扩展了志愿者的服务范围,为广大群众提供了更多志愿平台,吸引更多人投身于志愿服务中。

其次,带动志愿服务文化高涨。北京高度重视志愿者宣传工作,相继颁布了《北京奥运会志愿者行动计划》《北京青春奥运行动规划》等法规,给予志愿者宣传工作顶层设计与指导。同时通过电视、报刊、电台、网络等渠道广泛宣传志愿服务工作,推出志愿者系列专栏、志愿者公开招募等各项信息,并举办"微笑北京"等具有影响力的社会活动,以此带动舆论氛围,为志愿服务工作造势。在各式各样的宣传活动之下,北京市民志愿服务积极性高涨,极大地带动了公民参与度和社会责任感的提升。

最后,注重志愿服务国际交流。北京奥运会从筹备之初就重视志愿服务的国际交流合作,邀请了国外人士共同参与志愿服务研讨和策划工作。在志愿者培训上,北京聘请了悉尼奥运会志愿者负责人、往届奥运会志愿者专家和联合国志愿人员等前往北京为志愿者培训。同时,指导志愿骨干人员加入多哈亚运会和世界夏季特奥会的志愿者行列,亲自体验国外组织志愿服务的做法和经验。国际往来极大地扩展了北京奥运会的视野,对建立高标准、国际化的志愿者团队产生了积极影响。

### （二）广州亚运会

2010 年第 16 届亚运会在广州举办,这是中国继北京奥运会之后举办的又一次国际体育盛会。作为国内志愿服务开展最早的地区之一,广州在赛会志愿服务工作上交出了令人满意的答卷。广州亚运会包括 6 万名赛会志愿者,50 万名城市志愿者,建立了 2000 余支城市文明志愿服务队伍,累计服务时数达 1.28 亿小时。他们以"一起来,更精彩"为口号,为广州亚运会提供热情、友好、优质的志愿服务。在学习借鉴北京奥运会、上海世博会等赛会经验上,广州结合岭南文化习俗,创造性开创了亚运志愿服务的"广州模式"。

其一,组织化动员、社会化运行。本届亚运会采用了"党政倡导、团青动员、社团实施、市民参与"的组织方式。一方面动用广州团市委在组织动员上的优势,另一方面加强和民间社团的联系,委托各种社会机构承接志愿项目。各志愿服务团体借此机会迅速提升了自身实力,社会化运作模式也扩展了志愿者招募的渠道和来源,为志愿服务扎根群众打下了坚实的基础。

其二,市民化参与、时尚化引领。在各社会团体、亚组委和团市委的大力宣传下,市民参与亚运志愿服务的积极性有了很大提高。"亚运志愿信使"、"大拇指行动"、志愿服务论坛等一系列社会活动的开展营造了人人参与亚运、人人服务亚运的文化氛围,并使志愿服务成为了一种时尚的日常生活方式,促进志愿服务常态化时尚化发展。各类社会活动不仅在海内外宣传上达到了良好效果,也为想要参与的市民提供了绝佳的展示平台。

其三,国际化合作。加强国际沟通合作是亚运"广州模式"的又一大特征。广州亚组委志愿者部及团市委积极建立和海外地区的联系，邀请港澳、日韩及欧美的志愿社团来广州进行合作。同时以亚运会志愿服务为契机，主动探索促进广州志愿服务国际化的路径，创造"统筹协调、多元参与、创意组合、网络延伸的亚运会志愿服务经验。"

### （三）多哈亚运会

2006 年在卡塔尔多哈举办的第 15 届亚运会是一场精彩纷呈的体育盛会，被国际奥委会评价为比单独一届奥运会都更为精彩。多哈克服了其承办大型赛会经验缺乏、人力资源不足的短板，成功举办了广受国际赞誉的亚运会，其中经验值得学习借鉴。综合卡塔尔历史文化和国情，多哈开创了新的亚运运作模式，以"开放办亚运"的理念和"人文亚运"的模式开展志愿服务工作，给参赛运动员、媒体记者、海外游客等嘉宾深刻的印象。

第一，人员构成高度国际化。多哈缺乏举办大型体育赛事的经验，人口只有 20 余万，卡塔尔国土面积仅 11000 平方公里，人力物力资源有限，这决定了多哈从筹备之初就主张"开放办亚运"的理念，采取国际化运作模式，全球范围招募志愿者，其志愿者团队呈现明显的多元国际化特色。在共计 23000 名志愿者中，只有 5648 人是卡塔尔人，其余志愿者来自印度、埃及、菲律宾、斯里兰卡、巴基斯坦、约旦等 40 余个国家，充分体现了多哈亚运的国际化水平。

第二，志愿者管理凸显人文关怀。多哈秉持"以人为本"的原则，开创了"人文亚运"新模式，在志愿服务上坚持人性化管理，在岗位安排、保障激励等方面处处使志愿者感觉到尊重与关怀。志愿者每天有上午下午两个班次选择，并有轮休的机会，最大限度减轻志愿者工作的强度和压力，保障其日常生活不受干扰。每位志愿者有 4 套制服，并可根据个人喜好和民族风俗选择服饰。在志愿者激励上，志愿者每日签到签退时均会收到手环、徽章、吉祥物、球票等小礼品，身着志愿者制服还可免费乘坐公共交通，使志愿者充满被尊重的喜悦感和身为志愿者的自豪感。

第三，人人争当志愿者。亚运会在很大程度上激发了多哈民众的社会责任感和爱国热情,多哈掀起了全民服务亚运的热潮,志愿服务理念深入人心。多哈很多私家车上都贴有"我们都是卡塔尔人"的标语,这就在全国形成了全民参与、全体服务的氛围,使游客、运动员、媒体记者等国际友人充分感受到多哈的欢迎与包容。

## 三、杭州大型赛会志愿服务基础

近年来,杭州志愿服务事业发展迅速、成果颇丰,生动展示了杭州城市文明建设的进步。特别是,西湖国际博览会、中国国际动漫节、G20 峰会等大型盛会纷纷落地杭州,极大地拉动了杭州志愿服务的转型升级。在各国际赛会的加持下,杭州志愿服务在法制建设、管理机制、社会参与等领域渐趋科学成熟,在法制化、专业化、全民化和国际化上不断前进,为2022 年杭州亚运会建立高品质志愿服务积累了经验。

第一,法制化。杭州高度重视志愿服务法制建设,2004 年以来,颁布了《杭州市志愿服务条例》《关于进一步改进和完善杭州市志愿服务工作的实施意见》《大型赛会志愿服务岗位规范》等法律法规。志愿服务在志愿者注册、管理、培训、权益保障和激励等方面得以进一步规范,并得到制度保障与支持。2019 年,杭州进行对《杭州市志愿服务条例》的重新修订工作,并于同年制订志愿名城"三年行动计划",其中继续加强志愿服务制度化建设成为一项工作重点。

第二,专业化。G20 峰会以来,杭州在志愿服务运行模式和机制体系上不断创新,志愿服务渐趋专业化。杭州紧抓 G20 的历史性机遇,力争将 G20 志愿服务成果转化最大化,建立中国青年志愿者赛会服务研究培训基地,出版《大型赛会志愿服务工作研究》等著作,着手打造赛会志愿服务"专业力量枢纽"。同时建立"1+4+1"志愿服务运行模式,即 1 大核心(杭州市志愿服务工作委员会)、4 大平台(杭州市志愿者协会、青年公益社会组织服务中心、西子志愿服务发展中心以及青荷公益基金会)和 1 个信息化管理系统("志愿汇"系统)。由此,杭州形成了集"人才会聚、资源交易、金融支撑、研究培训和智慧管理"为一体的专业化志愿服务体系。

第三，全民化。近年来，随着志愿服务理念在杭州的普及深入，市民对志愿服务的认可度和支持度不断提高，杭州志愿服务事业扎根群众，志愿服务的社会化、全民化水平稳步提升。为全力提升杭州志愿服务文化，使志愿文化走向杭州全域，杭州还实施了"最美"社区志愿服务课堂及文化培育三年行动计划，以社区为基本单位，扩展志愿服务覆盖面。并着手推进杭州"青年志愿者服务社区专项行动"，加快高校青年志愿队伍走进社区，开展常态化志愿服务。在杭州志愿服务全民化发展路径下，杭州已形成志愿文明、志愿文化、志愿旅游、志愿生态等七个志愿服务行动。

第四，国际化。杭州志愿服务的国际化具体体现在两方面：其一，越来越多的国际赛会落地杭州，为杭州志愿服务的国际化水平飞速发展提供了绝佳机会和平台。以此为契机，杭州积极招募国际志愿者，为海外宾客提供高水平的志愿服务。其二，杭州不断建设国际志愿服务项目，打造"洋雷锋"特色品牌，鼓励在杭的国际友人参与城市志愿项目，如建立国际"微笑亭"。杭州志愿服务的国际化进展推动越来越多国外友人走入湖滨、火车东站等地，为游客和市民提供暖心志愿服务，成为杭州一道靓丽的风景线。

## 四、2022 杭州亚运会志愿服务筹备情况

第 19 届亚运会志愿者可以整体分为城市志愿者和赛会志愿者。为更好地迎接亚运会，展示杭州的友好和温度，2020 年 12 月 3 日，杭州亚运城市志愿服务行动正式开始，杭州城市志愿服务迈入"亚运时代"。杭州火车东站、良渚博物馆、西湖曲院风荷微笑亭等 55 个志愿服务点成为首批"亚运 V 站"，为国内外游客、运动员、媒体记者等人员提供志愿服务。2021 年 5 月 22 日，亚运会赛会志愿者全球招募工作启动，预计正式录用 4 万名赛会志愿者，分布于杭州以及宁波、温州、湖州、绍兴、金华 5 个协办城市，在竞赛运行、媒体运行、交通出行等 13 个岗位提供志愿服务。以"打造覆盖广泛、规模适度、结构合理、素质一流的赛会志愿服务队伍"为总目标，亚组委志愿者部、杭州团市委等相关部门上下联动、统筹规划，在

志愿者招募、培训、管理、激励等方面做了科学合理的规划安排。

第一，择优招募。亚运会作为国际大型体育赛事，规格高、参与人员众多、持续时间久、社会影响力大，这就对志愿者的技能和素养提出更高要求。为保障志愿服务的高标准高质量，赛会志愿者招募秉持层层选拔、择优招募的标准，严格审核志愿者申请人的综合能力和专业素养。对此，亚组委志愿者部建立了"一查两面三测"的选拔机制，即资格审查，初步面试+集中面试，初步测试+心理测试+英语语言应用能力测试。申请人需通过层层测试方可被录用。严格、全面的资格测试从来源上确保了志愿者素质，为建立高标准、高素质的志愿者团队夯实基础。

第二，扎实培训。为针对不同岗位、不同专业的志愿者进行高效严格的培训，志愿者部采取多层次、多形式的培训机制。培训共分为四个层级：通用知识培训、专业培训、岗位培训和测试赛演练。除了授予志愿者基本的志愿礼仪、志愿理论和各国文化习俗等通识知识之外，着重指导志愿者快速熟悉岗位性质、内容和要求，并在实际演练中锤炼自身的服务技能。培训形式上采取线上学习+集中授课+岗位演练的多种途径，便于志愿者灵活接受培训，减少培训对日常生活带来的不便。所有志愿者均需通过培训考核方可上岗，严格遵守"不培训不上岗、培训不到位不上岗"的原则。

第三，协调管理。赛会志愿者人数众多、岗位分配复杂，组织管理难度较大。为解决这一难题，亚组委、省教育厅、团省委联合发布《杭州亚运会和亚残运会赛会志愿服务工作实施方案》和《杭州亚运会和亚残运会志愿服务工作联席会议制度》，明确强调各部门共同协作、形成合力，确保志愿者管理工作高效平稳运行。场馆上采用场馆化团队运行模式，分层、分级、分类确定组织架构，做到"一馆一方案"。同时，赛会志愿服务采取"馆校地对接"原则，一个竞赛场所对接一所高校，非竞赛场馆则依据志愿者数量和岗位确定一所高校为主进行对接。志愿者以高校师生为主，由负责高校进行统筹安排，一个场所的志愿者均来源于一所高校，以此降低赛会期间志愿者管理难度，保障志愿者组织管理。

第四，保障激励。做好对志愿者的保障激励是调动志愿者工作积极性、充分发挥志愿者才能、保障志愿者权益的重要途径，也是亚组委志愿者部等部门的重点工作之一。聚焦保障、协调各方为志愿者服务提供所需保障是各部门需完成的一大工作。为此，亚组委专门制定赛会志愿者保障通用政策，为志愿者提供身份注册卡和制服，并在交通、餐饮、保险、场馆换岗休息区等方面做好保障。

## 五、杭州提升亚运会志愿服务的对策建议

当前，杭州正奋力加强"一城一窗"建设，打造具有国际影响力的世界名城和新时代文化高地。在全力办亚运的氛围下，在杭州力争浙江共同富裕示范区城市范例的时代背景下，做好亚运会国际志愿服务是塑造杭州形象、打造城市品牌、推动城市文明进程的重要一环。亚运会志愿服务应站在杭州发展的愿景里，深刻认识到亚运会为杭州带来的历史机遇，充分发挥志愿者文明使者的作用，创新具有杭州韵味的志愿服务模式。为此，本文针对2022杭州亚运会志愿服务工作提出以下建议和对策。

### （一）推进国际交流合作，坚守国际化定位

应充分认识到亚运会志愿服务对杭州国际化水平提升的关键作用，大力加强志愿服务国际化交流。坚持志愿者"走出去"和"引进来"相结合，招募更多海外志愿人员，鼓励国内志愿者参加国外志愿服务活动。充分调动各高校留学生集体，从往届及日后亚运会举办地招募志愿者，促进志愿者之间文化交流及经验共享。邀请国外志愿服务骨干专家来杭，使志愿者接受国际标准的培训，学习国外先进的志愿者管理经验。开展更多具有国际特色的志愿项目，促进志愿服务项目国际视野的开拓。

### （二）植根杭州历史文化，传扬传统文化

杭州自古便是闻名海外的江南之乡，坐拥三大世界文化遗产，历史文化气息浓厚。亚运会志愿服务要彰显杭州的独特韵味别样风采，必须要从杭州自身的文化特色中汲取灵感。应学习广州发扬岭南特色、建设

"西关小屋"志愿驿站的经验,将杭州的历史文化特色融入亚运志愿服务之中,打造具有独具杭州特色的志愿服务品牌,使志愿者成为展示杭州历史文化的名片。

### （三）加强数字化建设,凸显智能化优势

当前,杭州正以智能化、数字化赋能城市治理能力和综合能级提升,打造数字城市品牌。亚运会志愿服务应与杭州数字化建设齐头并进,以数智化推进志愿者管理机制转型,以亚运会智能志愿服务彰显杭州数字化魅力。进一步加强"志愿汇"信息化管理平台建设,搭建亚运志愿服务大数据体系,完善志愿者招募、信息录入、指挥平台、时数统计、考核评估等功能。助力杭州志愿服务管理从"线上"向"线上+线下"转型。

### （四）扩展招募渠道,建立专业稳定团队

目前较之国外,我国大型赛会志愿者多集中于高校大学生群体。志愿者同质性强且专业水平不够,赛会结束后便很快解散,未形成长期、稳定、专业的志愿服务团队。本次亚运会志愿服务应扩展志愿者来源,多多招募社会专业志愿人员,增强志愿者的多样性和异质性。同时以亚运会为契机,建立拥有专业素养、志愿经验、可长期服务的志愿者团队(如广州青年志愿者协会体育志愿服务总队)。如此不仅可以减少每次大型赛会都要重新招募志愿者的成本,长期专业的体育赛事志愿团队还可为国内外大型赛事提供常态化的志愿服务,借此提升杭州志愿服务的质量及影响力。

### （五）加强社会志愿者管理,提升城市温度

社会志愿者和赛会志愿者共同构成亚运会志愿者团队,虽不直接服务于竞赛场地,但分散于杭州各地的社会志愿者为国内外友人提供温暖的帮助,仍然直接体现着杭州志愿服务的品质和城市温度。本次亚运会志愿服务应重视对社会志愿者的招募、培训和激励等工作,着力提升广大社会志愿者的专业素养和服务理念,凝聚社会志愿者群体力量,让世界看到杭州全域社会志愿者的面貌风采,共筑杭州城市最美风景线。

### （六）转变政府职能，加速社会化运营

我国大型赛会志愿者组织大多由党政部门和群团组织领导，行政色彩比较明显。政府部门的直接介入虽可以在短时间内最大可能集中人力物力，但长远来看不利于日常志愿服务的社会化和长久发展。本次亚运会志愿服务应形成政府和社会力量联动的机制，化政府主导职能为支持引导，鼓励民间机构大胆承接政府职能转移，建立社会组织参与大型赛会的准入机制，促进杭州常态化志愿服务的稳步发展。

### （七）传承志愿服务遗产，推进志愿服务品质升级

做好志愿服务工作既是办好亚运会的需要，也是创新杭州志愿服务模式、进一步培养社会志愿服务理念的需要。应大力维护传承亚运会志愿服务遗产，保留转化亚运会志愿服务的重要成果，使其惠及社会各个领域，让亚运会志愿服务成为杭州志愿服务事业发展进程的一个环节。保护市民共同参与志愿服务的热情与精神，保留亚运会志愿服务工作机制，延续"亚运 V 站"及为亚运培养的志愿者骨干和团队以服务于杭州日常的志愿工作。加速推进教育与志愿服务的融合，把志愿服务囊括进学校教学活动中，大力培养大中小学生的志愿服务意识。建立健全志愿时数与学生升学就业挂钩的激励机制，使志愿服务的考评奖励更多地满足学生实际需要。此外，总结亚运会志愿服务的经验，深入对志愿服务的理论研究。北京奥运会和广州亚运会在此方面起到优秀的模范作用，两座城市均于赛会结束之后举办学术论坛，邀请海内外专家共同研讨志愿服务理论，并出版《北京奥运会志愿服务文化遗产丛书》和《广州亚运会、亚残运会志愿服务丛书》。杭州各高校、科研机构、西子志愿服务发展中心等机构均可开展更多与志愿服务相关的课题研究，使杭州志愿服务有更深厚的理论根基。

韩千烨 杭州城市国际化研究院

# 亚运会与杭州城市文明行动报告

  亚运会作为亚洲区域内的顶级体育综合运动会,其比赛项目不仅包括纯粹的竞技体育项目,也涵括了诸如武术、藤球、空手道等亚洲区域内较为普及的运动项目,使得其促进亚洲区域层面的文明提升与文化交流的意义更趋明显。杭州作为继北京、广州之后第三个举办亚运会的中国城市,正处于城市建设加速发展的关键时期,社会经济建设稳中有进,城市文明面貌推陈出新。借助亚运会的体育媒介,推动城市文明行动,塑造和展示城市形象,提升市民的参与意识与公共责任,将成为杭州在城市文明行动中努力探索的新任务、新道路。

## 一、城市文明的内涵特质

  城市文明,是一个城市外在的建筑风貌和内在的精神风尚的综合反映。城市文明既包括城市"硬件"建设方面的文明,即城市规划、建筑风格、街区设计等,又包括城市"软件"建设方面的文明,即市民的文化素养、精神风貌、德性品质、群体共同的生活方式、民俗风情、礼仪制度以及城市社会生活的经济富足、井然有序、和谐融洽。城市的"硬件"文明与"软件"文明都是生活在城市中的不同群体长期积累的文化的综合展现,共同形成了城市文明的本质。

  城市文明是"物"的文明,即城市是人造的物理空间。这一空间里建筑物、道路、绿化及城市公共设施等多种物质性元素合理组合、科学配置,以满足城市居民生活、安全、审美及文化等多方面需要,成为城市发展的基础,为城市功能的实现提供物质依托,形成物化的城市文明环境。与此同时,城市文明亦体现了公民的集体心态,包含共同的价值观、思维方式及由此主导的行为方式。公民整体的文明需要、文明素质和文明实践决定着城市文明的发展,并最终通过公民自身的文明行为将它们表现出来。随着城市社会公共生活的凸显,公民在公共生活空间里的行为越来越引起社会的关注和重视,如公共卫生习惯、公共秩序意识、公共交往礼仪、公共观赏规范和公共参与行动等。

竞技体育运动,是孕育城市文明精神、推动城市文明建设的重要内容。竞技体育赛事活动的举办,不仅有益于不同国家、民族之间的往来交流,亦有助于"团结友爱、公平竞争、相互理解"的奥林匹克精神的普及推广。奥运会、亚运会以及各类专业锦标赛等大型国际体育赛事对提升城市文明具有重要的促进作用。党的十七届六中全会作出了推动社会主义文化大发展、大繁荣的重大战略部署,吹响了建设社会主义文化强国的进军号角。大型体育赛事有力推动了举办地城市的经济社会发展,大大改善加快了举办地城市的文明风貌,从而提升城市形象、提高市民的审美情趣、丰富市民的文化生活、推动城市社会文明进步、促进社会持续和谐发展。

## 二、杭州城市文明建设的经验与成就

习近平总书记高度重视城市文明的建设工作。2015 年 12 月 20 日,习近平总书记在中央城市工作会议上指出:"做好城市工作,要顺应城市工作新形势、改革发展新要求、人民群众新期待,坚持以人民为中心的发展思想,坚持人民城市为人民。这是我们做好城市工作的出发点和落脚点。"改革开放以来,杭州在城市建设与发展过程中,高度重视城市文明建设工作,扎实推进城市文明建设的各项工作,取得可资借鉴的经验与成就。由中央精神文明建设指导委员会组织评选的全国文明城市是最具价值的"城市名片",也是凸显城市核心竞争力的"金字招牌"和战略资源。2020 年 11 月 20 日,全国精神文明建设表彰大会在北京举行,杭州市实现全国文明城市"四连冠"。

2015 年 2 月,杭州成功获得 2016 年 G20 峰会举办权。2015 年 11 月 16 日,国家主席习近平出席土耳其 G20 峰会并发表讲话,宣布中国于 2016 年 9 月 4—5 日在杭州举办二十国集团领导人第十一次峰会。筹办 G20 峰会成为提升杭州城市文明的时代契机。2015 年 10 月 30 日,杭州 市第十二届人民代表大会常务委员会第三十二次会议审议通过了《杭州 市文明行为促进条例》,经 2015 年 12 月 30 日浙江省第十二届人民代表 大会常务委员会第二十五次会议批准,自 2016 年 3 月 1 日起施行。《条 例》共八章四十条,提出了非常具体的市民"文明行为基本规范",除了将 不随地吐痰、主动让座等人们耳熟能详的道德标准上升至法律高度外,还 将近年来新出现的"文明风尚"写入法条,如已经成为杭州人习惯的"礼 让斑马线",使用楼梯、自动扶梯时靠右侧上下,等等。

## 三、亚运会与杭州城市文明行动

杭州市在获得亚运会举办权后,继续推动城市文明提升。2020 年 4 月 17 日下午,杭州市政府发布《杭州市亚运城市行动计划纲要》(以下简 称《纲要》),《纲要》明确未来两年,杭州要实施"健康城市打造行动、城 市国际化推进行动、基础设施提升行动、绿水青山守护行动、数字治理赋 能行动、产业发展提质行动、文化名城传播行动、城市文明共建行动",将 2022 年杭州亚运会办成一场凸显"中国风范、浙江特色、杭州韵味、共建 共享"的体育文化盛会。在城市文明行动方面,《纲要》提出,要进一步提 升城市文明水平和市民文明素养,营造全民参与、支持亚运会的浓厚氛 围,呈现杭州和谐、温情、友善的独特韵味。具体措施方面,《纲要》提出, 以亚运会为契机推动全民志愿,广泛培育和招募各类城市志愿者,做好服 务赛会期间城市运行保障、社会氛围营造、赛场文明宣传及和谐环境创建 等工作;开展"亚运四进"活动,组织亚运进学校、进社区(村)、进社团、进 机关(企业)行动;建设市级体育特色学校 100 所;完善立体化、信息化的 社会治安防控体系,打造"最安全城市"。在《纲要》的指导下,围绕亚运会展开的杭州城市文明行动主要集中在以下几个方面。

### （一）物质文明建设

杭州申办亚运会成功,让杭州的城市物质文明建设进入"快进"模式。2015 年 11 月,杭州启动城镇危旧房屋治理改造工程。改造方式有很多种：拆除、加固改造、拆掉原地重建等,具体实施步骤分为两个阶段。第一,排查计划阶段。2015 年,完成丙类住宅房屋的安全鉴定和监测工作,建立"一楼一档"危房动态监测信息平台,编制全市城镇危旧住宅房屋治理改造三年行动计划。第二,全面推进阶段。2015 年 11 月至 2017 年 12 月,全面推进城镇危旧住宅房屋治理改造工作,并建立房屋使用安全长效管理机制。对存在重大安全隐患的住宅房屋,在制定应急预案并先行撤离人员的同时优先开展治理改造工作。其中,2015 年全市城镇危旧住宅房屋治理改造率不低于 30%,2016 年当年不低于 40%,累计不低于 70%,2017 年基本完成。[①] 在开展三年行动计划的同时,市住保房管部门还组织各区县(市)坚持城镇新增危房的动态排查工作,对新增危房及时掌握情况及时安排治理改造。朝晖九区 24 幢属于 D 级危房,经过一年半原拆原建,2018 年 6 月迎回了第一批回迁居民。新建好的房子不仅通过技术手段解决了低洼积水的问题,还做了户型优化,拼接出独立厨房与卫生间。近几年的杭州,很多跟朝晖小区一样的危旧房屋迎来改造,产生的建筑垃圾数量极大。本着"绿色亚运"的理念,杭州从拆迁房屋中"原地取材",将建筑垃圾"变废为宝",加工成再生绿色建筑材料,用于亚运场馆亚运村建设。

### （二）精神文明建设

2020 年 9 月,杭州市上城区民政局组织和发动辖区社会组织组建城市文明志愿服务队,积极支持亚运、参与亚运、服务亚运、奉献亚运,从营

---

[①]　杭州市政府：《杭州市人民政府办公厅关于推进城镇危旧住宅房屋治理改造工作的通知(2015 年 12 月 7 日)》,http://www.hangzhou.gov.cn/art/2015/12/30/art_1079869_3662.html。

造洁美环境、倡导全民健身、提升文明礼仪、宣传亚运文化四个方面传播亚运理念,宣传亚运知识,让社区居民零距离感受亚运文化、亚运精神。2021年8月,杭州市上城区关工委、四季青街道关工委、四季青街道钱塘社区社会服务中心联合开展了"迎亚运、共发展——我是亚运小主人"的暑期夏令营活动,并在上城区体育中心举办毕业典礼暨主题设计展。城市文明共建行动全面开展亚运进学校、进社区(村)、进社团、进机关(企业)"亚运四进"活动,广泛动员社会力量参与城市运行保障、赛场文明宣传、和谐环境创建和爱心助残等志愿服务工作。

提升公民参与的文明行动不仅局限于杭州主城区,还将在杭州周边辖区掀起重要影响。萧山区提出了以"迎亚运·讲文明·树新风"为主题的市民公共文明素质提升行动计划(2019—2021年),利用三年时间,通过强化理念意识、宣传引导、规范教育、实践养成、示范引领、制度保障六方面20项文明行动,着力提升市民在公共卫生、公共秩序、公共观赏、公共参与、文明礼仪等方面的文明素质,为美丽萧山建设贡献文明力量。绍兴市文明办、市直机关工委、市教育局、市卫生健康委、市外办、市总工会等多个机构联动,为持续提升城市文明水平,树立"人人都是东道主"意识,贯彻落实《绍兴市文明行为促进条例》,开展"做文明有礼绍兴人"主题活动和风尚文明引领行动,深化文明交通、文明居住、文明旅游、文明上网、文明餐桌等系列行动,巩固拓展"礼让斑马线"等成果,倡导使用公筷公勺、文明排队、随手做志愿等,推动文明理念固化为文明习惯。全面开展亚运进学校、进社区(村)、进社团、进机关(企业)行动,在党政机关、学校、企事业单位、窗口服务单位和广大市民中普及亚运知识、国际礼仪,培养和招募各类城市志愿者,做好赛会期间城市运行保障、社会氛围营造、赛场文明宣传及和谐环境创建等服务工作,重点提升酒店服务、商务服务、文化服务、交通服务等水平,让每一位市民成为展示城市文明的服务窗口,打造群众满意的高素质高颜值文明城市。①

---

① 绍兴市人民政府办公室:《绍兴市政府关于印发绍兴市亚运城市行动计划(2020—2022年)的通知》,http://www.sx.gov.cn/art/2020/9/22/art_1229311201_1707262.html。

### （三）健康杭州建设

杭州是国内较早开展全民健身行动的城市之一。2004 年，杭州市第十一届人民代表大会常务委员会第二十六次会议审议通过了《杭州市全民健身条例》，旨在推动公民健身活动的开展。亚运城市行动将健康杭州、文明城市建设有机结合，推动全民健身运动更加火热、市民文明素质不断提升。据不完全统计，仅 2019 年上半年，杭州市各市级体育协会开展各类健身活动 30 余场次，共有数万人次参与。其中，"美丽中国，健康杭州"2019 第二届杭州国际樱花徒步节、2019 年第六届杭州城市运动魔方定向挑战赛、2019 杭州市篮球联赛暨 23 届杭州市篮球公开赛、2019 年杭州市第十三届健美健身锦标赛、2019 年杭州市第十一届羽毛球俱乐部联赛、2019 年杭州市第十四届传统武术邀请赛、杭州市第十四届职工钓鱼比赛等赛事活动，为推进杭州城市国际化建设，宣传杭州城市形象发挥了积极的作用。

在全民健身日前后，杭州市各级单位还推出了一系列全民参与的赛事活动。2019 年 8 月 3 日，杭州 5 城区联合举办的"奔跑吧杭州，2019 城市定向挑战赛"，10 条线路、64 种不同玩法，让 5000 多名市民畅享运动的快乐。2019 年 8 月 25 日，杭州市群众体育传统品牌活动"横渡钱塘江"举行，有 2000 名横渡"泳"士参与活动。2021 年 5 月 30 日，"亚运走十城"系列活动在杭州奥体中心主体育场（大莲花）盛大启动。"亚运走十城"活动以"亚运 UP"（迎亚运趣味跑）、"亚运 MUSIC"（亚运好声音）、"亚运 TALK"（亚运宣讲）三大文化 IP 为载体，走进北京、上海、南京、厦门、深圳、广州、武汉、成都、西安、天津十个城市，根据不同城市的体育文化特色策划符合当地特色的活动，全方位传播亚运文化，展示亚运风采，更进一步展现杭州在参与国际事务方面的能力与责任，从而进一步走向世界城市之林，传递杭州的光与热。①

近年来，杭州在开放公共体育场地设施方面走在全国前列。杭州现

---

① 《传递亚运精神，彰显城市魅力，"亚运走十城"活动在杭州"大莲花"盛放》，《体坛报》2021 年 5 月 31 日。

有开放学校 626 所,今年上半年又新增开放学校 6 所。在学校体育场地对外开放工作上,"杭州经验"已经在全国范围内得到了充分认可,还形成"学校体育场地开放学杭州"的风潮。同时,杭州在体育民生实事工程方面也不断进行完善。2019 年以来,杭州布局完成民生实事"新建健身中心、健身广场、健身公园共计 15 处"项目任务。积极落实省基层体育设施建设任务,推进建设社区多功能运动场 27 个、足球场(含笼式足球场)8 个、游泳池(含拆装式游泳池)6 个、乡镇(街道)全民健身中心、中心村全民健身广场(体育休闲公园)9 个,小康体育村升级工程 100 个等任务。让群众身边的体育场地设施日渐完善。

同时,杭州进一步探索民营体育场馆向公众开放的经验。2020 年 8 日和 9 日,杭州市体育休闲行业协会组织了 227 家主城区杭州民营体育场所向市民免费开放。项目涉及健身房、羽毛球馆、足篮球馆、足球场等等,免费开放的场馆分布在杭州各个主城区。为杭城市民提供免费的社会经营性场馆享用,为方便及更好地服务于市民,在"杭州社会体育指导"微信小程序上,市民可以根据场所免费开放时间和联系电话提前预约。从 2015 年开始,杭州市体育休闲行业协会号召有条件的会员单位,在每年全民健身日期间开展一项体育公益活动,其中,组织民营体育场馆向市民免费开放。2015 年有 88 家单位参加,2016 年 80 家,2017 年 176 家,2018 年 100 家,2019 年 118 家,杭州市体育休闲行业协会对参与活动期间免费开放的民营体育场馆的要求也逐年提高,希望在每年一次的免费开放活动中让市民体验到更舒适、更优质、更方便的体育服务。① 2020 年,在全民健身日期间,民营体育场馆向市民免费开放的主题为"全民健身·共享亚运",杭州市体育休闲行业协会在总结前几年全民健身日期间民营体育场馆免费开放的意见之后,选择了设施新、配套设施全、停车方便和地理位置较好的场所向市民在活动期间免费开放,并利用科技手段增加了场馆定位、场馆简介、场馆导航等线上服务,让市民更加方便快

---

① 杭州市体育局:《全杭州 227 家运动场馆免费开放!》,http://ty.hangzhou.gov.cn/art/2020/8/7/art_1694279_54204793.html。

捷地了解到周边免费开放场馆的信息。

此外,杭州大力提升体育场馆的硬件设施质量,为全民健身提供有力的物质保障。为落实好场馆服务大提升的建设要求,杭州体育场于2020年以来,根据服务大提升和无障碍建设的相关标准,配置无障碍厕所设施设备,让前来参与体育锻炼的特殊人群感受到安全、便捷的公共服务,提升了市民群众的幸福感、获得感。① 杭州市全民健身中心是杭州市大型市政投资工程。2020年7月,杭州市全民健身中心顺利通过竣工验收,是杭州体育发展史上的又一盛事,标志着杭州市体育场馆建设和全民健身活动进入了一个新的阶段。杭州市全民健身中心主要包含健身中心、游泳馆、乒乓球室、台球室、篮球馆、羽毛球馆、网球馆、室内高尔夫馆等。② 作为2022年杭州亚运会的手球训练场馆,杭州全民健身中心还可以更好地帮助宣传亚运,营造良好的全民健身和亚运氛围,吸引更多的市民群众参与体育健身中来。

在此基础上,杭州市出台相关措施,规范由体育健身消费引发的纠纷争议。2015年以来,杭州市体育休闲行业协会协助市体育局、各区县市体育局、市场监督管理局、市消保委和各路媒体处理了1321起体育健身消费投诉。杭州市体育信用平台的数据显示,各类体育健身消费投诉中因为合同纠纷导致的消费纠纷有八成以上。根据这个情况,行业协会听取大量体育健身企业、消费者、法律专家和相关职能部门的意见,综合研究各类涉及体育健身合同纠纷法律案例,历时一年半时间,根据《合同法》《消费者权益保护法》等法律精神,市体育局、市市场监督管理局、市消费者权益保护委员会共同制定了《杭州市健身服务市场合同(示范文本)》。在"放心消费在杭州、优化环境迎亚运"的放心消费创建活动中,杭州市体育休闲行业协会也号召主城区33个体育健身品牌、163家门店

---

① 杭州市体育局:《推进无障碍设施建设,提高体育场公共服务水平》,http://ty.hangzhou.gov.cn/art/2021/5/26/art_1694282_58831202.html。

② 杭州市体育局:《亚运会建设项目之一杭州市全民健身中心通过验收》,http://ty.hangzhou.gov.cn/art/2020/7/16/art_1694282_50796484.html。

签订消费保证承诺书,涉及健身、游泳、综合体育场馆等。①

## 四、城市文明与亚洲命运共同体

党的十八大以来,习近平总书记多次提及共建亚洲命运共同体并明确了共建亚洲命运共同体的重大理论与实践意义。特别是在逆全球化浪潮迭起的背景下,推动共建亚洲命运共同体,就是以区域化共同体建设为最终构建人类命运共同体提供可操作性路径选择。共建亚洲命运共同体是在亚洲依存于深刻变革中的国际秩序、亚洲新兴国家群体性崛起势头强劲、中国日益在亚洲国家中发挥重要作用的现实背景下提出的。在深刻认识共建亚洲命运共同体的基本要义的基础上,共建亚洲命运共同体应坚持以推动构建人类命运共同体为实践总目标,发挥中国在共建亚洲命运共同体中的作用,搭建亚洲国家间长效文明交流互鉴机制,并在全领域的多边合作中培育命运共同体意识。②

亚洲命运共同体意识的培育和形成,离不开亚洲文明的构建和发展。亚洲包含东亚、南亚和西亚三大板块,具有明显的多元性。亚洲是人类文明的摇篮,四大文明发源地有三个在亚洲。亚洲本身就是一种文明现象,某种程度上讲,亚洲养育了人类的文明,没有亚洲就没有文明。

近代以来,亚洲大陆社会发展缓慢,至 19 世纪沦为西方殖民主义的牺牲品。进入 20 世纪以来,亚洲各国相继摆脱西方列强的支配和主宰,现代化进程步入新的历史阶段。③ 以城市为地域载体的文明交流与融合,是推动亚洲文明更新发展的重要组成部分。2021 年 1 月 9 日,首届亚洲文明交流与互鉴高端论坛暨浙江大学亚洲文明研究院成立仪式在浙江大学求是大讲堂举行,开启以学科汇聚引领文科发展的崭新篇章。国

---

① 《优化消费环境迎奥运,杭城 58 家健身房本月启用"示范合同"》,《体坛报》2021 年 3 月 3 日。
② 陈雨萌、韩海涛:《习近平新时代共建亚洲命运共同体的理念与实践探究》,《观察与思考》2021 年第 5 期。
③ 哈全安:《从异质多样性到命运共同体:亚洲文明的地缘板块与历史走向》,《外国问题研究》2021 年第 2 期。

内外专家学者以线上线下相结合的方式共聚一堂,围绕亚洲文明研究的重大理论构建和现实挑战问题展开了深入探讨。2021年2月28日,由河北博物院、中国文物交流中心共同主办的"同在东方——亚洲古代文明展"落下帷幕。在新冠疫情仍在世界范围持续的当下,不出国门就能领略亚洲灿烂辉煌的古代文化遗产,更深入地了解绚丽多彩的亚洲文明。"同在东方——亚洲古代文明展"展出了叙利亚、阿拉伯联合酋长国、巴基斯坦、柬埔寨、黎巴嫩、日本共六个国家文博机构的148件文物藏品。中国作为亚洲古代文明的发源地之一,与亚洲周边地区的对话与交流源远流长。中国连续推出有自己特点的各国合作联展,标志着新时代的中国开始有意识地关注原先未知的亚洲周邻各国,大大延伸了丝绸之路外部路网世界的文化空间,有助于理解共存、共容和共生的亚洲,从古老丝绸之路的"亚洲观"走向全球文明的"世界观"。

亚运会的举办对城市文明建设具有重要意义,这也决定了杭州要以亚运会为抓手,推进城市文明行动。特别是,继续扩大国际经贸合作和人文交流,借助亚运会赛事的举办,推进亚洲各国文明交流与融合,积极举办展示亚洲各国民族文明与文化风貌的活动,举办以文明融合与文化创新为主题的学术研讨及面向社会公众的普及讲座等活动。

胡悦晗　杭州师范大学人文学院

# 亚运会与城市视觉形象研究

改革开放后,中国经济高速发展,城市建设如火如荼,城市化水平不断提升。然而,随着资源向城市集中,城市功能日益丰富,也出现了诸如资源浪费、交通拥堵、环境污染等一系列弊病。其中,城市景观杂乱、"千城一面"的问题不容忽视。有研究者认为,历经几十年的城市建设,城市景观暴露出三个问题:"第一,城市景观中自然的缺席;第二,城市景观对历史文脉的割裂;第三,城市景观面临文化特色危机。"①如何打造富有生命力、具有地方自然人文特色、大气开放的城市景观成为了人们关心的重要议题。近年来,为建设宜居城市,公众逐渐认识到城市视觉形象与城市景观、城市品牌等密切相关,亟待更为科学合理的规划。在规划城市视觉形象方面,大型赛事作为城市重要事件,产生了不可替代的积极作用。以多哈亚运会和广州亚运会为例,大型体育赛事的举办是这些城市改善城市视觉形象的重要契机。与此同时,城市视觉形象也深刻地影响了赛事形象。有基于此,2022年第19届亚运会在杭州举办,如何在杭州城市视觉形象的基础上构建赛事视觉形象,以及如何借此机遇,进一步改善、提升杭州的城市视觉形象,是值得深入思考的问题。

## 一、体育赛事与城市视觉形象

### (一)城市视觉形象概念内涵

1960年,美国规划师凯文·林奇(Kevin Lynch)提出了"城市形象"

---

① 蒋宇:《中国城市化进程中城市景观美学问题研究》,博士学位论文,西南大学文学院,2012年,第6页。

的概念,首次将"可读性""可意象性"与城市联系在一起。他认为,城市不单是市民生活其中的物理空间,更是市民情感依托的想象空间,因此城市景观的表面应避免整齐划一、单调乏味、复杂曲折或缺乏连贯,而要清晰或具备"可读性"。在林奇看来,"一个高度可意象的城市(外显的、可读或是可见的)应该看起来适宜、独特而不寻常,应该能够吸引视觉和听觉的注意和参与。"①某种程度上讲,视觉和听觉是把握"城市形象"的关键,对启发有关城市形象识别系统的思考具有重要意义。

形象识别系统最早用于企业宣传,随后其用途扩展到了城市设计与建设上,逐渐形成了城市形象识别系统(City Identity System)的概念。城市形象识别系统是指"在规划设计指导下对城市各个方面进行形象塑造以及借助传媒或其他渠道使之扩散,以期在公众心目中形成对该城市极富个性化特征的统一价值观的系统工程"②。参照企业形象识别系统的构成,城市形象识别系统分为理念识别、行为识别和视觉识别三方面。视觉识别指的是"以图形、色彩、文字、符号等可视化的方式传达城市精神、城市理念以及城市文化特质"。③ 因此城市视觉形象识别牵扯内容广,且最为直观,对推广城市品牌和理念至关重要。

城市视觉形象(City Visual Identity)的内容可分为基础与应用两部分:基础部分有城市标志、色彩、吉祥物、标志物;应用部分有城市标识、广告、平面印刷品、天际轮廓线、街具、店面、店招、雕塑、绿化景观、灯光照明、网站、建筑墙体大屏幕动态广告和电视宣传片。④ 它们在符号化、可视化呈现城市形象时受自然、人文因素的影响,因此必然要与当地自然人文环境和城市理念定位相融合。⑤ 有学者指出为了塑造独特的城市品

---

① [美]凯文·林奇:《城市意象》,方益萍、何晓军译,华夏出版社 2001 年版,第 7 页。

② 罗先国:《城市形象识别系统概要》,《装饰》2002 年第 12 期,第 6 页。

③ 黄宇亮:《杭州城市识别系统研究》,硕士学位论文,浙江大学建筑工程学院,2005 年,第 18 页;贺蔓丽:《城市视觉形象系统的设计应用研究——以张家口为例》,硕士学位论文,北方工业大学设计系,2018 年,第 6—7 页。

④ 张婷:《城市视觉形象的整合与提升》,《同济大学学报》(社会科学版)2013 年第 2 期,第 62 页。

⑤ 段轩如:《视觉形象与城市品牌塑造》,泰山出版社 2017 年版,第 18—25 页。

牌,城市视觉形象设计需要遵循三个原则:其一是"使城市更加适合生活与居住,增加居民的幸福感";其二要"让市场认识、了解城市,吸引更多的外地旅游者";其三是使"城市品牌可以提供巨大的附加值,能够使城市发展具有一个更高的起点和更好的条件,能够促进城市的旅游业和工商业的发展"。[①] 鉴于此,打造城市视觉形象的工程应从实用性和艺术性两方面考虑。以城市标志标识为例,其既要易于辨识,起到定位、导引作用,又要富有设计感,在字体和色彩上与其他应用设施相协调。总之,城市视觉形象体现在城市意象、标志标识、景观等方方面面,应具有个性、公共性、延展性、国际性等特点。[②]

城市标志分布广,是城市视觉形象最鲜明的代表,因此学者大多将设计城市标志视为打造城市视觉形象的重点。有学者认为:"城市标志是城市的识别符号,是城市视觉设计系统的核心基础,是城市视觉沟通的基本形态,是象征性极高的形态设计。"[③]城市视觉形象的其他要素要围绕城市标志展开。为此,城市标志应该个性鲜明、浅显易懂、极富衍生性。[④]另外,城市导视标识、广告、候车厅、交通卡与城市视觉形象的关系也受到了关注。[⑤] 除此之外,作为城市重要事件的大型体育赛事如何与城市视觉形象构建相关联的问题开始受到研究者的关注。

### (二) 体育赛事对城市视觉形象的影响

大型体育赛事具有规范性、聚集性、综合性和外部性四个特点,其影

---

[①] 杨建宏:《城市视觉形象识别系统的建构研究》,《设计艺术研究》2011年第3期,第47—48页。

[②] 戴山山:《欧洲城市视觉形象设计的经验与启示》,《包装工程》2020年第18期,第336—338页。

[③] 成朝晖:《建构视觉识别、获取感知认同、彰显城市特质——关于杭州城市标志形象的营造》,《包装世界》2008年第6期,第100页。

[④] 武彦如:《从I Love NY看城市视觉形象中的标志设计与应用》,《美术大观》2019年第7期,第108页。

[⑤] 相关内容可参见李斯:《广州城市形象视觉传达设计研究》,硕士学位论文,东北林业大学设计系,2011年;仇琛《两汉文脉与城市视觉形象导视系统建构研究——以历史文化名城徐州为例》,《南京艺术学院学报(美术与设计)》2020年第1期,第148—150页。

响体现在城市体育场馆和设施、城市基础设施、城市居民生活环境、赛事附属品等涉及城市视觉形象的几个方面。[1] 在筹办 2008 年北京奥运会期间,研究者就详细分析了如何借此机会改进城市视觉形象的问题,在其看来,这是一项整体性的工程,内容涉及城市标志性视觉要素、线路性视觉要素、区域性视觉要素、节点性视觉要素和边缘性视觉要素五个类别。[2] 具体改进方向如下表所示。

**2008 年奥运会筹备阶段北京城市视觉形象的改进方向**

| 序号 | 类别 | 改进方向 |
|---|---|---|
| 1 | 标志性视觉要素 | 标志的完整性(补齐市花、市树、市徽、吉祥物) |
| | | 标志的商品性(标志商品化,将其制成产品) |
| | | 标志的规范性(尺寸、色彩、文字、摆放位置符合规范) |
| | | 标志的艺术性 |
| 2 | 线路性视觉要素 | 街名的连续性(道路只要未转向,名称不能改) |
| | | 道路的畅通性(地铁网络化;道路设计人性化) |
| | | 沿途的欣赏性(加强绿化、美化,塑造完整路边景观) |
| | | 河流的自然性(打造两岸背景景观,重塑河流自然形象) |
| 3 | 区域性视觉要素 | 原点扩圆式 |
| | | 短期缓解式 |
| | | 多点布线式 |
| 4 | 节点性视觉要素 | 交叉点流畅性(以立体交叉,空中走廊,分流车辆和行人) |
| | | 景观点近距性(改善交通条件;将广场、公园修到家门口) |
| | | 办公点格局化(分散机关单位,改变北京中心区拥堵的状况) |
| | | 居住点郊区化 |
| | | 服务店网络化 |
| | | 产业点园区化(统一规划不同产业园区) |

---

[1] 郭延龙、罗建英、宋兆峰:《大型体育赛事对城市视觉形象的影响机制研究》,《杭州师范大学学报》(自然科学版)2013 年第 3 期,第 280 页。

[2] 曹随:《通向 2008 年的北京形象工程:城市形象细分》,中国建筑工业出版社 2003 年版,第 108—110 页。

续表

| 序号 | 类别 | 改进方向 |
|------|------|----------|
| 5 | 边缘性视觉要素 | 构建城市绿化带 |
| | | 打造城市精品街 |
| | | 塑造城市天际线 |

资料来源:曹随:《通向 2008 年的北京形象工程:城市形象细分》,中国建筑工业出版社 2003 年版,第 110—119 页。

　　尤为重要的是,2008 年北京奥运会场馆成为了城市新地标,显著改造了北京的城市视觉形象。具体而言,由"鸟巢"、"水立方"、国家体育馆、国际会议中心、奥林匹克森林公园、观光酒店以及大型地下商业街结合而成的奥林匹克公园区域发展成了"多场馆、多形态的文化体育设施集中区,成为了北京国际体育文化交流和旅游休闲娱乐的重要区域"。"各区域奥运场馆转型为特色休闲场所、体育文化产业区和综合商业区。"①

　　为筹办 2022 年北京冬奥会和冬残奥会,北京城市视觉形象再次得到了全面提升。在场馆方面,新建的场馆将逐渐"成为北京重要的体育、文化和国际交往交汇地、首都发展的新地标"。例如在赛后,首钢滑雪大跳台将"结合工业遗存开展各类文化活动,成为北京冬季奥林匹克公园新地标";国家雪车雪橇中心将"打造兼具大型赛事举办与大众休闲体验双重属性的特色场馆"。②

　　在交通设施方面,除北京全市的高速公路里程进一步上升以外,"轨道交通路网更加完善、公交线网更加优化、步行自行车绿色出行环境更加友好,公众绿色低碳生活方式逐渐形成",③从而提升了居民生活环境,使

---

① 北京冬奥组委总体策划部、北京体育大学主编:《北京 2022 年冬奥会和冬残奥会城市发展遗产报告(2022)》,2022 年 1 月 20 日,见 https://new.inews.gtimg.com/tnews/a4684602/d341/a4684602-d341-4549-9d91-a3eb57edbacb.pdf,第 5—6 页。
② 北京冬奥组委总体策划部、北京体育大学主编:《北京 2022 年冬奥会和冬残奥会城市发展遗产报告(2022)》,第 7 页。
③ 北京冬奥组委总体策划部、北京体育大学主编:《北京 2022 年冬奥会和冬残奥会城市发展遗产报告(2022)》,第 20 页。

民众更便利地识别城市视觉形象。在城市景观方面,冬奥主题的雕塑和装饰有机地融入了北京城市环境之中。例如从全球征集活动中选出的25件雕塑作品落户石景山区冬奥公园;大量"景观装置、立面装饰、道旗灯饰、宣传画面、绿化景观、景观照明、主题灯光秀"布置在城市多个区域,烘托出浓厚的冬奥文化氛围,丰富了城市视觉形象。①

图16　冬奥主题雕塑《飞翔的梦·情系冬奥》　　　图17　北京东单"绿色冬奥"主题花坛

亚运会是重要的地区性大型综合运动会,是亚洲各国民众互相交流的平台,也是传播举办城市形象的重要载体。因此,明确亚运会与城市视觉形象间的关联,将有助于提高宣传城市品牌的意识,有力提升城市国际化水平。

## 二、亚运会提升城市视觉形象:以多哈亚运会与广州亚运会为例

大型赛事的筹办与举行将对城市基础设施和市民生活环境带来巨大改观,城市视觉形象也必将深受影响。具体而言,大型体育赛事会发挥聚集人流与资金的作用,加快举办地基础设施建设,提高举办城市知名度。对城市视觉形象而言,大型体育赛事会新建或整修体育场馆设施,形成城

---

① 北京冬奥组委总体策划部、北京体育大学主编:《北京2022年冬奥会和冬残奥会文化遗产报告(2022)》,2022年1月20日,见 https://new.inews.gtimg.com/tnews/3389fe96/f1ca/3389fe96-f1ca-4e97-aa89-1854e2faaabd.pdf,第8—9页。

市新地标。同时,为保障赛事顺利进行并展现城市良好形象,城市基础设施和居民生活环境将会改善。吉祥物等一批赛事附属品将以雕塑、广告、图绘等形式出现在城市各角落,丰富城市景观;①另外,大型赛事通常拥有一套视觉形象系统,其中包括会徽、吉祥物、二级标志、体育图标、引导标识、色彩系统等内容,涉及城市视觉形象的基础与应用部分。多哈和广州分别利用 2006 年和 2010 年亚运会的契机,发挥以上互动关系的作用:一方面,在城市视觉形象的基础上构思赛事视觉形象系统,并将后者融入城市景观当中;另一方面,借此机会,多方面改善基础设施和景观,进一步提升城市视觉形象。

### (一)2006 年多哈亚运会

1. 赛事视觉形象展示。2006 年第 15 届亚运会在卡塔尔多哈举办。在亚运会前后一段时期内,作为亚运会视觉形象系统核心的会徽和吉祥物广泛出现在城市中。多哈亚运会会徽的主体是蓝、黄两道富有动感的线条。蓝色图案象征阿拉伯湾的碧海,黄色图案代表沙漠中的沙丘;多哈亚运会吉祥物"奥利"(Orry)的设计灵感则源于卡塔尔羚羊。可见,会徽和吉祥物的整体形象反映了当地自然风貌,它们在亚运会期间广泛出现在高楼外立面、广告牌、道路沿线、体育场馆等场所。据统计,多哈市 13 块巨幅广告牌、11000 条沿街横幅、前往主会场哈里发体育场(Khalifa Stadium)的哈里发大街上方 104 条横幅、主干道萨尔瓦路(Salwa Road)上方 146 条横幅、水塔、2 座城门、24 个风塔、3 座天桥、公共空间中大小不等的雕塑上均绘有亚运会会徽和吉祥物。另外,卡塔尔奥委会总部、华美达酒店、雷吉斯酒店、规划部、运动员村等建筑外立面及巴尔赞塔(Barzan Tower)上也装饰有亚运会会徽、吉祥物与运动员形象的图案。② 可见,基

---

① 郭延龙、罗建英、宋兆峰:《大型体育赛事对城市视觉形象的影响机制研究》,《杭州师范大学学报》(自然科学版)2013 年第 3 期,第 278—282 页。

② Abeer A.Hasanin, "Urban Legibility and Shaping the Image of Doha: Visual Analysis of the Environmental Graphics of the 15th Asian Games", *International Journal of Architectural Research*, Vol.1, no.3, 2007, pp.41–43.

于大量展示,多哈亚运会的视觉形象系统成为了城市视觉形象系统的组成部分,并营造出浓厚的亚运氛围。

2. 城市视觉形象提升。城市标识系统是城市视觉形象系统的重要组成部分,成功的赛事离不开完善的城市标识系统。在筹办亚运会期间,恩特罗设计公司(Entro)在多哈设立办事处,开展为期10个月的道路引导系统设计、制造与安装工程。恩特罗设计公司拥有50余年的历史,它长期致力于设计道路引导系统,产品兼顾实用性、功能性与美观度,以直观方式引导路人,并努力营造出一种地方性特色。最终,恩特罗设计公司连同为多哈亚运会构建视觉形象系统的菲奇设计咨询公司(FITCH),为多哈亚运会建立了多达80000个引导标识。引导标志包含英文与阿拉伯文,简洁易读,色调与亚运会视觉语言协调一致。其中,在专门为多哈亚运会兴建的杜哈体育城,道路、停车场、问询处、地图等标识遍及园区。按照种类,道路标识牌、人行道指示、场馆引导标识造型各不相同,方便旅客与运动员迅速找到目标,有效解决了引导问题。总之,多哈以亚运会为契机,全面提升了当地标识系统,改善了城市视觉形象。

**图18 多哈亚运会视觉形象的展示**

多哈亚运会对提升城市视觉形象贡献不少,但仍存在一定问题,这尤其体现在缺乏整体性上。据反映,"多哈亚运会比赛区域,包括场馆、街

**图 19　多哈亚运会道路引导标志**

道城市景观都非常出色,但在不少非竞赛区域,则显得破旧脏乱,排水设施严重不足。"①因此,这就要求往后的主办城市应更充分地调动大型赛事的综合效应,更全面整体地改善城市视觉形象。

**(二) 2010 年广州亚运会**

1. 赛事视觉形象系统呼应城市视觉形象系统。2010 年第 16 届亚运会在中国广州举办。该届赛事的视觉形象系统富有岭南文化特色,体现在会徽、吉祥物、二级标志、体育标志、色彩系统等设计上。具体而言,五羊是广州的代名词,位于广州市越秀公园的五羊石像根据五羊传说雕刻而成,是广州的城标和著名景点。为此,五羊成为了亚运会会徽和吉祥物的设计灵感来源。由五羊石像抽象而成的会徽形似火炬,既反映广州的历史文化特色,又体现不断进取、永不止步的体育精神。据主要设计者张强介绍,会徽的色调与形象类似跑道,且跑道部分宛如丝绸飘带,寓意"海上丝路,广州是起点";吉祥物则由"阿祥""阿和""阿如""阿意""乐羊羊"五只小羊共同组成。广州亚运会有三种二级标志,分别是文化活动标志、环境标志和志愿者标志,设计时融入了木棉、粤剧等具有广州地

---

① 王庆伟、侯嘉:《第 15 届多哈亚运会考察报告》,《西安体育学院学报》2008 年第 2 期,第 43 页。

域特色的元素:文化活动标志以木棉红为主色调,由粤剧花旦脸谱图案构成;环境标志以绿色为主色调,由绿叶卷曲而成的笑脸图案组成;志愿者标志以木棉红为主色调,由心和脚交织的图案构成,俗称"心脚标"。① 除会徽与二级标志外,广州亚运会还推出了由 56 个图标组成的体育标志,它们与赛会各项目一一对应,广泛应用于道路指示系统、广告宣传、景观环境布置、电视转播、纪念品设计等领域,具有很强的功能性。体育标志的设计灵感来自会徽"五羊圣火"。图标设计富有现代感,56 个体育项目的动作以柔美流畅的线条勾勒而成,"仿佛 56 位拥有健美身躯的'火人',展现出鲜明的运动特征和优雅的动作美感。"②广州亚运会的色彩系统由"魅力红""活力橙""生力绿""海洋蓝"组成,同样带有鲜明的广州特色和岭南风韵。总而言之,广州亚运会的视觉形象系统融合了当地自然文化元素,③并与城市视觉形象系统存在一定关联。例如在色彩上,广州城市的主色调为橙黄色,地铁线路有黄色、橙黄色、蓝色、淡绿色、深绿色、红色六种识别色,④广州亚运会的色彩系统与之相协调。

2. 体育赛事带动城市视觉形象系统建设。广州亚运会的视觉形象系统呼应了城市视觉形象系统,并进一步影响、提升了广州的城市视觉形象。为了以亚运会为契机,带动城市视觉形象工程建设,相关工作被细分为三个层次:第一层是"基础形象元素的设计开发和规范指定";第二层是"亚运会场馆群和举办城市形象景观的概念性规划设计";第三层是"结合具体场地、材料、功能特色进行的视觉形象景观实施设计"。⑤ 基于三个层级的工作,广州亚运城的整体视觉形象景观既富有体育文化精神,又彰显地域风俗元素。

---

① 《广州亚运视觉形象设计要敢吃螃蟹》,《广州日报》2008 年 8 月 30 日;《56 团火焰诠释亚运比赛项目》,《广州日报》2009 年 5 月 14 日。

② 赵健主编:《广州美术学院硕士研究生教学成果丛书》,岭南美术出版社 2013 年版,第74 页。

③ 刘巧玉:《以地域文化元素为特征的大型体育赛事视觉形象设计研究》,硕士学位论文,天津美术学院设计系,2019 年,第 15 页。

④ 李斯:《广州城市形象视觉传达设计研究》,东北林业大学硕士论文,第 32 页。

⑤ 李拥军、沈婷:《体育文化与地域文化的融合——第 16 届亚运会亚运城运动员村视觉形象景观规划与设计》,《装饰》2011 年第 3 期,第 123 页。

在场馆方面,亚运城体育馆综合馆"用流动的线条展现岭南建筑轻灵飘逸的神韵";以蓝白色相间为主色调的游泳馆主体建筑"隐喻了广州'云山珠水'的城市地理特征";作为武术比赛场馆的南沙体育馆以"海螺"外壳作为造型设计的参考,体现了广东海洋文化的特征;自行车馆的造型设计则借鉴了骑楼街的形态。① 总之,12 个新建的场馆和 58 个更新的场馆将运动元素融于城市之中,丰富了广州的城市视觉形象,如今亚运城已发展成广州最大的住宅区之一,不少场馆也成为了城市地标建筑。

在标志标识方面,广州亚组委宣传部和市委宣传部牵头,全市在标志标识上充分展示会徽、吉祥物,营造出浓厚的亚运氛围。尤其重要的是,广州亚组委景观设计部门在场馆、道路、室内、门区、公共区等重要节点设置了海报、雕塑、绿化景观、大型景观装置、临建构筑物、多媒体显示系统,充分调动亚运会色彩系统,打造出吸引眼球的标志标识系统与独特的广州亚运形象。② 针对场馆标识系统,广州亚组委编制了《亚运场馆通道方案》《亚运场馆及周边交通组织实施方案》等规范,并委托专业设计公司制定了《第 16 届亚洲运动会场馆标识应用规范》《第 16 届亚洲运动会场馆标识尺寸、材料、技术要求》。比如说,深圳市引力标识有限公司专门为广州亚运会场馆设计和制造了"引导标识""记名标识""禁止规制标识""车辆交通标识"四种类型的标识。标识分为固定标识和临时标识,在规格和形式上因地制宜,场馆外使用柱立式、吊挂式、A 字立地式;场馆内区分观众区和功能区,使用吊挂式、贴附式和 A 字立地式。③ 另外,在成功获得 2010 年亚运会主办权后,广州加速推进基础设施建设,"有针对性地设计出一套全新的、具有整合性功能、面对行人交通的信息导向系

---

① 《广州亚运场馆凸显岭南文化元素》,《中华建筑报》2009 年 6 月 11 日。

② 张泽明主编:《广州亚运会亚残运会博物馆》,暨南大学出版社 2017 年版,第 66 页;李拥军、沈婷:《浓情珠江·诗意亚运——解读以地域文化为特征的广州亚运城视觉形象景观规划设计》,《美术学报》2011 年第 1 期,第 39 页。

③ 引力标识:《第 16 届亚洲运动会场馆标识应用规范》,《广告大观》(标识版)2011 年第 5 期,第 54—56 页。

统,以取代马路上原有的各种杂乱的信息牌。"①广州白云国际机场投入4600多万元,对标识标牌系统进行了大幅度更新换代,增加了"点到点"的中英文步行时间提示,并"根据亚运临时交通特性的需求,按照机场的日常运作区域和亚运专用区域的划分,以及亚奥理事会专用停车场,运动员、官员、媒体专用停车场和社会停车场的设置位置,亚运签约酒店的信息等,进行信息的分级选取,连续指引"②。据时任广州亚组委秘书长的冉申德介绍,在亚运会开幕前,广州已完成亚运会临时交通标志1600块,新增标牌280块,修改标牌430块的任务,并设立粘贴式临时标识9174个,室外立柱式临时导向牌4141个,悬挂式临时标识437个。可见,因亚运会这一重大城市事件的发生,广州的城市视觉形象系统得以更新,从而给外来游客、运动员及广大市民带来了更加舒适的体验感。

**图 20　广州亚运会期间的城市景观**

相比多哈亚运会,广州亚运会对城市视觉形象的提升更具整体性,其涉及广州城市空间的改造。在筹备亚运会期间,广州加快基础设施建设,铁路、高速公路网络、轨道交通等项目纷纷上马。"到2010年,广州市区新建成9条城市轨道线路……新建改造城市主干道工程项目55个,总长

---

① 郑为中、彭征、钟淑琴:《构建以人为本的城市行人交通信息导向系统——广州市行人指示标识系统解析》,《广东科技》2007年第6期,第437页。
② 张晓瑾:《广州白云国际机场道路交通指路标识系统改善研究与设计》,《城市道桥与防洪》2011年第5期,第34页。

**图21　广州亚运会场馆标识系统**

度190.04公里。"另外,亚运村坐落于广州新城,促进了广州城市"南拓"的战略规划。① 可见,广州亚运会除在微观层面上丰富城市视觉形象外,更大刀阔斧地推进整体性的城市视觉形象改造。

## 三、杭州亚运会与城市视觉形象系统

近年来,杭州以"生活品质之城"为品牌,以建设独特韵味别样精彩的世界名城为目标,逐渐形成了一套富有特色的视觉形象系统。根据《杭州市城市总体规划(2001—2020年)》(简称《总体规划》)要求,杭州城市景观延续"城湖合璧、灵秀精致、山水城相依的历史风貌,发展并营造拥江而立、疏朗开放、城景文交融的大山水城市特色风貌",因此严格控制西湖文化景观遗产区和缓冲区、大运河景观风貌区、西溪湿地景观风貌区等地新建建筑高度、体量、色彩和形式,并在临安城遗址景观风貌区确立以黑、白、灰为基调的景观色彩系统。为配合《总体规划》的实施,《杭州市主城区城市设计导则》《杭州市城市景观色彩规划方法研究》等文件陆续制定。2010年,杭州编制了《杭州主城区建筑色彩专项规划》和《杭州市城市建筑色彩管理规定》,借助"水墨淡彩"的基本理念,为建筑色彩规划、管理和设计提供引导,期望凸显当地的江南水乡特有的文化风

---

① 谢洪伟:《大型体育赛事与城市发展耦合研究》,博士学位论文,北京体育大学管理学院,2013年,第123页。

貌,逐渐将杭州打造为"一卷江南水墨画"。① 鉴于此,水墨意象与淡彩以融合、渐变、点缀或交织的形式相组合,奠定了浑厚大气、沉稳细腻的城市色彩系统。屋面(瓦材)色彩、墙面色彩和点缀构建色彩也以城市色彩主基调相协调。②《总体规划》的精神同样影响了杭州城市标志和其他标识的设计。

2008 年,为进一步营销城市品牌,杭州城市标志正式推出。从 2000 多件征集作品中脱颖而出的标志以墨绿色为主色调,融入了船、江南建筑、西湖园林、拱桥、篆书等元素,集中且抽象地呈现了杭州的城市形象,并与其他视觉元素保持和谐关系。随后,在相关职能部门推广下,杭州城标的形象出现在了公共建筑、重大活动、街具、候车亭、广告牌、办公用品、纪念品上,直观展示了城市的文化和精神,逐渐成为人们识别、记忆杭州最主要的视觉符号。③ 除色彩系统、城市标志外,杭州对路灯杆、路名牌、导向牌等道路交通标识进行了整体规划。例如 2015 年实行的《杭州市城市道路杆件及标识整合设计导则》规定了标志标识的字体、颜色和规格。以指路标志为例,文字为黑体,字符使用英汉对照,一般标志为蓝底、白图形、白边框、蓝色衬边。可见,杭州城市视觉形象系统已初具规模,它是"生活品质之城"理念的可视化形态。杭州亚运会的视觉形象系统也应该与之相呼应。

从多哈亚运会与广州亚运会可见,大型赛事的视觉形象在融合体育精神的前提下,对城市视觉形象进行了提炼与升华,同时城市视觉形象借此机会也得以进一步改善。有学者认为应以"全域观"来审视亚运会视觉形象及景观设计体系。也就是说,"亚运会视觉形象及景观需包含由

---

① 张楠楠、林瑾:《为品质生活打造第一视觉——关于杭州城市色彩规划与管理的探索思考》,载中国城市规划学会编《生态文明视角下的城乡规划——2008 中国城市规划年会论文集》,大连出版社 2008 年版,第 3707—3713 页。

② 《杭州掌控"城市色彩"——杭州城市色彩文化探寻之旅(一)》,《浙江日报》2010 年 7 月 22 日。

③ 宋阳阳:《基于地域文化差异性的城市视觉形象品牌化探讨》,硕士学位论文,浙江工业大学艺术学院,2011 年,第 38—39 页;谌远知:《杭州"城市标志"的解读和法律保护探析》,《杭州》2009 年第 10 期,第 28 页。

场馆为中心向城市辐射营造的整体场域",与作为生活共同体的杭州多有交汇,呈现在"立体装饰、大型雕塑、景观小品"等处,并与日常生活密切关联。① 正因为此,杭州亚运会的视觉形象及景观体系内容庞杂,既包括会徽、吉祥物、二级标志、色彩系统等基础元素,也包括导引标识、身份识别标志、城市家具等应用元素,还牵扯场馆及其他城市公共空间的规划与布置。② 从以下几点可见,在已完成的设计中,杭州亚运会的视觉形象与城市视觉形象相互影响。

## (一) 色彩

杭州以"水墨淡彩"作为城市色彩基调,杭州亚运会以"淡妆浓抹"作为色彩系统的主题,两者相契合,共同彰显了杭州地域特色与城市理念。具体而言,杭州亚运的色彩系统由"虹韵紫""水光蓝""湖山绿""月桂黄""映日红"和"水墨白"六个主题色系构成。其中,"虹韵紫"是主形象色,"水墨白"是协调色系,与神似"一卷江南水墨画"的杭州城市视觉形象保持和谐关系。在《杭州2022年第19届亚运组委会色彩管理手册》的指导下,亚运色彩系统运用于城市空间。据介绍,"虹韵紫"是城市端色彩的主色调;"映日红""月桂黄"是城市门户辅助色;"湖山绿"是城市交通主色调,"月桂黄"与"水光蓝"则是其辅助色;"月桂黄""映日红"和"水光蓝""湖山绿"是生活街区和商业聚集地的辅助色。③ 总而言之,从"水墨淡彩"到"淡妆浓抹",色彩系统在整体上具有连续性,因而使杭州亚运会的色彩主题符合杭州一贯的视觉形象。

## (二) 主要标志与核心图形

杭州城市标志是江南水乡、"生活品质之城"的抽象化呈现。杭州亚

---

① 毕学锋、王弋、庞梦宇:《构建亚运会的视觉形象及景观体系——以2022年杭州亚运会为例》,《中国美术学院学报》2020年第11期,第6页。

② 毕学锋、王弋、庞梦宇:《构建亚运会的视觉形象及景观体系——以2022年杭州亚运会为例》,第7页。

③ 郭锦涌:《淡妆浓抹:杭州2022年第19届亚运会色彩系统的主题叙事》,《中国美术学院学报》2011年第11期,第19—23页。

运会的主要标志与核心图形在体现江南自然人文意蕴的同时,更增添了互联网符号,在原有城市品牌理念中植入了智慧城市的涵义,是对原本城市视觉形象的进一步提升。2018年8月6日,由中国美术学院教授袁由敏设计的杭州亚运会会徽"潮涌"正式揭晓。会徽的主体部分由扇面、钱塘江、钱江潮头、赛道、互联网符号等元素组成,既展示了杭州山水城市的特质,又体现了体育精神。① 同时,它在造型上又与2016年G20杭州峰会会徽相呼应,增强了视觉形象的延续性,更加深了受众的记忆。2020年4月3日,杭州亚运会吉祥物"江南忆"公布,它由"琮琮""莲莲""宸宸"三个卡通人物组成,分别代表良渚古城、西湖与京杭大运河,具体且抽象地展现了杭州著名景点。② 杭州亚运会体育图标与二级标志分别发布于2020年9月22日和2021年5月10日。两者都由袁由敏教授设计,在视觉形象上延续了"潮涌"的形态,在艺术表现上强调线性、水系的内涵,融合了"曲水流觞"的理念。③ 杭州亚运会的核心图形名为"润泽"。该图形起到辅助、协调其他所有景观元素的作用,因此"润泽"融合了水墨画、山水风貌、互联网云、丝绸等形象,进而综合成富有东方诗意的"山水云丝意象的人文画卷"。④ 此后,随着《杭州2022年亚运会、亚残运会形象景观总体规划》与重要标志组合及拓展设计分别于2021年1月29日和4月6日发布,杭州与亚运会在视觉形象上的同频共振更为显著。城市端、城市道路端、赛场端、赛场关联端等不同区域的视觉形象得到整体性规划,主要标志与核心图形的艺术再创作与衍生也成为了可能,从而逐步展现在城市公共交通、广告、户外大屏幕上,并登上了手提袋、T恤衫、手机壳、外套、背包和帽子等多种商品的外观。⑤ 由此亚运会视觉

---

① 《杭州2022年亚运会会徽"潮涌"亮相》,《中国体育报》2018年8月8日。

② 《杭州亚运会吉祥物发布》,《浙江日报》2020年4月4日;张文:《杭州亚运吉祥物设计对城市形象的认知与表述》,《中国美术学院学报》2020年第11期,第31—32页。

③ 《杭州亚运会倒计时两周年"魅力萧山"大步走来》,《萧山日报》2020年9月23日;《杭州亚运会、亚残运会二级标志发布》,《都市快报》2021年5月11日。

④ 成朝晖:《润泽:杭州2022年第19届亚运会核心图形创意思维与美学营造》,《中国美术学院学报》2020年第11期,第10—12页。

⑤ 《杭州亚运会亚残运会形象景观总体规划发布》,《萧山日报》2021年1月30日;《杭州亚运会重要标志组合使用及拓展设计发布》,《体坛报》2021年4月7日。

形象与城市日常生活结合得更加紧密。如上可见,突显江南水乡意境的杭州城市视觉形象是杭州亚运会标志与核心图案的设计灵感来源,它们在自然与人文元素上达到了统一。

### (三) 装置与引导标识

除色彩、标志等基础部分外,杭州亚运会视觉形象的应用部分也蕴含了城市视觉形象的元素。2021 年 4 月 28 日,杭州亚运会首批 3 个倒计时装置正式亮相,它们分别安装在钱江新城城市阳台、湖滨路步行街、拱宸桥东运河广场 3 大城市地标性区域。倒计时装置绘有会徽和"心心相融,@未来"的口号,且形态各异,或为"花窗形",或形似"月牙"和"心形",富有江南特色,与城市视觉形象相协调。① 据介绍,此后,杭州亚组委联合中国太平洋保险公司在市内主要区域进一步建设亚运会倒计时装置。例如 2021 年 5 月 27 日,湘湖风景区设立了亚运会倒计时装置,装置设计灵感来源于雅扇和花窗。随着杭州亚运会临近,以中国美术学院教师周峰为核心的团队设计的引导标识系统于 2021 年 3 月 26 日发布。该系统的色彩以"虹韵紫"为主色调,造型灵感来源于良渚玉琮和钱江浪潮,其图标符号在依从国际统一标准的同时采取了圆角化处理,将指示箭头的锐角改为圆角,使其显得更温和。据介绍,引导标识系统涉及场馆内部引导场景,重要交通节点内部引导场景,重要交通节点到场馆之间公共交通系统视觉指引场景,场馆周边人行、车行视觉指引场景,场馆远距离车行视觉指引场景等六大场景。标识文字为中英双语,中英文大小比例为 4.5∶3.5,大小接近,更便于国际友人查看。此外,其材质性价比高,安装时大量使用不干胶制的"地贴",符合时下绿色环保的要求。②

如上所述,杭州亚运会的视觉形象与杭州城市视觉形象间存在关联,

---

① 《杭州 2022 年第 19 届亚运会倒计时装置精彩亮相》,2021 年 9 月 1 日,见 https://www.hangzhou2022.cn/xwzx/jdxw/ttxw/202105/t20210514_25673.shtml。

② 《杭州亚运会、亚残运会引导标识系统基础元素设计发布》,《都市快报》2021 年 3 月 27 日。

图 22　杭州城标　　　　　　　　图 23　G20 杭州峰会会徽

图 24　杭州亚运会引导标识概念图

前者的设计灵感受到后者很大的影响。当然，杭州亚运会视觉形象无需亦步亦趋地模仿城市视觉形象，两者间不存在明确的统属关系。但如何在其中构建视觉意象上的连续性，以及如何利用亚运会的契机，进一步完善城市视觉形象仍是有待解决的问题。

## 四、思考与建议

### （一）明确视觉形象关联度

杭州城市标志问世至今已有 13 年，其间出现的重要城市事件标志在设计灵感上与之存在关联，但呼应度不高。如前图所示，从构图、色彩和创意元素组合上，杭州亚运会会徽与 G20 杭州峰会会徽契合度较高，易于识别，有利于强化游客、市民的记忆。同时两者又比较具有延展性，更容易与其他视觉元素配合，利于拓展设计。相较而言，杭州城市标志虽有较高辨识度，但不易与其他城市事件标志搭配，因而需要调整。

环顾国际大都市城市标志的设计历程,标志更新的现象并不鲜见。比如 2019 年,挪威首都奥斯陆发布了全新城市标志。相较旧版城市标志,它在保留城市守护神圣哈尔瓦德、盾徽、王冠等视觉元素的基础上,做了简化处理,使整个标志的颜色更单一、线条更简单,从而更易于推广和拓展设计;又比如 2020 年,芝加哥的城市标志也得到了更新,新标志显得更具活力、更精简。总之,城市视觉形象的建设是一个动态过程,随着城市内涵不断丰富、城市文化不断积累,以城市标志为代表的城市视觉形象也应与时俱进。有鉴于此,杭州城市标志有必要更新,即在不另起炉灶的前提下,兼顾 G20 杭州峰会、杭州亚运会等城市事件的标志设计思路,构思更有兼容性、延展性的城市标志,并使之成为此后设计城市事件标志的参照。

### (二) 完善城市视觉形象的基础与应用

杭州在打造城市视觉形象时注重标志和色彩的规划、设计,对同属城市视觉形象基础部分的吉祥物关注比较少。从国际上其他城市的经验看,一个深入人心的吉祥物将成为宣传城市品牌,打造优质城市 IP 的关键。熊本熊之于熊本县便是极佳的例证。2010 年,熊本熊这一地方吉祥物正式推出,其样貌可爱、体态笨拙、憨态可掬,受到了国内外超乎想象的欢迎,并直接或间接地带来了巨大经济收益。[①] 由此可见,吉祥物对于城市视觉形象及城市品牌的重要性。随着杭州亚运会的召开,可以想见的是,亚运会吉祥物"江南忆"将会给市民和来杭游客留下深刻印象。鉴于此,杭州应该借此机会,塑造符合城市形象,并以与城市事件吉祥物之间存在设计关联的城市吉祥物,补足城市视觉形象基础部分的短板。

城市引导标识属于城市视觉形象的应用部分,其是否完善与城市国际化水平高低直接相关。杭州市内双语标识标牌存在一定程度的问题,拼写错误与"硬翻"的情况时有发生,对城市国际化形象产生不良影响。

---

① 汤海孺:《品牌 IP 化改造:杭州需要一次城市形象营销升级》,《杭州》2019 年第 3 期,第 7—8 页。

为此,2019 年,杭州成立了规范公共外语标识工作领导小组。并由市外办牵头,组织来自浙江大学、浙江外国语学院、浙江工商大学等高校的专家成立了"杭州市规范公共外语标识工作专家委员会",编写了《杭州市公共服务领域外文译写导则(试行)》,同时在全市范围内排查公共外语标识。另外,杭州市规范公共外语标识工作领导小组办公室设计推出了外语标识"随手拍"服务系统。市民可以在微信上关注"杭州外事"公众号,点击"外语标识"服务选项,就能使用"问题标识拍一拍"和"译写导则查一查"功能,实现问题实时反馈。[①] 有鉴于此,为了进一步方便来杭国际人士,提高城市国际化水平,杭州应该充分利用筹备亚运会的契机,改造、提升城市各类标识标牌,其中需要尤为注重规范与美化外语标识标牌。

### (三) 丰富城市视觉形象意蕴

杭州以建成世界一流现代化国际大都市为目标,希望将自身打造为亚太地区重要门户枢纽。为此,城市视觉形象除融合本地自然人文特色外,还需植入更具国际性的元素。环顾国际大都市的城市视觉形象,其本土性与世界性相得益彰。例如纽约的"I Love New York"城市标志通俗易懂、便于记忆,对其的解读无需特定知识储备或文化背景,符合纽约开放、包容、多元的城市形象。杭州亚运会为亚洲各国间的交流提供了平台,文明交流互鉴也是其赛事文化活动的题中之意,而如何利用亚运会的契机,在立足本土、讲好杭州故事的基础之上,塑造更具国际化的杭州城市视觉形象,是今后需要重点关注的问题。

施华辉　杭州师范大学人文学院

---

① 《外语标识"随手拍"等你来参与》,《杭州日报》2020 年 12 月 4 日。

# 第四编 "亚运遗产":赛事之都建设报告

# 后亚运体育场馆赛后利用
# 策略与路径思考

　　亚运会将为一座城市留下诸多宝贵的遗产,其中体育场馆无疑是最有代表性也是最受人关注的。相比单纯地举办赛事,相关场馆的赛后利用和可持续发展对主办城市带来的影响是更深远的,也更直接地体现主办城市的教育、科技、文化等发展的综合水平。随着亚运会规模的不断扩大,亚运会体育场馆的建设数量与规格也不断提升。人们关注亚运会,除了关注开幕式表演、运动员的精彩表现、主办城市精心策划的各种活动外,也越来越关注亚运会结束后亚运会场馆能否得到有效利用与开发。这不仅是亚运会,这几乎是所有重大体育赛事如奥运会等共同面临的难题,也是衡量一届亚运会最终是否成功的重要标志,更是亚运会遗产长久影响力的重要组成部分。历届奥运会、亚运会主办城市不乏巨额亏空的负面例子,这不断提醒我们要高度重视、科学规划赛后场馆的管理与运营,实现可持续发展。

## 一、历届奥、亚运会场馆的赛后利用及启示

　　通常,那些只在大型赛事举办期间短暂使用,而在赛会结束后就无法使用的场馆设施被称为"白色大象",因为它们成为了昂贵又无用的累赘,给主办城市带来的往往是巨大的经济负债。例如,1976年的蒙特利尔奥运会,由于出现了10多亿美元的巨额亏空,致使该市的纳税人直到20世纪末才还清这笔债务;另外,由于场馆规划不当,主场馆一直被闲

置。在 2002 年韩日合办的足球世界杯所盖的 20 座比赛场馆,大部分在世界杯结束后都没有再使用。2004 年雅典奥运会使用的 22 座新建场馆中,有 21 座被弃置不用,也找不到买家接手。由于在奥运会场馆赛后利用方面动作迟缓,希腊政府不仅未能从这些奥运会设施中获得经济收益,还需要每年支付高达 1 亿欧元的维护费。与此相反,在奥运会结束一年之后,希腊竟没有一个可供田径运动员训练使用的体育场,这也导致了 2005 年希腊全国的经济增长下降至了 9 年来的低点。2010 年温哥华冬奥会的奥运村因为开发商还不起贷款而被市政府接管,直到 2014 年年初,奥运村的大部分公寓都未卖出,市政府因此损失高达 3 亿美元。2010 年南非世界杯曾花费 20 亿美元用以兴建场馆,但绝大部分至今已极少使用。

当然,历届国际大型体育赛事的赛后场馆利用也不乏成功的案例。比如 1996 年亚特兰大奥运会,规划场馆的时候量力而行,没有建很多新场馆,而且在建设的时候就考虑到之后的用途。赛后,体育馆通过改造重建基本上得到了合理的利用。2000 年悉尼奥运会后,奥运会相关场馆由一个专门的政府机构——奥林匹克公园管理局持续经营,除了大型赛事的组织外,政府将奥林匹克公园重新定位为"会展和娱乐中心",把文化、旅游、商贸甚至金融都拉进来,每年吸引 550 万游客。此外,许多场馆都对外开放,变身成为全民健身场所。奥运村的商业运作也十分成功,建成后就全部出售,奥运会结束后,成为了一个配备有学校和购物中心的住宅区。2012 年伦敦奥运会,成立了伦敦奥运遗产公司,负责处理奥运会遗产,尤其是赛后场馆的利用。伦敦奥运会大量使用临时场馆,最大限度地利用了现有体育场馆和公共场地。而对于不能拆除的一些场馆设施则进行了改造再利用,主奥运场馆群落由伦敦奥运遗产公司投资改建为奥林匹克公园,实现转型以及与周边设施的融合,成为一个集体育赛事、文艺活动和商业演出于一体的大型文体中心。

与奥运会相比,亚运会的价值和影响力相对较有限,亚运会也从来不是一个经济效益明显的大型赛事。亚洲有着世界各大洲中最广袤的土地、最众多的人口和最复杂的民族构成,亚洲也是五大洲中唯一没有全洲性的政治、经济组织的一个大洲。因此，历届亚运会组织申办的动力，往往政治意义远大于经济效益。但这并不意味着举办亚运会就可以忽略经济效益。从发展的眼光来看，经济杠杆的支撑，能更有效地提升亚运会的吸引力，也更有助于亚运会的健康可持续性发展，从而对促进亚洲政治经济的发展做出更大的贡献。例如，1990年的北京亚运会曾为世人树立典范，这一届亚运会带动了市政建设的飞速发展，"亚运，让城市更美好"的口号在北京得到了极致体现，也将中国的经济和国际环境推进了一大步。

亚运会为杭州城市发展带来的贡献是不可估量的，从城市品牌知名度到经济发展、基础设施、城市规划等，各方面都影响深远。而亚运带来的红利能保持多长时间，也与场馆的后期维护与经营、政府规划的贯彻实施等息息相关。我们期待杭州亚运会能够充分吸取过往这些大型赛事承办城市的经验与教训，不仅通过举办一场成功的亚运会，"提高杭州的国际知名度，促进杭州经济、社会的全面发展，进一步推动奥林匹克运动在中国的发展"，同时也在后亚运场馆再利用等方面树立新的典范。

## 二、杭州亚运会体育场馆的规划建设
## 情况与赛后利用策略研究

杭州亚运会提出了"绿色、智能、节俭、文明"的办赛理念，注重科技和智慧赋能，并采取各种绿色低碳环保措施，全面落实了可持续理念。杭州亚运会体育场馆的规划建设充分利用现有场馆，新建场馆则与城市长期规划相统一，除了满足比赛功能的需要外，也提前谋划了场馆的赛后利用。

根据"杭州为主，全省共享"的指导方针，杭州亚运会在全省范围内将有竞赛场馆56个（含2个亚残运会独立场馆）、独立训练场馆31个、亚运村1个和亚运分村4个。从场馆的规划分布可以看出，主赛事场馆区位于杭州钱江世纪城区域，以奥体博览城为圆心辐射了主城四大区：上城区、滨江区、拱墅区和萧山区。其他各分场馆分布在杭州周边各市、区，以杭州为中心，辐射了浙江省几个规模较大的城市。按照《杭州市体育设施专项规划(2019—2035)》提出的目标,借亚运会的东风,杭州市的体育设施将形成"二心八副、一环八片、均衡网络化"的结构,即以西湖区的黄龙体育中心和滨江区的奥体中心为双核心,周边其他几个区组成体育副中心,通过新建、改造等多种方式完善社区体育设施,逐步形成"15分钟运动圈"和"5分钟健身圈",进一步推动解决全民健身场地少、分布不均等问题,缩小公共体育服务供给与群众健身需求之间的差距。这也意味着,除了满足亚运会各项赛事的比赛需求外,这些体育场馆赛后将成为杭州及周边城市市民强身健体、休闲娱乐的综合性场所,进一步拓展延伸赛事经济、公共应急、文化娱乐等功能,实现长久利用和可持续利用,进一步提升杭州的城市综合竞争力。

在场馆最初设计和后续建设过程中,杭州亚运会按照"能改不建、能修不换、能租不买、运营兼顾"的原则,利用现有和在建场馆,做到整合资源,充分利用。在这些场馆中,新建场馆仅10个,占17.9%,而改造和其他场馆及设施有46个,占82.1%。其中,改建和改造提升场馆多为各地区本已建有的市、区级体育设施,或者是高校内的体育场馆。这些场馆原运营与维护单位不变,功能上得到进一步扩大和提升,亚运赛事后,还将长期为训练队训练、周边市民健身,或者是高校内的教学、训练、比赛活动等提供服务保障。临建场馆赛后则可以拆除另作他用,相应的成本也较低。

杭州亚运会在筹办之时便已较充分地考虑到了场馆的后续使用问题,基于杭州亚运会现有场馆的规划建设特点,可以重视以下几点再利用的策略。

**(一) 充分利用场馆资源承办各类体育赛事和大型活动,使杭州成为有国际影响力的世界名城**

1. 承接引入多种、多级别体育赛事,努力申办、培育国际级品牌赛事

亚运会的举办进一步完善了杭州的基础设施、公共服务与城市管理水平,一批智能场馆及配套设施的建成以及举办大型国际赛事的经验积累,为杭州后续承办各类高规格体育赛事和大型活动提供了良好的基础。

亚运体育场馆赛后的首要经营点,即是发挥其本体功能,依托国际性的体育组织与国家体育协会,举办、承办国际国内大型体育赛事,如世锦赛、洲际杯、亚洲杯等。在亚运会举办之前,杭州曾成功举办过 2018 年第 14 届世界短池游泳锦标赛。亚运会之后,杭州应借顶级赛事东风打造国际赛事之城,进一步加强与国际体育组织的合作,力争多举办洲际以上的赛事。通过积极的宣传和主动的对接,吸引更多赛事主办单位和赞助商的注意力,在营造维持国际赛事环境的同时,带动城市体育基因,积极培育本土国际品牌赛事。

**2. 承办有影响力的大型会议会展活动、文化艺术活动与公益活动,全面提升场馆开放水平和利用效率**

在具体的赛事选择上,应根据不同体育场馆的建设规模与定位特色来开展不同类型和级别的赛事。对于主体育馆等综合性的体育场馆,应积极争取承办国际上有影响力的大型赛事及国内综合性赛事。对于承办过如游泳、高尔夫球、马术等单项赛事的体育场馆,应延续其单项办赛经验,积极与对应的国际单项体育组织合作,举办洲际以上的单项赛事,最大限度发挥其功能,激活其遗留的亚运场馆项目特色。

大型国际国内赛事的周期往往比较长,再加上近年来受到疫情等方面的客观影响,仅仅靠承办体育赛事来维持场馆运营是远远不够的。许多场馆在设计之初都便已经较充分地考虑了赛后的利用,进行了多功能的设计,使场馆在亚运会结束后,具备开展会议与节事活动、展览、音乐会、演唱会、公益活动等各类大型活动的能力。另有个别场馆本来就是展览或会议中心,因赛事需要临时改作亚运比赛场馆,在赛后也可以快速恢复原本的功能用途。

以类型来说,作为亚运会标志性纪念建筑的主体育场,往往蕴含着丰富的文化和商业价值,可以成为城市新兴旅游目的地,吸引中外游客。其规模和设施适合举办国际国内大型会议会展、文化艺术、政治商贸等活动。主体育馆作为室内多功能场所,则适合承办各类运动培训、文化、娱乐、商贸、会展、健身休闲等活动。其他中小型体育馆主要用于支持所在区市或学校,承担规模适中的各类活动。在提高场馆的利用率同时,也带动周边商业集群的发展,实现多产业融合。

3.积极引进职业体育赛事,满足专业运动队训练要求

亚运会场馆赛后可以作为专业队的训练竞赛基地,解决国家、省市专业队训练基地的不足,改善专业队的训练和生活条件。同时,可以探索积极承办职业体育赛事,开展职业体育市场化开发,可以有效缓解亚运场馆赛后的运营压力,提高场馆综合利用率,这也是国外大赛体育场馆利用的常见做法。部分亚运会场馆,在赛后可以成为城市职业俱乐部的主场,服务于比赛与日常训练,承办各种俱乐部赛事,并围绕职业体育运营开展综合利用,形成持续的经济效益和聚众效应。

**(二) 通过改造和整合实现场馆功能的变迁与多元化,打造地标性的体育文化综合产业区。**

在亚运会赛时结束后,亚运遗产还将继续影响着城市和社区,尤其是所留下的独特记忆将通过体育场馆传递给每一个来到场馆的游客和市民。除了普及运动知识,点燃运动激情外,亚运会还承载着更多人文理念、环保理念,适合用来作为教育的平台。这一座座世界级体育场馆的使用价值需要被积极扩大拓展,除了赛事、训练功能外,还可以与旅游、文化、教育及公益活动等相结合,与周边社区相融合,结合"数智杭州"的特色,形成集体育、文教、休闲娱乐、文化、商贸和社区活动为一体的多元化、地标性的体育文化综合产业区。

1.把亚运纪念公园打造成顶级旅游目的地

杭州历史悠久,风景如画,具有丰富的自然景观和深厚的人文背景,在国内外本就是一座著名的旅游城市。近年来,处于"前峰会,后亚运"时期的杭州,受益于一系列国际盛事带来的机遇,而这些国际盛会和世界级赛事的举办,对于一个城市的影响是多维度的,其中就包括旅游业。亚运会的举办,将进一步提升杭州的基础设施建设,推进城市规划与环境治理,同时也会给杭州留下更多如"大小莲花馆"(奥体中心主体育场和网球中心)这样美丽的地标性建筑。亚运赛后,"体育+旅游"将成为杭州旅游的新名片,原有的自然旅游资源与热门的体育休闲项目相结合,再加上

亚运会的辐射影响,必将为杭州旅游带来新的活力。统筹规划和利用好亚运会资源,打造顶级旅游目的地,其中一个代表性的方案,就是打造亚运纪念公园:改造亚运会留下的标志性建筑,将其与周边地区连接起来,综合设计成亚运主题公园,使之成为吸引国际和国内游客的地方,同时服务于周边居民的休闲娱乐,这样的方案在不少主办过大型体育赛事的城市中曾得到成功的实践。基于这一理念,杭州市拱墅区就邀请美国 ATS 公司设计了大运河亚运公园,将亚运体育场馆与公园、健身中心及商业广场融为一体,打造出浙江省首座综合性城市体育公园。

而对于分散在杭州周边的体育场馆,特别是类似淳安的水域与自行车竞赛场地、桐庐的马术场地、温州的龙舟运动基地等,更适合发展体育特色小镇与运动休闲俱乐部模式,依托当地原有的自然与人文旅游资源,结合承办亚运会带起的特色体育产业与体育资源,打造集运动、休闲、观光、度假为一体的体育旅游综合性产业链。

2. 与城市公共配套相结合,营造体育活动和文化教育中心

亚运会的举办,对所在城市是一次整体的物质、社会和经济改造,它将全面推动科技、交通、环境、市政管理、教育、旅游文化、公共空间等方面的发展。杭州市在规划亚运会之初,就已经将其与杭州未来的城市发展规划相结合,力求让城市发展从亚运会的举办中获取积极动力。根据杭州《拥江发展四年行动计划(2018—2021 年)》,至 2021 年,以钱江新城、钱江世纪城为中心的城市新核心基本建成,奥体博览城和亚运村全面建成。奥体博览城的建成和亚运会的召开将给予钱江世纪城板块更大的价值赋能,使之作为杭州城市新中心的认可度进一步提升。而以奥体博览城为圆心而辐射的主城三大区:上城区、滨江区和萧山区,也将不同程度地享受到亚运会带来的"红利",智能化城市体验全面升级。

杭州的亚运场馆分散在全市乃至全省各区位,对现有的城市体育功能将形成有力的补充和提升,从而促进地区间、城乡间、人群间公共服务均衡优质发展,实现体育公共服务全覆盖,满足更多市民对健身的需求,推动全民健身事业的发展。杭州为迎接亚运会新建和提升改造健身绿道 400 公里,新建公共健身中心、健身广场、健身公园 15 处,形成以西湖风

景名胜区为"绿芯"、以钱塘江与运河绿地为"绿带"、以河道沿线绿地为"绿脉"、以各类公园绿地和广场为"绿点"的城区绿道系统,此外还在新建的钱塘江大桥上增设慢行骑车和人行道,这些举措都使亚运遗产更深地渗透到每一位市民的日常生活中,推动了更广泛的城市环境改善。

亚运会举办后所留下的场馆空间,最适用于体育活动和文化教育,同时也将为社会基础设施、住宅、就业、零售、休闲活动等提供空间。亚运会场馆可以为运动教育提供良好的平台,普及运动知识,进行环境教育。还可以与体育院校或教育部门合作,开发丰富多彩的教育项目。甚至可以引进包括国际体育设施管理、大型赛事管理、执行体育管理等高端课程,开展高水平运动员训练、公共健康等相关研究。体育馆所具备的举办音乐会、展览和大型演出的功能,则为艺术与文化中心的打造提供了平台。

3. 改造亚运村为居住生活区,树立智慧城市和未来社区建设新样本

亚运村是亚运会标志性建筑中特殊的一部分,有别于北京、广州亚运村"先谋城、再谋村"的整体规划思路,杭州亚运村项目则反其道而行之,先建设公建配套项目,再考虑房子的出租出售。另外杭州的亚运村地段位于市中心板块,也不同于广州的远离市中心。以上这些可以说是初步确保了亚运村的综合品质。在规划中,杭州亚运村由运动员村、技术官员村、媒体村、国际区与公共区组成。其中,媒体村地块为100%人才租赁用地,未来"只租不售",而技术官员村地块、运动员村一号地块、运动员村二号地块分别由华润、绿城和万科中标负责开发建设。

立足杭州的数字产业优势,本届亚运会的一大特色就是"智能亚运",作为向全世界展现的杭州城市代表作,亚运村的设计规划充分体现互联网、大数据、人工智能与亚运会的深度融合,以硬核品质呈现"数智杭州·宜居天堂"。亚运会后,亚运村也将升级改造为以"健康运动、人才安居、智慧生活"为特色的理想人居生活的未来社区,全力打造智慧城市和未来社区建设的新样本,向全世界呈现具有杭州特色的开放、活力、新鲜的未来社区。

### （三）无形资产的开发与利用

除了有形的实体资产外,后亚运体育场馆的无形资产具有独特的价值。无形资产经营是大型体育场馆一项非常重要的业务。体育场馆无形资产的开发包括豪华包厢使用权、永久性坐席使用权、场馆冠名权、特许经营权、商业赞助开发权等内容。在这些方面应积极探索,努力扩大场馆的经营收益,提升价值创造能力。

亚运会以及后续引入的国际国内品牌赛事特许产品的设计与销售,也是无形资产的重要一块。在这方面除了与顶尖的设计团队和设计师合作外,也可通过专题比赛和文化活动,吸引社会公众的广泛参与,促进文化交流与文化创意。另外,应积极推动职业体育赛事的发展,结合场馆特点重点培育和打造有知识产权的、能长期举办的自主品牌赛事,策划大型驻场演出或体育节庆活动,促进体育馆无形资产的可持续开发利用。

要结合各个场馆的不同特点,探索适合不同场馆的无形资产赛后开放运营模式。要把高规格的场馆设施资源与国内外先进的经营管理理念相结合,可以与专业运营机构合作,如国际体育场馆专业运营公司、体育娱乐公司等,委托其代理经营场馆的相关运营事项,同时学习他们在场馆无形资产开发等方面的知识与经验,最大限度地发掘场馆无形资产的价值。

## 三、进一步完善和推动后亚运体育
## 场馆运营管理的路径建议

### （一）组建专业管理团队,发展多业态综合运营

成功的运营管理离不开专业团队的支持,应在政府的主导下组建专业的管理团队,比如可以成立杭州体育集团,来负责亚运会体育场馆赛后的总体运营管理。在这一过程中,要坚持国际化、专业化、精品化的发展道路,邀请国内外著名的场馆运营公司、品牌管理公司、媒体运营公司、专业娱乐公司等顶级专业团队参与,获得高水平技术支持和专业培训支持,科学开发,高效利用。在融资运营方面,可借鉴 BOT 等运营模式,除了政

府的资金投入外,可以积极吸纳社会资金合作经营,减轻政府承担的压力,提升场馆的经营水准和市场化程度。

多业态综合运营是指以体育产业为核心,与旅游、休闲、餐饮、娱乐、商贸、会展等产业交互支撑、相互协同,形成多业态融合发展模式。发展多业态运营管理模式,就是将体育场馆不仅仅视为承办体育赛事的场所,更是一个集海量观众、媒体聚焦、城市地标、商业空间、市民文化中心等多重特质于一体的综合空间。它会使亚运体育场馆的功能得到最大程度的利用和拓展,成为吸引游客的目的地、市民健身与休闲娱乐的场所、青少年受教育和成长的基地,甚至体现杭州城市艺术与文化魅力的地标性存在。

### (二) 推进亚运遗产规划,共建共享亚运遗产

亚运遗产特别是体育场馆后续改造利用的规划,应该与亚运会的筹办与规划同步推进,以便与未来场馆周边地区的经济与社会发展目标更好更广泛地衔接。在筹办过程中及时启动亚运遗产规划,成立相应的机构或组织,也可以为亚运会的筹办工作确立更长远的导向,确保亚运会的总体建设不仅仅是关注亚运本身,而更多地聚焦城市未来的发展目标,聚焦群众体育健身需求,让市民共享亚运成果。

在整个亚运会建设和筹办的过程中,亚运遗产规划管理团队应积极与相关政府部门、企业、体育组织、社会公益组织、媒体、社会安保部门等进行沟通接触,协调引导好在遗产开发过程中可能会形成的关系与互动,确保亚运会前后遗产交接事宜顺利进行。

### (三) 坚持"绿色"办赛理念,推进场馆可持续利用

"绿色"是杭州亚运会办赛理念的首要关键词,在杭州亚运会体育场馆及相关设施的前期修建与后期改造利用过程中,也要把可持续发展、绿色环保的理念贯穿始终,尤其是位于或毗邻风景区的场馆。大体量大规模的设施建设易对生态环境造成难以弥补的损伤和破坏,因此在规划、施工建设和后期改造的每个阶段,都应遵循高环保、高效率、低能耗、低成本

的可持续发展理念,力求对环境影响最小化。

应充分利用最新的科技成果和运营管理技术,合理利用清洁能源和循环材料,以互联网、大数据、人工智能等技术为支撑,重点关注场馆建设的选材用材、场馆运营过程中的能源消耗、场馆内温度、照度、公共卫生等指标,使场馆内部负荷与环境舒适性达到平衡,为人们提供健康、适用、高效的使用空间。对于临时场馆,要尽可能少地使用建筑材料,就地取材,减少或避免不可再生材料的使用。各场馆建设还应遵循因地制宜的原则,综合场馆所在区域的气候、资源、环境、人文、经济等特点进行设计,与周边生态环境相融合,实现场馆与生态的和谐共生。要将亚运会场馆设施的建设利用与杭州的旅游发展紧密结合起来,积极探索多元化的经营路径,通过资源整合建设四季皆宜的运动休闲旅游项目,实现相关设施的可持续发展。

### (四) 注重规划运营管理,建设专业人才培养体系

在赛前和赛时,为了保障赛事的顺利进行,杭州将延揽和邀请国际国内的顶尖专家来把关场馆设计、赛道建设、竞赛组织等各个方面,同时会对技术官员和赛时保障人员进行培训。杭州应借此完善体育人才尤其是紧缺体育人才的教育培训机制,改进志愿者培训,使之更科学系统化。大型体育场馆的赛后利用离不开专业人才的推动,而当前中国的体育场馆专业人才普遍匮乏。为了推动杭州亚运会场馆赛后的合理利用和健康发展,杭州应大力引入和培养高水平体育场馆规划及运营管理方面的专业人才。为此,可以引入国际高水平团队,对后续管理人员进行专业的培训和指导。同时,也可以加强场馆与高校及科研机构的合作,加大对体育场馆运营管理方面的专业研究,举办相应主题的学术活动,开设相关课程,加强对体育场馆专业人才的培养,为未来大型赛事的举办储备人才,实现可持续发展。

### (五) 推进场馆功能延伸,建设公共卫生、应急避险设施

在对抗新冠疫情的过程中,体育场馆在应对突发事件时发挥了重要

作用。作为城市公共场所的组成部分,体育场馆可以在非常时期提供必要的空间资源,成为城市防灾避难系统的重要组成部分。在后疫情时代,亚运体育场馆的设计建设应充分考虑赛后功能的公共性和综合性,重视公共卫生、应急避难(险)设施建设,如配设运动健康促进站点,配备简易医疗设施等。在新建或改造过程中预留改造条件,强化其在重大疫情防控、避险避灾方面的功能。

李俊洁　杭州师范大学人文学院

# 亚运会与体育赛事遗产研究

1990 年北京承办第 11 届亚运会,标志着新中国在国际大型赛事活动中由参赛方向主办方的转变,也在中国掀起了关注体育运动、参与体育运动的风潮。2008 年,北京奥运会的成功举办,让健身概念在国内受到空前重视,全民健身已经成为人们生活的刚需。同年,国务院批准每年的 8 月 8 日为"全民健身日",颁布《全民健身条例》,规定全民健身日应当加强全民健身宣传,积极组织和参与全民健身活动,组织开展免费健身指导服务,向公众免费开放公共体育设施。没有全民健康,就没有全面小康。《健康中国行动(2019—2030 年)》和《全民健身计划(2021—2025 年)》是当前实施健康中国战略的"路线图"和"施工图",开启了全民健身人人参与、健康中国你我同行的全新主旋律。健康城市(社区)建设成为全面推进、扎实深入、细化落实健康中国战略和健康中国行动的重要内容和抓手。① 在推进健康中国战略的进程中,一个不能忽视的重要因素就是体育赛事遗产的重要作用。有基于此,作为奥运精神和体育精神代表的世界核心赛事之一,亚运会及亚运遗产也必将为城市留下物质和精神、直接和间接、近期和长期的赛事遗产,并为城市发展和居民幸福提供有力支撑。杭州作为第 19 届亚运会的主办地,主办机构和部门应该充分认识亚运遗产,广泛传播亚运遗产,积极拓展亚运遗产应用场景,促进亚运遗产的转化,释放亚运遗产的价值。

---

① 王鸿春、曹义恒:《中国健康城市建设研究报告(2020)》,社会科学文献出版社 2020 年版,第 2 页。

# 一、体育赛事遗产特征与价值

国际奥委会将奥运遗产定义为因主办奥运会或体育赛事给居民、城市/地区和奥林匹克运动带来的长期收益,不仅包括因举办赛事而新近产生的直接效果,也包括因赛事发生的积极变化。以此为基础,Preuss (2007)提出体育赛事遗产是指不考虑时间限制,为赛事制造或由赛事引发的影响,其中涵盖了有规划的和未规划的、积极的和消极的、物质的和非物质的影响,并且这些影响的持续时间要超过活动本身。[1] 另外,Li 和McCabe(2012)在研究文献的基础上,提出大型体育活动遗产是大型体育活动给举办地的未来一代留下的物质和非物质的遗产,这些遗产会对当地社区和社区个体成员的经济、体质和精神方面的福祉产生长期的影响。[2] 通过体育建设更加美好的世界是《奥林匹克宪章》期待的愿景,蕴含着"为居民和城市创造长远收益"的目标。国际奥委会在《奥运遗产指南》中指出:"理解奥运遗产最好的方法就是将其视为奥运会的持续结果和效益"。

## (一) 体育赛事遗产特征

虽然体育赛事遗产概念有一定的模糊性,但是并不影响对赛事遗产特征的归纳和提炼。总体而言,赛事遗产的关键特征有以下几点。

复杂性:体育赛事遗产既可以经过规划,也可以不经规划;既有正面遗产,也有负面遗产;既有有形遗产,也有无形遗产。足见体育赛事遗产的复杂性。

通常体育赛事遗产主要从大型体育赛事角度进行研究,而且集中在

---

[1]　H.Preuss,"The Conceptualisation and Measurement of Mega Sport Event Legacies",*Journal of Sport and Tourism*,Vol.12,No.3/4(2007),pp.207-228.

[2]　S.Li and S.McCabe,"Measuring the Socio-Economic Legacies of Mega Events:Concepts, Propositions and Indicators",*International Journal of Tourism Research*,Vol.15(2012), pp.388-402.

由大型赛事引发基础设施投资所带来的城市转变。小规模体育赛事,虽然不会在基础设施方面产生重大影响,但是,越来越多的研究证明赛事遗产与心理收获和社会资本有着重要联系。Kim and Walker(2012)研究发现五类因素构成了社会自豪感:地方形象、社区依恋、基础设施提升优越感、赛事活动刺激以及社区氛围。①

开放性:国际奥委会有关文件对奥运遗产的定义和内涵的文本表达并不是一成不变的,有一个不断调整和充实的发展过程。奥运遗产最初主要指五个领域:体育、社会、环境、城市和经济方面所留存的物质和精神财富。这里的体育遗产主要指体育比赛带来的直接影响;社会遗产主要指对人和社会的积极促进作用;环境和城市遗产主要指对生态和城市建设的影响;经济遗产则是指对就业、产业和生活改善的促进。2020年东京奥运会组委会从体育与健康,经济与科技,城市规划与可持续发展,文化与教育,灾后重建、国家受益与全球传播五个维度开展行动。北京冬奥会提出要推进体育遗产、社会遗产、环境遗产、文化遗产、经济遗产、城市发展遗产、区域发展遗产等七个方面的遗产保护与开发。可见,奥运遗产的内涵随着奥运会举办环境的变化而不断充实与发展,作为最具影响力的体育赛事,奥运会的理念是其他大型体育赛事效仿的对象。

地域性:"每一个人都应享有从事体育运动的可能性,而不受任何形式的歧视,并体现相互理解、友谊、团结和公平竞争的奥林匹克精神",这是对现代奥林匹克精神的具体描述。从奥运会发展的历史看,每一届在保持核心主题的前提下,各主办城市都会结合各自国家、文化、历史、民族和时代等特点提出口号,力图实现当地奥运会文化的独特贡献,进一步体现奥运会相互理解、平等参与、公平竞争、团结包容的伟大精神。例如:洛杉矶奥运会提出"Grow with Olympic"(与奥林匹克共同成长)的口号,北京奥运会的口号就是"同一个世界,同一个梦想!"(One World One Dream);面对经济下行压力,2012年,伦敦奥组委提出"Inspire a

---

① W.Kim and M.Walker., "Measuring the social impacts associated with Super Bowl XLIII: preliminary development of a psychic income scale", *Sport Management Review*, 15(2012), pp.91-108.

generation"（激励一代人）的口号。

在冬奥会举办之际，习总书记指出，办好2022冬奥会是我们对国际奥林匹克大家庭的庄严承诺，也是实施京津冀协调发展的重要举措。组委会规划"通过筹办北京冬奥会，努力创造体育、经济、社会、文化、环境、城市发展和区域发展七方面的丰厚遗产，为主办城市和区域长远发展留下宝贵财富，惠及广大人民群众，实现奥林匹克运动与城市发展的双赢。"同时，在遗产规划时，充分考虑了赛事遗产与区域发展的关系，力图达成国际赛事遗产与当地发展有机融合、有效结合。

### （二）体育赛事遗产价值

体育赛事遗产在诸多方面发挥着重要的社会功能，体现了独有的社会价值。比如，增加当地经济收入，刺激旅游业，增加工作岗位，改善城市基础设施；同时，具有拉动相关产品与服务需求，提升举办地形象等功能。对主办城市或国家而言，与赛事活动带来的短期经济利润相比，他们更关注长效的无形的遗产价值以及精神收获，这能为国家经济复苏、传统文化振兴、健康及教育系统改进、环境治理等带来积极效益。在这方面巴塞罗那堪称典范。观历来的赛事，但凡成功的主办方都会在社会、体育与环境三个方面规划经营赛事遗产。[①] 具体到大型赛事活动，特别是结合在中国举办的前两次亚运会和2008年北京奥运会，其赛事遗产的维度有着明显的时代气息和各自的不同价值使命。

1. 激发社会活力，提升城市形象

第11届亚运会于1990年9月22日在北京举行开幕式，这是中国第一次举办综合性国际体育大赛。对于中国体育而言，如果说洛杉矶奥运会是以新人之态、以体育为桥结交天下友；那么，北京亚运会就是新中国第一次以主人之姿迎四方客。这届盛会极大激发了民众的自信与自豪

---

① 韦拥军：《大型体育赛事遗产的开发与对策研究》，《延安大学学报（自然科学版）》2010年第4期，第107—109页。

感,它之于中国发展的作用,难以估量。① 因此,这次体育盛会带给新中国和北京的赛事遗产,除了基础设施提升和完善以外,更重要的价值体现在中国面对世界的勇气和信心;同时,展现中国人民集中力量办大事的决心,凝聚了集体精神,振奋了民族士气。这一届亚运会是中国在世界体育赛事举办历史上的转折点,也代表着中国在区域政治、文化和体育领域的话语权。

我国第二次承办亚运会的城市是广州。通过 2010 年亚运会,广州向亚洲、向世界奉献了一台宣泄体育激情、彰显亚洲和谐、展示发展成果、弘扬文明风尚、抒发人文情怀、传扬岭南文化的盛会。② 亚运会在设施设备、城市环境、经济发展等方面对城市做出了一定贡献,同时大型体育赛事通过激发志愿精神、促进国际理解、增进当地身份认同,提升了公民素养、凝聚了社区力量、促进了群体平等,从而提升了广州的城市软实力。开放办亚运,成为亚运会筹办过程中鲜明的特色。亚运会促使城市"开放",这一点对外表现为具有国际视野、遵守国际惯例、吸收国际经验、引进外来人才、与亚奥理事会等国际组织密切合作;对内则表现在政府部门从一种平视角度,倾听民众呼声,重视民众利益。通过对广州城市文化的悠久历史和深刻内涵的科学分析和准确把握,广州亚组委把中国传统文化、岭南地域特色、改革开放的时代精神和广州城市的精神气质,融合成为一个有机整体,在亚运会的宣传组织、礼仪程式、文艺表演、来宾接待等各个方面给予充分的体现,使体育运动会成为展示广州城市形象的好机会。

随着国际赛事经验的积累和国力的日益强盛,2008 年中国圆了百年的奥运梦,北京或者整个国家接受全球顶级赛事的检验。北京奥运会的成功举办,让健身概念在国内受到空前重视,全民健身已经成为人们生活的"刚需"。同时,为纪念北京奥运会成功举办,满足广大人民群众日益

---

① 岳川:《北京亚运三十年:一首歌 一座城 一段泛黄的流金岁月》,2020 年 9 月 22 日,见 http://www.chinanews.com/ty/2020/09-22/9296916.shtml。

② 许基仁等:《重塑新广州创造新生活——记广州亚运会留下的宝贵遗产》,2010 年 11 月 28 日,见 http://www.gov.cn/jrzg/2010-11/28/content_1755119.htm。

增长的体育需求,倡导人民群众更积极地参加体育健身运动,国务院批准每年的 8 月 8 日为"全民健身日"。奥运会倡导的竞技体育有效地促进了文化之间的认同与尊重,为不同文化、不同制度、不同信仰的人们构建了广泛而深刻的文化认同心理基础,因而能够加深对举办城市的印象。另外,运动员在特定城市参赛而获胜,这个城市就是其梦想成真的"福地",成功的喜悦和巨大的荣誉往往会让这些明星运动员对城市产生一种特殊的感情,更加关注城市的景物和发展。由此,良好的城市形象会随着明星运动员的二次传播,在深度与广度上得到进一步强化。

2008 年,北京奥运会的价值体系构成包括媒体覆盖价值、奥运经济价值、举办地居民受益、体育产业的发展、奥运遗产价值。[①] 不但为北京提供了向世界展示中国的机会,也为世界打开了认识中国、认识北京的窗口。从国际视角来看,北京奥运会的成功举办,对国际社会产生了意义深远的影响,进一步弘扬了奥林匹克精神,全面展示了中国现代而开放的国家形象,促进了中国文化与世界文化的交流与融合,倡导了"和谐世界"的理念,促进了奥林匹克运动的发展。北京奥运会成为世界各国人民加深了解、增进友谊、团结协作的一座桥梁。从国内视角来看,北京奥运会的成功举办,对中国社会现代化的发展意义非凡。北京奥运会促进了中国现代化与和谐社会建设,增强了中华民族凝聚力,推动了中国体育现代化,加速了中国国民心态的成熟,彰显了中国政府高超的执政能力,并为中国人民留下了丰富的物质财产和精神财富。

2. 促进体育发展,改变生活方式

三十年前,北京第 11 届亚运会标志着新中国在国际大型赛事活动中由参赛方向主办方的转变,同时也在中国掀起关注运动、参与运动的风潮。就体育而言,北京亚运会的成功举办,为中华民族长逾百年的奥运梦想插上了翅膀[②];同时,证明了中国举办大型体育赛事的能力,也为后续

---

① 　杜文、杨爱华、黄军:《北京奥运会价值体系及价值内涵研究》,《山西师大体育学院学报》2009 年第 4 期,第 46—49 页。

② 　岳川:《北京亚运三十年:一首歌 一座城 一段泛黄的流金岁月》,2020 年 9 月 22 日,见 http://www.chinanews.com/ty/2020/09-22/9296916.shtml。

的国际赛事承办积累了重要经验。

广州亚运会相比北京亚运会在国内的曝光率和关注度明显不同。但是，亚运会作为体育盛事，传媒宣传仍不遗余力。当地市民通过参与申亚活动和报纸、电视、电台的宣传报道，或主动或被动地对体育赛事多了一份关注。在亚运会带动下，市民参加体育运动的热情与兴趣得到了提升。在全城的运动热潮下，体育产品和服务的销售额必定会增加。体育健身产业不断发展，亚运会后也实现飞跃。

通过亚运会，居民生活方式发生改变，生活品质得到进一步提升。除建筑、环境、交通等"硬环境"外，文化、休闲、健身、娱乐等"软环境"建设也是广州亚运会的重点工作。《奥林匹克宪章》指出：奥林匹克主义是增强体质、意志和精神并使之全面发展的一种生活哲学。广州和广东在筹办亚运会过程中忠实地实践着这一全人类共同的理念。随着各大公园相继免费向市民开放，一系列"拆墙透绿"的行动将绿色与城市生活融为一体。文化就在家门口、运动就在家门口、公园就在家门口，这些公共服务设施的建设悄悄改变了羊城人的生活内容和生活方式，提升了广州市民的生活质量和生活品位。人民健身方式多样化，健身场所多元化已成为新常态，大量的体育赛事项目成为群众参加运动的"驱动器"和"吸铁石"。更重要的是，群众从"要我健身"向"我要健身"的态度转变，从"健身去哪儿"向"15分钟健身圈"的健身场景转变，实现了健康城市、健康社区的构建，不仅让体育运动走入人们的生活，越来越多的人爱上运动、参与运动，更让全民健身成为健康中国的"新标签"。

3. 促进城市建设，改善生活环境

大型体育赛事的举办，最明显的变化就是城市基础设施得到建设和提升。城市基础设施是大型赛事顺利进行的保障，关系到赛事的成败，巨额的投资使城市的基础设施得到质的飞跃。为满足亚运需求，广州旧城区的设施得到更新替换，提高了生活环境质量；新区的设施得到高标准的配套，使新区的发展有了发展的原动力，加速新区的建设。

从此意义上看，亚运会促成了广州的城市格局的变迁。自2004年成功获得第16届亚运会举办权到2010年成功举办亚运会，广州城市基础设施投资超过 2000 亿元,其中 1100 亿元用于地铁建设,广州的城市版图得以重构。广州是一座有着 2200 年历史的老城,原有城市中轴线北起越秀山南至海珠广场,曾是这个城市的命脉和骄傲。随着城市的快速发展,在城市规划和迎接亚运会的统筹中,广州毅然将城市中轴线东移至天河、珠江新城、广州塔、海心沙岛一线,实现城市中心东扩。城市格局的变化,是亚运会留给广州的最重要的遗产之一,深刻地影响这个城市的未来格局和百姓的生活。同时,亚运会恢复了城市山水格局,改善了生活环境。伴随着城区多条河道的整治,广州"六脉皆通海,青山半入城"的山水格局得以重现,许多老广州的"水城记忆"被重新唤起,这是亚运会带给这个古老城市的一份大礼。绿化增加、水环境治理、城市亮化工程等等使城市的环境得到比较明显的提高和加强。为确保亚运会空气质量而采取治污举措,全市规模以上工业增加值增速下降了 4 个到 6 个百分点,减少工业总产值 450 亿到 680 亿元,实现了城市环境的提升。而环境提升,特别是体育设施供给和健身环境的优化,是居民参与体育活动、健身康体的重要基础。

## 二、赛事遗产推进健康社区构建与发展

体育赛事遗产的一个重要功用是激发居民运动热情,培养居民健身习惯,最终形成具有健康文化和意识的健康社区,促使所有社会成员以健康的方式工作和生活。因此,健康社区是体育赛事遗产转化的重要场景,也是体育赛事遗产惠及大众的关键路径。近期出台的一些国家重要政策和文件中都证实了体育运动与健康中国、健康城市和健康社区的关系。《健康中国行动(2019—2030 年)》设有"全民健身行动"专项重大行动计划,开篇强调:"生命在于运动,运动需要科学。科学的身体活动可以预防疾病,愉悦身心,促进健康。"《全国健康城市评价指标体系(2018 版)》也强调大力提升居民的健康意识和健康素养,促使居民形成健康的生活方式和行为。由此可见,体育活动、日常锻炼等健康行为成为衡量一座城市健康水平的重要标志。健康文化的打造、体育活动的推行、健身习惯的

养成都与体育赛事遗产有着密不可分的联系。如何发挥赛事遗产功能为社会创造更多的价值得到了国际社会的广泛关注。奥运会作为国际赛事的典型代表,明确规定举办国需要对赛事遗产进行规划。

### (一) 赛事遗产推进健康社区构建

《奥林匹克宪章》强调通过体育建设更加美好的世界,其中蕴含了"为居民和城市创造长远收益"的内涵。在具体操作层面,国际奥委会认为赛事遗产包含因主办奥运会/体育赛事而给居民、城市/地区和奥林匹克运动带来的长期收益,这不仅指因赛事而新近产生的收益,也包含因赛事而引发的原来收益的变化。北京夏季奥运会在借鉴先期奥运遗产管理运营经验的基础上,积极探索"政府引领、市场化运作"的项目建设和传承运作模式。比如,2008 年奥运会之后,北京奥林匹克公园体育、文化、会议会展、旅游、科技、商务等六大产业融合发展;场馆建在大学内也是一大特色,当时有 1/5 的场馆分建于北京的六所高校内。会后,这些场馆在满足校内生活需求之外,对社会开放,为公众提供锻炼健身的场所和服务,场馆的利用充分体现了公众性、公益性、普惠性,是教育与公益相结合的遗产传承模式。赛事遗产也有无形部分,这些遗产主要涉及奥运遗产的组织机制、奥运教育机制以及奥运交流机制。以夏季奥运会为基础,北京冬奥会特设立北京 2022 冬奥会和冬残奥会遗产协调工作委员会,负责冬奥遗产的规划、开发、管理和传承工作。

通过筹办北京冬奥会,努力创造体育、经济、社会、文化、环境、城市发展和区域发展七方面的丰厚遗产,为主办城市和区域长远发展留下宝贵财富,惠及广大人民群众,实现奥林匹克运动与城市发展的双赢。[1] 从冬季运动项目的良好发展态势和全社会积极参与以冰雪运动为代表的冬季运动来看,冬奥会的举办必将成为促进广大民众参与冬季体育项目,积极锻炼身体,构建健康社区的行动力。

---

① 北京奥组委:《北京 2022 年冬奥会和冬残奥会遗产战略计划》,2019 年,第 3 页。

### （二）亚运会遗产推动健康社区发展

不同于奥运会,亚运会还没有设定明确的遗产规划和管理要求。但是,各界亚运会的组委会都十分重视亚运遗产的管理和传承。例如,广州通过亚运会向全球奉献了一台宣泄体育激情、彰显亚洲和谐、展示发展成果、弘扬文明风尚、抒发人文情怀、传扬岭南文化的盛会。这一届亚运会以"迎接亚运会,创造新生活!"为目标,不仅举办了一届成功、圆满、精彩的赛会,而且极大地推动了当地经济发展、文化繁荣、社会进步、环境改善,实现了利民惠民的目标,凸显科学发展上水平的成效。[①]

作为 19 届亚运会的举办地,杭州既是历史文化名城,也是国内智慧城市的代表。因此,杭州应当充分利用自身资源,向亚洲乃至世界展现一场"绿色、智能、节俭、文明"的体育盛宴。为实现杭州亚运社会遗产的目标,潘诗帆依据《2022 年北京冬奥会和冬残奥会遗产战略计划》,提出亚运会的社会遗产应该包括健康生活的推广、国际交流的开放、社会思想的转变、志愿服务的提升及包容性社会的建设五个方面。[②] 综合来看,利用好亚运会的社会遗产,可以在以下三个方面推动健康社区的发展。

首先,完善健康运动基础设施建设。杭州获得亚运会举办权,充分激发了杭州人民的体育热情,各地民众通过参与体育活动,以实际行动来支持杭州亚运会的筹备、举办;与此同时,政府部门也因势利导、为大众体育的开展提供场所和设施。例如 2019 年,杭州将城市绿道建设上升为政府"十件民生实事",推进 400km 健身绿道建设;到 2035 年,要完成所有绿道支线和延伸线建设任务,形成一个全流域高品质的绿道网络体系。所以,举办亚运会有利于强化政府和民众对体育活动的认知,增强对健康知识的了解,丰富健身形式,让城市居民成为健康中国行动的实践者,努力构建城市健康社区。

其次,促进志愿服务融入健康社区的形成。杭州亚运会志愿者是直

---

① 许基仁等:《重塑新广州创造新生活——记广州亚运会留下的宝贵遗产》,2010 年 11 月 28 日,见 http://www.gov.cn/jrzg/2010-11/28/content_1755119.htm。

② 潘诗帆:《2022 年杭州亚运会的社会遗产展望》,《当代体育科技》2020 年第 10 期,第 207—208 页。

接服务赛事,观察赛事,接受赛事活动洗礼的一批人。一方面,亚运会志愿服务经验是否能够留存决定了杭州未来的志愿者文化能否得到普及;另一方面,受到赛事影响和激发,志愿者也会成为体育文化、健身行为等健康生活方式的传播者。此外,在筹备、举办亚运会的过程中,通过志愿理论培训、技能培训及分享交流的活动,志愿者在学习国际先进理念和服务经验的同时,进一步与国际志愿服务事业接轨,将国际赛事资源转化为杭州志愿服务事业可持续发展的资源,再融合当地特色,逐步形成杭州独具特色的志愿服务模式。

再次,提高杭州基层社区的包容性和韧性。未来城市和健康社区的一个重要特性就是包容性。杭州亚运会、城市国际化发展塑造了一批国际化社区。国际化社区在建设过程中,要以包容性理念为核心,寻求可持续发展路径,保护弱势群体,强化全社会的公平竞争和资源共享意识,特别是体育资源的共享,能使人更充分地融入社会生活中。

最后,有利于形成全民健身的良好氛围。国内的全民健身"大觉醒"已经到来,"15分钟健身圈"在多地已成为现实,一些大型体育场馆已免费或低收费开放,为全民健身打好了公共服务的基础。其实,全民健身不仅是体育部门一家的事情,应该社会整体联动、系统化推进,这也是中国健康社区形成的重要条件。

## 三、结论与建议

近来,国务院印发的《全民健身计划(2021—2025年)》指出,在党中央、国务院的坚强领导下,全民健身国家战略深入实施,全民健身公共服务水平显著提升,全民健身场地设施逐步增多,民众通过健身促进健康的热情日益高涨,健康中国和体育强国建设迈出新步伐。2020年,杭州亚组委在《杭州市亚运城市行动计划纲要》中明确了未来两年,杭州要实施"健康城市打造行动、城市国际化推进行动、基础设施提升行动、绿水青山守护行动、数字治理赋能行动、产业发展提质行动、文化名城传播行动、城市文明共建行动",将2022年杭州亚运会办成一场突显"中国风范、浙江特色、杭州韵味、共建共享"的体育文化盛会。为了实现这个目标,杭州需要积极贯彻落实健康中国战略和习近平总书记"把体育健身同人民健康结合起来"的重要指示精神,加快实施《体育强国建设纲要》,牢牢把握杭州亚运会机遇,继续丰富途径,深挖赛事遗产价值,为真正实现"办好一个会、提升一座城"的战略目标,建成符合国家要求,人民群众满意,促进全面发展的健康社区而继续努力。

一是加大对群众性大型健身场馆的投入使用,提高群众健身时数和次数。《纲要》提出,要以亚运会、亚残运会为契机,进一步推进全民健身,加大健康社区建设、设施供给等力度,提升杭州健康指数和延长人均寿命。重点开展各类亚运主题全民健身活动,每年组织健身活动 1500 场次以上,开展全民健身培训服务 1000 场次以上;充分利用群众性大型综合健身场馆,构建 10 分钟健身圈和全民健身设施网络;每个区、县(市)建成 1 个以上亚运主题公园,每个乡镇(街道)建成 1 千米以上亚运慢行道;推动奥林匹克社区建设,实施"一个社区一个体育项目"计划;加快"城市大脑"全民健身和场馆监测应用场景建设,共享全市体育场地设施,推动场馆公益开放落地等。

二是完善城市软硬件和配套设施建设,建设可供观赛和后续使用的"亚运公共空间"。《纲要》提出,要以场馆配套、交通、通信、无障碍设施、各类公共空间等为重点,完善城市各类软硬件和配套设施建设,为亚运会、亚残运会成功举办奠定坚实基础。重点推进场馆周边及公共空间停车设施建设;在城市重点公共区域建设无障碍设施;利用城市现有或新建公共空间,授权建设一批用于露天观赛、举办文化活动的"亚运公共空间"。

三是支持智能运动装备研发与制造,推进省级运动休闲特色村镇建设。《纲要》提出,要充分发挥杭州创新活力之城和数字经济的独特优势,全力打造智能亚运会、亚残运会,带动相关产业加快发展。推进"亚运创客计划",开展集学习、融资、推广、社交、竞技等为一体的"创客运动会";支持可穿戴运动设备和智能运动装备的研发与制造,促进本地体育制造业转型升级;办好杭州马拉松、钱塘江国际冲浪对抗赛、西湖国际名校赛艇挑战赛等本土品牌赛事；举办亚运测试赛、国际重大单项体育赛事等国际 A 类体育赛事 10 场次以上；打造"一区县（市）一品"赛事品牌体系，举办 100 场次品牌赛事活动；推动"赛会+文旅"产业融合发展，培育 8 个省级以上运动休闲特色村镇，重点发展水上、山地、空中等特色休闲运动和极限运动。

四是广泛招募培育城市志愿者，建设高水平体育特色学校。进一步提升城市文明水平和市民文明素养，营造全民参与、支持亚运的浓厚氛围，呈现杭州和谐、温情、友善的独特韵味。以亚运为契机宣传、推动全民志愿服务计划，广泛培育和招募各类城市志愿者，做好服务赛会期间城市运行保障、社会氛围营造、赛场文明宣传及和谐环境创建等工作；开展"亚运四进"活动，组织亚运进学校、进社区（村）、进社团、进机关（企业）；建设市级体育特色学校 100 所；完善立体化、信息化社会治安防控体系，打造"最安全城市"。

第 19 届亚运会对杭州而言，是城市加速发展的动力源，也是为城市创造长远利益的重大机遇。亚运会需要创造的不仅是为期 16 天的赛事体验，更是赛事结束后带给当地的各种赛事遗产。当前以及相当长的一段时间内，杭州市政府和相关机构应关注亚运遗产的研究和梳理工作，要突破传统的赛事遗产认知，充分考虑赛事对产业服务水平和能力的提升功能，通过承办亚运凸显杭州在构建亚洲共同体中的独特价值和地位。同时，要积极创造亚运遗产转化的不同场景，充分释放亚运遗产服务社会、城市、产业和居民的潜能。真正实现通过体育赛事遗产促进杭州经济、社会的全面可持续发展，改进居民生活环境，提升居民幸福感的多元价值，进一步推动奥林匹克运动在中国、亚洲地区的发展。

乔桂强　浙江外国语学院文旅学院

# 亚运社区：杭州大健康社区建设研究

习近平总书记在党的十九大做出实施健康中国战略的重大决策部署。2019年6月，党中央、国务院发布《"健康中国2030"规划纲要》，提出了健康中国建设的目标和任务。2020年12月，《杭州市人民政府关于推进健康杭州三年行动（2020—2022年）的实施意见》颁布实施，作为推进健康中国战略和健康浙江行动的具体措施，力求以实际行动转变卫生健康理念，保障人民健康。三年行动计划的实施将推动杭州加快实现"打造健康中国示范区，让全市人民享有更健康生活"的目标，也为大健康社区建设提供政策保障和方向指引。当前，杭州正处在亚运会建设的关键时期，这也将成为大健康社区建设的重要机遇。以亚运会为契机，杭州将集中资源进一步完善社区基础环境，加大在亚运社区资源、生态、文化、社会等全方位的支持和服务。此外，国际体育赛事将唤起群众主动参与体育运动的热情和健康意识，在后亚运时代将会长期保持全民健身热潮，并带动整个健康产业的发展和大健康社区的建设。

## 一、大健康社区的基本架构

### （一）大健康社区范畴

创建健康城市是世界卫生组织向世界各国倡导的全球战略行动。1948年，世界卫生组织明确了健康的定义，即一种生理、心理和社会适应都趋于完好的状态,而不仅仅指没有疾病的身体。① 对于社区中的每一个个体而言,健康涵盖了广泛而深刻的意义,包括身体、心灵、社交、个人发展等方面的综合素质②。本研究认为,大健康社区并不只是社区内健康个体的简单集合,大健康社区的建设目标也不仅是要提供与生理健康相关的服务,而更应包含生态、文化、社会等全方位的支持和服务。作为一个具备多重内涵的整体,大健康社区应具有能促进社区成员健康的各种自然、社会、文化条件以及经济、技术环境,应满足个体与环境互动的需求,应是弹性且可持续发展的。

### (二) 大健康社区构成要素

大健康社区的建设目标主要体现在物质环境、经济环境和社会环境三个维度上。物质环境包括自然环境要素与建成环境要素。在社区空间内,大健康社区的目标是维持和强化原有的自然生态环境,并塑造舒适高效的建成环境。自然生态环境要素一方面包括空气、水体、声环境以及冷热舒适度等物理环境因素,为其他健康场景提供基础支持;另一方面包括社区绿化度、生物多样性以及景观多样性等生态环境要素,为社区营造亲自然性场景。建成环境要素包括社区建筑舒适度、交通便捷性、社区公共基础设施、社区智能化管理和运营等内容,增添社区环境的完善性。

经济环境包括社区产业发展以及居民的就业、收入和生活水平。作为社区建设的先行者,健康社区经济建设应该秉持可持续发展原则,发展社区循环经济。社区产业发展包括充分利用楼顶、绿地、农场等社区空间发展休闲观光农业,利用地方特色产品发展精细制造业,完善社区服务业供给建设,建立双创共享空间。将社区产业建设与居民就业相结合,引导社区居民和外来劳动力就地就业,实现产业发展与居民收入增长的双赢,

---

① "Constitution of the World Health Organization", *Chronicle of the World Health Organization*, 1947, pp.29–43.

② G.R.Gunderson, "Backing onto Sacred Ground", *Public Health Reports*, Vol.115, No.2/3 (2000), p.257.

提高居民的生活水平。

社会环境涵盖人文、教育与居民身心健康等方面。大健康社区的建设要体现人文关怀理念,表现为对社区残障人士的关怀和对社区居民的关心。不仅从物质方面提高居民的生活水平和质量,更注重居民的社区健康教育,鼓励社区居民参与社区日常的管理和运营中,充分体现对社区成员的尊重和人文关怀,满足居民更高层次的精神需求。居民身心健康主要包含社区健康服务、文体活动、邻里关系以及利益表达机制和协调机制五个方面。通过优化服务、合理设计活动与社区机制,达到社区居民生理健康与心理满足的双重建设目标,使居民的身心健康得到有效保障,为居民提供一个良好舒适的生活环境。

## 二、杭州健康社区建设实践

### (一) 数字赋能,提供智慧化健康服务

葛巷社区位于余杭区未来科技城,常住人口 7450 人。近年来,社区运用数字化思维,将"健康大脑+智慧医疗"举措落实到社区卫生机构。目前,社区智慧健康站配置了近 20 项自助检测设备、远程会诊系统、AED 设备、自助云诊室等,实现 24 小时自助检测、名医名院零距离、120 急救和转运、自助购买应急药品等功能,并配备了职业(助理)医师和社区护士。同时,打通省、市、区三级医疗健康数据及智慧健康站检测数据,实现居民健康"一键查询"等。通过数字赋能、数据互通、精准管理等手段建成社区健康融合体,提升社区整体健康管理服务效率。

### (二) 应对老龄化,建设老年友好型社区

上城区清波街道的柳翠井巷社区总人口为 3681 人,其中 60 周岁以上独居空巢老人 320 户。2020 年以来,社区响应健康社区建设号召,积极探索社区养老新模式。加快老年之家等基础设施建设,为老年人群提供完善的设施服务,并引入第三方养老服务组织,为社区养老服务增能赋能。同时,积极开展"睦邻自治会""金手指"等结对活动,营造和谐美好

的社区养老环境。社区通过整合资源、完善设施、增加关怀等措施,不断满足社区多元化养老需求,构筑健康美好的社区养老氛围。临平区南苑街道的文仪社区共有户籍人口 3018 人,其中 60 周岁以上老人 850 人,占社区总人口的 28%。近年来,文仪社区通过共建共享、完善设施、创新载体、精细服务等措施,不断提升老人幸福新指数,实现了老年友好型社区服务亲情化、活动经常化、学习多样化、奉献常态化、养老国际化,营造了浓厚的敬老爱老助老氛围。

### (三) 结合未来社区创建,增添社区体育元素

瓜山社区位于拱墅区石祥路,是浙江省首批未来社区试点创建项目之一。为积极迎接亚运会,瓜山社区将体育元素作为重点建设内容,社区拥有 2800 平米的体育健身中心,包括 2 个室内篮球馆和 5 个羽毛球场,以及瑜伽馆、攀岩馆、乒乓球馆等体育场馆,社区还计划在建筑楼顶建造空中篮球场和足球场。此外,社区打造"5 分钟健身圈",配备夜光塑胶跑道、室外喷雾、直饮水等设施,而且每个公寓都配备设施完善的健身房,以满足居民工作之余的体育健身需求。除硬件设施以外,社区也积极构建社区运动氛围。通过建立微信群进行健身运动打卡等活动,拉近居民之间的沟通距离,增加居住幸福感与满意度。

### (四) 提升全民健康素养,完善社区心理健康服务

杭州是全国较早重视并开展社区心理疏导的城市。2006 年,以拱墅区亲和心理健康中心开张为标志,杭州建立国内首个"社区心理卫生四级服务模式"。社区建立温馨舒适的社区咨询室,并配备舒适的座椅、沙发以及心理辅导书籍。每个咨询室配有专业的心理咨询师,并严格遵守完善的值班、档案管理和隐私保护制度。杭州通过积极推进社区心理健康促进行动,提升了全民心理健康素养,维护和增进了社区居民心理健康。

# 三、大健康社区创建目标

## （一） 提高社区居民整体健康水平

近年来,中国居民的健康意识正在逐步增强,但不健康的生活方式仍普遍存在。肥胖等健康问题日益凸显,我国成年居民超重肥胖超过50%。慢性病患病、发病率不断上升,2019 年我国因慢性病导致的死亡占总死亡的 88.5%。与传统社区居民对自身健康状况的"自我管理"相比,大健康社区可以对居民的健康状况进行全面管理,根据每个居民的体质特征、身体情况、生活习惯等,分析和制定科学的健康规划,向居民提供基本的健康和医疗教育,以便及早发现疾病并进行有效治疗,从而提高居民的整体健康水平。

## （二） 为居民提供定制化的服务

随着人们经济状况和生活水平的日益提高,在社区居住过程中逐渐呈现更多的需求倾向,而多样化的定制需求是传统社区远远无法满足的。与传统社区居民的"自我满足"不同,大健康社区针对个体居民提供定制化服务,针对不同群体的要求制定合理的解决方案,能够在最短时间内满足居民需求,从而优化社区资源配置。

## （三） 突破单一的医疗模式

2020 年,全国医疗卫生机构数为 102.3 万个,其中基层医疗卫生机构 97.1 万个,占比 94.9%。全国医疗机构诊疗达 78.2 亿人次,其中基层医疗卫生机构诊疗 41.2 亿人次,占比 52.7%,基层医疗服务需求正在日益高涨。在传统社区中,有就医需求的居民一般需要前往社区附近的医院进行就诊,不仅需要花费大量时间而且效率较低。大健康社区的健康智慧平台可以实现居民与医务人员的实时沟通,同时大健康社区内更加完善的医疗资源可以满足居民大多数轻症状疾病的就医需求,避免了到医院就诊的繁琐流程,并在一定程度上有效缓解了医院的医疗资源压力。

# 四、当前大健康社区建设存在的问题

在中国快速城市化的进程中,要实现可持续发展就必须以人的健康为核心目标。我国健康社区的形成和建设是与健康城市同步的,是健康城市在社区(街道)范围的一种实现形式。但在实际建设中,面临一些问题和难点,主要体现在以下几个方面。

## (一) 社区居民参与度不足

健康社区建设还没有形成完整的体系,社区居民参与度较低。主要表现为几个方面:一是社区居民对健康社区的了解程度不足,导致社区活动开展不多。二是居民对于健康的认识仍停留在自身健康层面,对于整个社区的宏观健康概念缺乏认知,认为健康社区建设是政府层面的事,而没有认识到自己是健康社区建设的关键主体。三是社区健康活动的举办者和参与者主要是老龄人群,而健康顾问、社区医生等专业技术人员参与较少。

## (二) "伪绿色"外表

在健康社区的实际建设中,有的社区大量选用人工草坪和移植树木,这种人造的、速成的绿色不仅极大地破坏了社区内原有的生态稳定性,而且其高昂的维护费用也会加剧管理部门的负担以及居民与物管之间的矛盾。绿色社区不仅仅指社区内的绿化程度,还要在社区运行的各个环节中最大限度地节约资源、保护环境,为社区居民提供健康、高效的使用空间。

## (三) 少完善的管理和资源整合机制

虽然健康城市和健康社区的理念在我国很早就已经提出并付诸实践,但对其重视程度仍有所欠缺。首先,未能将健康理念融入社区全方位建设任务当中,导致相关部门缺乏有效的制度保障和体制机制,建设层次水平较低。其次,由于地方政府受传统理念的影响,对健康社区的资源投入力度欠缺,而且在工作开展过程中难以很好地协调配合。

## 五、杭州亚运社区建设大健康社区的路径与保障

### （一）亚运社区建设大健康社区的路径

#### 1. 健康住宅建设

亚运社区因同时承担赛事,项目贯彻高标准建设的要求,在智能化、通信基础设施、安保、空气污染、电气配置等方面参照亚组委公布的高于现行国家规范及行业标准的相关要求进行建设。在建设过程中,秉持可持续居住理念,突出健康要素,体现以人为本、人与自然和谐共生的建设目标。在建筑设计方面,体现高效舒适、节能环保的生态设计理念。充分布置和利用太阳能设施,实现社区内节能环保。建立完善的雨水收集和污水处理系统,达到节约用水和水资源循环再利用的双重目标。同时,通过多方专业合作,探索超低能耗、近零能耗以及零能耗的健康建筑示范。

#### 2. 健康环境建设

（1）提高社区绿化水平。在大健康主题下,亚运社区应该在延续原有生态环境,保持自身景观特色的基础上,改善和提高社区的绿化水平。通过降低空气、河道污染,提升社区的空气和水体质量,配置多种类型的植被和景观,以满足不同居民的生活交流需求。在面对社区可利用面积有限的问题时,探索尝试社区立体景观设计方案,并将社区景观与更大范围的城市景观相结合,为社区居民营造健康的绿色生态空间。

（2）营造充满活力的健康空间。结合亚运社区的现实需求和居民日常生活习惯,在社区可利用空间内,建设精致缤纷的公园绿地。鼓励居民积极参与社区生态空间建设,通过绿植领养、果蔬种植等社区活动,达到美化社区环境和愉悦居民心情的双重作用,同时加强了社区居民间的交流合作,促进居民互动,提高社区活力。

（3）保证公共空间的可达性和开放性。要保证社区空间的可达性,使社区内各个区域的居民都能在同样的范围和距离内,享受到公园绿地和体育设施场地等公共空间所带来的休闲体验。同时,考虑到亚运社区独特的体育属性,应该在保证社区居民安全性和私密性的前提下,增加社

区空间的开放性,提升社区外人员在社区公共空间的参与感和游憩体验。

(4)完善人性化设施。亚运社区建设应该充分体现以人为本的理念。完善照明灯、公园座椅等社区基础设施,合理增设垃圾分类装置、自助商品销售机等人性化设备,为社区居民提供更加便利的服务。针对亚运社区的体育属性,完善体育场馆、室内外健身空间、游乐场地等设施,鼓励全民参与运动健身。完善健康医疗服务设施,保证运动健身人员获得便捷高效的健康服务。

3. 健康社会建设

(1)增加线上线下邻里互助交流的"邻里场景"。根据亚运社区的多种社群特征,创建线上线下多种渠道,增进邻里间的场景沟通。在实际生活中启动社区邻里节等民心工程,促进社区居民交流沟通、互相关怀,提升居民对社区的归属感和幸福感,增强社区凝聚力。利用智能设备构建社区交流平台,不仅使居民交流更加便捷高效,更能对不同居民需求快速反应。线上线下相结合,促进邻里互助交流,共建和谐社区。

(2)加大老龄人群关怀度。鼓励和引导社区老年人积极参与社区管理与志愿服务,主动照顾高龄、残疾和独居老人。定期举办丰富的社区老龄活动,针对老年人群的特殊需求,设立专业的老年运动健身、医疗保健、休闲文娱等配套设施和无障碍设施,建设氛围和谐的老龄友好型社区。

4. 健康交通建设

考虑到亚运社区频繁的人、车流量,在社区建设时应采用合理的交通布局,减少人车之间的交通冲突,提升社区交通安全性。同时,应构建高可达性便捷慢行系统,通过覆盖完善的地铁与巴士站点以及街区的交通网络和慢行步道系统,形成 TOD 综合体,实现全覆盖的可达性,构建一站式便捷生活。

在社区内优先采用步行、骑行和公共交通等低污染、低能耗的出行方式,塑造健康的社区交通环境。注重社区内外的交通衔接,以公共交通枢纽为核心,构建多层次、便捷高效的公共交通系统。同时,合理规划非机动车道和人行道,控制车流量和流向,防止特定时间段内的交通拥堵问题。在社区街道设计中,考虑到老人、孕妇以及残障人士等特殊群体的情况,设置专门的通行设施和休息空间,充分体现健康社区的人性化理念。

5.健康人文建设

(1)开展多元文化项目。结合现实需求,对亚运社区进行文化定位。通过挖掘社区特色主体文化,打造社区文化优秀品牌,发挥品牌的拉动和引领作用。完善社区人文建设所需要的场地及软硬件设施,为社区人文建设提供必要的物质条件。以社会组织为依托,充分发挥社区设施的公共效益,引进优质文化资源,丰富社区居民的文化生活。

(2)塑造现代社区精神。建设社区诚信宽容的氛围和责任意识。通过居民间的相互监督和宣传,抵制公德缺失等不道德行为,宣传社区好人好事,树立诚信典范。建立包容的社区制度,形成良好的居民利益表达机制和协调机制,通过友好协商,减少居民间的冲突和矛盾,培养和谐的邻里关系。促进居民培养社区责任意识,鼓励和引导居民间互帮互助,增强居民对社区的归属感和责任感。

### (二) 亚运社区建设大健康社区的保障

1.推进智慧健康管理

依托物联网技术,搭建数字化大健康管理平台,构建社区居民健康管理体系。将居民每天的健康数据存入健康管理平台的个人账户中,平台对居民的身体状况进行长期的检测和分析,识别居民在日常生活中的各种健康问题,一旦出现状况,平台要实现快速反应,提醒社区人员协助急救,确保居民的日常健康和安全。同时,平台定期或不定期向有需求的业主发送健康评估报告并提出相应的健康管理意见。

2.深化体制机制改革

(1)加强组织领导,明确行动职责。各级政府要把大健康社区建设列入重要议事日程,形成政府主导、部门联动、社会参与的工作格局。各部门细化目标、指标、任务和职责分工,结合实际抓好贯彻落实。

(2)健全支撑体系,强化监督考核。建立考核奖惩制度,将大健康社区建设情况纳入考核任务。健全日常督查评估制度,定期评选大健康社区建设工作先进典型。各级政府进一步加大保障力度,优化财政支出结构,完善政府主导的多元化健康筹资机制,吸引社会和企业投资。

(3)制定《杭州大健康社区品质等级划分与评定》标准。按照大健康社区的建筑、环境、交通等具体要素来制定标准细则,将大健康社区建设的各方面工作绩效量化评价,以有效指导标准化试点创建工作,使杭州大健康社区的居住质量和居住体验得到明显的改善和提高,取得良好的经济效益和社会效益,并对全面提升社区建设的行业标准、创建一批具有国际水准的大健康社区发挥积极作用。

**3. 加强政策保障**

杭州各级政府应结合本地的资源情况出台具体的大健康社区建设发展规划文件,进一步聚焦当前影响人民群众健康的主要问题和重点疾病,着眼于从影响健康因素的前端入手,推进从以治病为中心向以人民健康为中心转变,围绕全人群进行全方位的健康干预,在健康策略、定位、主体、行动上实现突破性变化,构建健康融入社区的具体创建模式,实现社区健康发展的常态化与定型化。

大健康社区的建设需要多部门、多领域、跨界配合与协调,因此更需要人力、物力、财力全力配合。政府应当充分发挥宏观调控的作用,提供政策导向与发展规划。在构建大健康社区促进社区居民健康居住的实施路径中,首先要求相关政府部门加以引导、协调、支持,制定一系列的政策法规并进行长远的规划布局。大健康社区建设的政策法规体系应依托《"健康中国2030"规划纲要》《"健康杭州2030"规划纲要》《"健康萧山2030"规划纲要》以及《杭州市人民政府关于推进健康杭州三年行动(2020—2022年)的实施意见》等政策文件。在结合杭州城市和亚运社区的实际情况下,制定实施具体流程方案,保障政策文件的顺利实施。

**4. 加大全民健康社区认知**

(1)多途径宣传教育。发挥新闻媒体、行业类媒体、健康类媒体及政府官方微博、微信等新媒体的舆论引导、健康科普功能,积极传播健康生活方式的核心理念,引导社会公众以各种方式支持、参与建设大健康社区行动。

(2)全民参与,共商共建共享。坚持共商共建共享的理念,构建多途径参与渠道,调动公众参与大健康社区建设的积极性,营造出全民参与、全民共享的浓厚氛围。将"自上而下"和"自下而上"两种决策方式相结合,让市民、企业和社会组织等共同参与大健康社区的建设和治理的各个环节中,政府充分听取公众意见并将意见落实到实际决策当中。同时,兼顾不同群体的权益,探索建立自治机制,形成各方力量参与大健康社区建设的良好局面。

5.构建社区"体医融合"健康服务体系

构建"体医融合"服务平台,为大健康社区居民的体育锻炼和医疗诊断等,提供健康信息支撑。通过社区与医疗卫生部门、体育主管部门相互协作的组织架构,在疾病预防、诊断治疗、后期康复等阶段,运用医疗和体育手段促进社区居民健康。在日常生活中,通过定期对居民进行身体状况监测、体育指导等手段,提升居民的身体素质,并对基础慢性病进行预防和治疗。

6.加强大健康社区人才队伍建设,提高专业化管理水平

(1)培养复合型人才,加强现有人员培训。支持高等院校和中职学校开设健康服务和管理等相关学科,鼓励社会资本参与职业院校建设,引导高校合理有序地为健康社区培养储备人才。基于以上政策,高校结合当前大健康社区建设人才需求特点,加强复合型专业人才的培养,为城市大健康社区人才队伍建设提供支撑和保障。同时,加大社区现有服务和管理人员的知识学习与培训力度,加快社区工作人员复合型能力的形成。

(2)建立人才队伍建设的制度保障。首先,加强宏观层面的顶层设计,例如,将大健康服务纳入社会保障体系;在地方探索大健康人才服务社区的可行性渠道。其次,社区委员会制定人才引进政策,增加社区工作人员收入,调动社区服务人员的积极性。构建以岗位责任、绩效考核为基础的岗位绩效工资分配制度,通过提高工作待遇、增加基层津贴等措施,吸引高层次人才到大健康社区工作,并严格执行晋升政策和奖惩措施。

### （三）新冠疫情背景下亚运社区建设大健康社区的关键

#### 1. 强化健康意识与实践

在新冠病毒传播过程中,佩戴口罩、勤消毒等防护措施能够有效降低病毒感染率和传染率。公众在经历重大卫生健康事件前后,其卫生健康意识普遍产生较大程度的变化。因此,在日常生活中重视社区居民健康意识的培养,鼓励居民采取合理的健康保护措施,可以帮助他们尽早发现并防范健康风险的潜在威胁。

#### 2. 构建社区健康服务系统

社区是居民最基本的生活空间,也是疫情防控的最主要阵地。在疫情暴发和防控过程中,暴露出基层卫生健康服务体系在防范和化解公共健康问题方面存在的部分痛点和难点,导致居民健康利益无法得到有效保障甚至受损。因此,面对各种突发性卫生健康事件,大健康社区需要构建完善的健康服务系统,由过去的政府管控转变为多元共治,在保证机制合理运行的基础上,充分提高应急处置能力。

#### 3. 传统体育发挥作为

新冠疫情的全球大流行给人们的健康产生了严重的威胁,人们在感染病毒后出现了人体多器官受损现象,并且已有研究表明患者合并低蛋白血症、心脏病、糖尿病等基础疾病后不仅会直接影响死亡事件的发生,还会通过提高并发症的发生率加重感染症状、增加死亡风险。与此同时,受疫情限制公众外出机会减少,导致运动量不足等问题,对公众的身体健康产生了一定的不利影响。研究显示,体育锻炼能显著降低食管癌等13种癌症的发病率,而且运动也具有防治高血压、糖尿病和肥胖症,降低血脂,预防心脏病等作用[1]。因此在疫情常态化背景下,发挥传统体育提升人体素质和健康状况的作用是十分必要的。

许振晓、尹永强　杭州师范大学阿里巴巴商学院

---

[1] 王玉侠、王人卫:《运动干预对癌症发生、患者生存及预后的影响》,《中国运动医学杂志》2011年第4期,第397—410页。

# 亚运遗产视角下杭州体育博物馆的构想

奥运会、亚运会等大型体育赛事会给举办城市留下里程碑式的印记——各类有形或无形的"遗产"。其中既包括城市建设遗产,经济、环境方面的遗产,也包括奥林匹克精神传递、文化交流、平等互助等社会文化遗产。这些遗产从不同的角度影响着举办城市的方方面面,对其进行有效的利用与保护是赛事的重要工作。国际奥委会改革方案《奥林匹克2020议程》中就将奥运遗产保护与可持续发展作为奥运会主办权考核重点之一。博物馆作为"征集、保护、研究、传播并展出人类及其环境的物质与非物质遗产"的公共机构,在亚运遗产的保护利用方面同样可以承担起重要的角色。

## 一、体育博物馆的重要价值

国际奥委会主席托马斯·巴赫(Thomas Bach)曾明确肯定过博物馆在保护利用体育遗产方面的角色与地位。作为2022亚运会的举办城市,杭州有必要将亚运遗产的保护与利用提上议事议程,同时将博物馆作为其中的关键举措纳入考量,提前统筹规划,为亚运遗产的有效利用、博物馆的建设运营预留政策和场馆空间。具体而言,杭州建立体育博物馆具有以下四点价值。

### (一)保存亚运记忆、保护利用亚运遗产

曾任澳大利亚体育史协会主席的理查德·卡什曼(Richard

Cashman)研究奥运遗产时发现,在诸如奥运会之类的大型赛事结束之后,部分居民会感到失落,因为在经历短暂高潮之后生活又回到了原点,就像"车子挂上5档之后又来了一个急刹车"①。他提出,场馆的持续运营以及博物馆的建立是公众回忆赛事、应对赛后失落感的方式。博物馆能够通过收藏和研究将鲜活的亚运记忆储存起来,并借由展示和教育活动将历史性的时刻再现给观众,以达到持续性的纪念。

亚运会对于杭州城市发展来说是难得的机遇,而对于杭州乃至附近区域的市民来说也将会是生活中的一次高峰体验——感受作为亚运会主办城市居民的自豪、亲眼见证夺冠的精彩时刻、作为志愿者服务世界各地游客等等。通过建立体育博物馆的方式保存亚运记忆,可以为城市发展留存一份珍贵的记忆,也可以成为维系城市居民记忆、自豪感的纽带。

### (二) 塑造文化认同、传承中国体育精神

2022杭州亚运会以"中国特色、杭州韵味、体育精神"为定位,超越了体育竞赛本身,将关注点升华到"文化"与"精神"。博物馆在文化传播与价值观塑造方面的功能早已受到关注②。杰弗里·科赫(Geoffery Z. Kohe)、乔治·格雷拉(George Grella)等学者都描述过体育博物馆(体育名人堂)如何运作以发挥其社会文化价值。体育博物馆是保存、展示与阐释体育历史的场所,科赫认为它通过唤起个人或集体记忆与游客建立必要的情感纽带,让游客有机会了解、欣赏和反思体育在国家历史和个人生活中的作用,进而产生归属感。③

杭州体育博物馆也能够搭建起一个串联过去、现在与未来的体育文化平台,在其中,观众不是旁观者,而是参与者。对杭州本地乃至全中国的观

---

① Richard Cashman, "Olympic Legacy in an Olympic City: Monuments, Museums and Memory", *Fourth International Symposium for Olympic Research*, 1998, pp.107–114.

② 燕海鸣:《博物馆与集体记忆——知识、认同、话语》,《中国博物馆》2013年第3期,第14—18页; V. Golding, *Learning at the Museum Frontiers: Identity, Race and Power*, Routledge, 2016.

③ G.Z.Kohe, "Civic Representations of Sport History: The New Zealand Sports Hall of Fame", *Sport in Society*, Vol.13, No.10(2010), pp.1498–1515.

众来说,它是集体记忆的容器,中国体育精神的殿堂;对世界范围内的游客来说,它是快速了解本地体育历史的媒介,也是不同文化融合碰撞的论坛。

### (三) 推进社会教育、发展体育研究

教育是现代博物馆最重要的社会功能之一。教育学家蔡元培在 20世纪 30 年代就提出,教育并不专在于学校,还在于博物馆、图书馆等机构,"博物馆就是一所学校之外的学校,是一所不设在研究所的研究所"①。与学校的正式教育相比,博物馆的非正式教育有其独特属性:受众广泛性、自主性以及体验性。

受众广泛性:正式教育的对象有年龄、身份限制,而博物馆教育的对象更为宽泛。1906 年美国博物馆协会成立时的宣言即为"博物馆应成为民众的大学"。② 正如美国博物馆联盟所强调的"博物馆是为每个人准备的,致力于确保所有背景的人都能在其中获得高质量的体验"③,杭州体育博物馆的建立可以为包括老人、小孩、残疾人在内的各个年龄阶段、学历群体提供在博物馆中学习的机会。

自主性:博物馆的教育,没有统一的课表,没有强制性的考核,也没有规定的学习进度,受众在开放、轻松的环境下汲取他们所感兴趣的知识。同样,杭州体育博物馆可以提供包容而多元的学习内容。除了提供具体的体育文化知识外,还可以激发市民的灵感,产生创造力,改变生活态度等。

体验性:博物馆最主要的教育渠道是展览,而展览是实物、文字(标签)、空间所构成的多媒介叙事,观众在其中行走、观看、触摸、交谈,这些行为使观众也变成了叙事的书写者,而非被动的知识接收者。因此,体育博物馆的学习是体验性的,是潜移默化的,与课堂学习有不同的感受。

---

① 宋伯胤:《博物馆:学校以外的教育机构——蔡元培的博物馆观》,《东南文化》2010 年第 6 期,第 8—10 页。
② 单霁翔:《博物馆的社会责任与社会教育》,《东南文化》2010 年第 6 期,第 9—16 页。
③ 美国博物馆联盟网站,https://www.aam-us.org/programs/about-museums/museum-facts-data/(2022 年 2 月 25 日登陆)。

与此同时,与遗产保护、收藏与教育密不可分的是博物馆的另一项重要功能——研究。依托藏品进行体育历史研究、体育价值挖掘是教育的必备基础。杭州体育博物馆如果能够打造成具有收藏的丰富性、机构的公信力、场馆的开放性的现代机构,将有助于提高杭州在国内外体育研究、学术交流中的地位。

### (四)助力城市品牌打造

博物馆的社会角色是多面的,它既是资料库、研究中心、文化传播中心,同时还是旅游目的地。重大赛事能够显著提升地区旅游的吸引力,而博物馆连同赛事遗产一起往往会成为游客感兴趣的旅游目的地。比如曾举办 2008 北京奥运会帆船比赛的青岛就在赛后建设了奥运帆船博物馆,与奥林匹克帆船中心一同成为了城市热门景点,而青岛也成为了 2019 年体育旅游热门境内城市第一名。① 充满历史文化底蕴的杭州,同样可以借助亚运会及其遗产,进一步强化城市品牌。《杭州市亚运城市行动计划纲要》将"赛会+文旅"产业融合发展、组织城市文化交流纳入杭州发展规划当中。《浙江省全域旅游发展规划(2018—2022)》提到要大力发展体育旅游、深度发展文化旅游、鼓励发展研学旅游等内容。杭州体育博物馆的设立是上述规划中的关键一环,能够将体育、文化、研学有机结合,同时,其还可与萧山区在建的世界旅游博物馆、杭州湘湖国际半程马拉松赛、帆船基地等赛事与景点,乃至全杭州全浙江的景点形成联动,打造可体验、可学习的体育文化片区。

## 二、杭州建设体育博物馆的基础与优势

目前,杭州已有体育主题的博物馆,即位于杭州体育馆的西大厅内于 2006 年 10 月开馆的"中国体育博物馆·杭州分馆"。2019 年,博物馆因

---

① 数据来源于中国旅游研究院、马蜂窝旅游《中国体育旅游消费大数据报告(2021)》,2021 年。

杭州市体育馆全面改造提升工作暂时闭馆,后续的场馆地址和设计方案目前尚未确定。多年以来,除了在体育主题博物馆建设方面已经取得一定经验外,杭州在政策规划、基础建设以及人才资源建设方面也持续发力,为杭州在新时代建设高标准的城市体育博物馆奠定了更为牢固的基础。

### (一) 坚实的政策规划基础

近年来,国家、浙江省和杭州市的多项战略都加大了对文化、文博事业的扶持力度。党的十八大以来,党中央把文化遗产、文物与博物馆事业置于战略谋划中的突出位置。2021 年 5 月,中央宣传部、国家发展改革委、文化和旅游部、国家文物局等 9 部门联合印发了《关于推进博物馆改革发展的指导意见》,提出要促进不同类型的博物馆发展,要在文化资源丰厚地区建设"博物馆之城""博物馆小镇"等集群聚落。同年 8 月,浙江省文化和旅游厅印发的《推进文化和旅游高质量发展服务共同富裕示范区建设行动计划(2021—2025 年)》也提出要打造新时代文化高地,努力成为促进群众精神富足的省域范例。《杭州市社会发展"十四五"规划(征求意见稿)》明确了要深入推进博物馆建设,并且投资 50亿元建设包括博物馆在内的杭州未来文化中心项目。而《杭州市"十四五"体育产业发展规划》更是直接提出要建设亚运会相关的主题博物馆。

### (二) 丰富的基础性资源

博物馆观众体验往往被视为一个完整的行程,观众服务"涉及参观者从最初期望到参观结束这一体验的所有方面"[1],因此,博物馆的公共文化服务质量评价需要全方位的考量,包括展览质量、教育活动、交通、场馆、周边景点等综合要素,浙江和杭州市在这些方面已取得了一定成果。

[1] 郑奕:《博物馆强化"观众服务"能力的路径探析》,《行政管理改革》2021 年第 5 期,第54—63 页。

当前,浙江省共有博物馆景区 14 个,全省登记备案的博物馆总数达到 396 家,居全国第二位。多个项目获全国博物馆十大陈列展览精品奖,且所依托的博物馆基本位于杭州。《浙江省文物博物馆事业发展"十四五"规划》继续推进文博事业,提出要建成博物馆现代公共服务体系标杆省,并推进文旅融合发展。同时,浙江"十三五"重大建设项目完善了综合交通网络,全省新增综合交通网总规模 1 万公里,建成铁路 1800 公里、轨道交通 700 公里、高速公路 1000 公里以上,高速公路 10 万人以上城镇覆盖率达到 90%。综合交通基础设施建设的完善为游客前来杭州体育博物馆参观提供了便利。

### (三) 良好的人才队伍建设

杭州具有良好的人才生态,拥有丰富的体育专业和文物与博物馆学人才资源,具备建设体育博物馆的理论与实践基础。杭州多个高校设有体育专业,包括浙江大学体育学系、浙江师范大学体育学院、杭州师范大学体育与健康学院等,研究方向涵盖体育教育、民族传统体育、社会体育、运动训练等,同时还有浙江体育科学研究所,以及为世界级赛事输送了多名冠军的浙江体育职业技术学院、陈经纶体校,可为体育博物馆的内容设计提供专业性的咨询,也能够为日后博物馆的公共教育活动提供资源保障。在博物馆的建设运营方面,浙江大学文物与博物馆学系与浙江省博物馆的博物馆学研究所也能够提供助力。浙江大学文物与博物馆学系是全国高校同类专业中创办和招生最早的,形成了以博物馆管理、展示设计、文物鉴定、文化遗产保护为主要方向的办学特色。体育与文博人才的"双剑合璧",为杭州体育博物馆的设立保驾护航。

## 三、杭州建设体育博物馆的挑战与对策

当前,杭州建设体育博物馆仍然面临着一定的挑战,这些也是全国体育类博物馆遇到的普遍问题:一是经费来源单一。大部分体育博物馆主要依靠政府拨款,缺乏可持续的经费来源,这也是制约体育博物馆

建设发展的重要因素。二是同质化程度较高。我国目前已有北京奥运博物馆、广州亚运会亚残运会博物馆、厦门奥林匹克博物馆等体育赛事博物馆,与其他体育博物馆的差异化特征并不算明显。三是运营理念亟须更新。以往的体育类博物馆基本由体育系统主导,以事业单位方式运行,文博专业人才不足,在展馆的功能定位、文物征集、展示宣传等运营过程中还存在较多的问题。基于上述问题,我们提出以下几点思考。

### (一) 全方位的筹办准备

#### 1. 提前谋划成立博物馆筹办机构

综观国际体育赛事遗产规划的成功经验,往往都是在赛事举办前就意识到了遗产创造的重要性,并制定战略计划。温哥华于 2001 年申办 2010 年冬奥会之时就设立了专门的遗产管理机构 2010 Legacies Now;北京也早在 2019 年就制定了 2022 年冬奥会冬残奥会的遗产战略计划,提出包括北京冬奥博物馆建设计划在内的多项遗产管理措施。因此,建议由杭州亚组委、各赛事举办地管理机构等联合成立博物馆筹办机构,开展资金计划、藏品征集、规划设计等前期工作。

#### 2. 制定可持续的资金筹集机制

在资金方面,可以充分调动社会力量,制定多样化的资金筹集机制,推进可持续发展的经费保障。例如,洛桑奥林匹克博物馆是由国际奥委会和阿迪达斯等品牌共同出资建设的,澳大利亚国家体育博物馆则与墨尔本板球俱乐部相互依托,维持经费平衡。杭州体育博物馆可以采用政府资助、社会捐助、实业团体依托、自收自支相结合的方式,在获得政府经费支持的前提下,合理引入市场机制,吸引社会机构的参与,改革体制机制,打通体育文化与体育产业的壁垒,增强博物馆"自身造血"功能,以实现博物馆的可持续发展。

#### 3. 广泛动员社会力量参与博物馆建设

原中国体育博物馆·杭州分馆的展览面积为 700 平方米,展品仅 100 多件。当前中国的体育博物馆普遍存在藏品数量不足、藏品比例失调等现象①,究其原因在于征集经费、政策体制等历史性遗留问题,较难在短期内改变。目前除了相关机构部门有一定数量的体育纪念物和文献资料以外,大量与体育文化相关的物品、故事、活动保存在民间。通过完善公众参与方式,汇聚社会智慧,有利于收集、捐赠、制作和追忆各类物品,发掘各类文献资料、亚运故事、体育故事、人物故事。因此,广泛动员社会力量参与博物馆的筹备中,不仅能够弥补藏品数量不足,更能够调动公众的积极性,引发对博物馆的关注和认同。

### (二) 彰显特色的办馆定位

从宏观上看,体育博物馆属于行业博物馆,与历史博物馆相比,其在受众的广度、藏品的数量等方面并不占优势。而从微观上看,已有北京奥运博物馆、广州亚运会亚残运会博物馆、厦门奥林匹克博物馆等同类场馆存在。因此,杭州体育博物馆应抓住自身的主题独特性,明确自己的办馆定位,不求"博",而求"精",探索适合自身的发展方向,与其他类型的博物馆区分开来,进行差异性竞争。为了凸显杭州特色,体育博物馆可以以"立足本地需求、体现地域特色、打造国际化水准"为目标,充分利用浙江的数字化资源优势,打造一个世界级的标杆型体育博物馆。

1. 挖掘主题深度、呈现多元体育文化

体育博物馆最主要的目的在于保护、传播体育文化,传承体育精神。那么何为体育文化与体育精神? 我们可以从《奥林匹克宪章》中得到些许启示,宪章将奥林匹克主义定义为一种生活哲学,一种将身体、意志和心灵结合以达到最佳和谐状态的品质。它将体育与文化、教育结合,主张体育运动为人类和谐发展服务,以促进建立一个维护人的尊严、和平的社会。可见,体育的核心不仅仅在于运动本身,还与道德、文化以及人类社会发展息息相关。新出版的《2020+5 奥林匹克议程》(Olympic Agenda 2020+5)就结合了当前的社会现象,将可持续发展、数字化、难民问题、经

---

① 崔乐泉:《关于中国体育博物馆发展的几点思考》,《体育文史》2000 年第 6 期,第 14—15 页。

济都作为国际奥委会和奥林匹克运动新战略的关键词。因此,在进行杭州体育博物馆的内容策划时,视野可以更为丰富,结合社会热点与民众关心的内容,深入挖掘体育精神的内涵,并用通俗易懂的方式表达出来。

2.体现地域特色,围绕社区需求

杭州体育博物馆扎根在浙江杭州,是根植于本地区的社会空间,因此,它应当与国家级的博物馆有所区分,提出专属于自身的运营理念。首先,它是区域性的体育文化中心,应以揭示本地记忆与地方知识为目标。博物馆的收藏、展览、教育活动都需以此为准则,凸显地域特色。其次,除了地方文化的传播使者之角色外,杭州体育博物馆更可以成为"引领地方居民认识、发现地方,甚至解决地方课题的场所"。也就是说,在传统的定位之外,杭州体育博物馆能够尝试将自身打造为"议事论坛",引导民众讨论、参与甚至解决当代的体育相关的社会议题,更好地服务本地社区。

3."数智"赋能,打造国际化水准

当前,国内外的许多博物馆都已经进行了数智建设,而体育博物馆在此方面尚处于起步阶段。杭州体育博物馆可以作为"数智杭州"特色部分,拓展信息交换、利用的渠道,利用数智技术进行博物馆的管理、宣传与展示。在管理方面,可参考上海博物馆的数字化管理平台,以博物馆业务工作流程为主线,按照"物""馆""人"进行数据管理。而在展示传播方面,可借鉴美国奥林匹克和残奥会博物馆(The U.S.Olympic & Paralympic Museum)等,将数智产品运用于博物馆展示传播,同时建立云上博物馆,实现线上线下有效融合互补。

### (三) 功能多元的运营理念

1.功能拓展

现有的体育博物馆大多数沿袭传统路径,起到"文物保管库"的作用,更加注重收藏和展示功能。但是,当今发达国家的博物馆更多的是多功能复合体。例如,美国国际游泳名人堂就位于一个包括艺术画廊、图书馆和档案馆的复合区域之中,除了基础展馆之外,还配备有游泳、潜水训练场地,提供水上安全、健康和健身方面的教育培训及其相关产品。杭州体育博物馆可以借鉴这种模式,将自身打造为杭州乃至浙江省域的体育文化中心、研究中心和传播中心,同时也可以作为体育文化交流中心和体育产业转化中心,以文化为核心,做好收藏、研究、展示、培训和交流工作,并探索与特色旅游、竞赛表演、健康休闲等体育产业相融合的发展路径,发挥博物馆的更大作用。

2. 收藏策略

从博物馆现象的演变轨迹来看,收藏是先于博物馆研究和教育功能的存在。博物馆的藏品是"物件知性阐释、知识研究、社会教育的前提"①,是发挥博物馆各项功能的物质基础。因此,考虑杭州体育博物馆的建设,藏品征集规划与收藏标准是首先亟须明确的内容。目前,部分博物馆的收藏政策过于重视物件的历史价值、审美价值或经济价值,有着"重视古代,忽视近现代;重视制成品,忽视生产过程中的原料、工具、半成品与次品;重视反映精英人物生活的物品,忽视反映普通人生活的物品"②等倾向。这种收藏观念可能会影响地方性博物馆的馆藏数量,也可能导致馆藏与本地历史不匹配的情况。因此,杭州体育博物馆的藏品征集并非一定要以文物市场的价值观进行判断,更应该着眼于保存杭州社会记忆,将能够彰显体育文化内涵的、和杭州人民生活贴近的相关物件纳入馆藏,比如杭州籍游泳冠军傅园慧的日常生活用品,甚至是表情包,等等。此种收藏策略不一定需要高昂的征集经费,但对于博物馆讲述"杭州故事"却大有助益。

3. 展览策划

展览是博物馆最主要的宣传教育渠道之一,杭州体育博物馆可以采用"线+点"的展览内容设计。线是指保留"中国体育博物馆·杭州分馆"的杭州古代、近代及当代体育历史内容,让观众对于杭州体育发展有一个宏观的线形认知。而点则是指选择带有强烈浙江或者杭州特色的切入

---

① 尹凯:《博物馆教育的反思——诞生、发展、演变及前景》,《中国博物馆》2015年第2期,第1—11页。

② 严建强:《信息定位型展览:提升中国博物馆品质的契机》,《东南文化》2011年第2期,第7—13页。

点,策划和其他体育博物馆有所区分的"杭州专属"特色版块。在地域特色方面,我国山东淄博的中国体育博物馆分馆以及南京奥林匹克博物馆都建设成了反映地方特色的体育博物馆,值得杭州借鉴。① 杭州在体育竞赛、体育旅游方面也具有独树一帜的特性。作为 2018 年第 14 届 FINA 世界游泳锦标赛、2022 年亚运会主办地,杭州正全力打造赛事之城,并在游泳方面占有重要角色。吴鹏、罗雪娟、傅园慧、叶诗文、孙杨等世界游泳冠军均来自杭州,杭州陈经纶体校也是培养游泳冠军的摇篮。此外,浙江的体育旅游也引人注目——多个滑雪基地、热气球基地都入选了 2021 最受游客欢迎的 Top10。综合看来,杭州体育博物馆的常设展览可以以"杭州体育历史展"为主轴,以"杭州亚运记忆""游泳在杭州""体育与旅游"等特色展览为辅助,以线+点的方式共同编织杭州体育故事。

### 4. 衍生活动

建设体育博物馆的目的不仅仅在于将体育历史或是某次比赛的记忆封存在神坛上,更重要的是将运动习惯以及体育精神融入日常生活。这种体育精神的传递除了展览之外,还可以依托博物馆场馆、通过衍生活动获得持续性的关注。活动需以博物馆的定位与宗旨为基本前提,以满足目标群体的需求为主要目的。中国香港体育协会推出了"奥梦成真"计划,安排不同运动项目的运动员担任教练,将个人运动专项知识和技术传授给学生,发掘有潜质的学生运动员加以培训,传播奥林匹克精神。同样,美国的国际游泳名人堂与博物馆(International Swimming Hall of Fame and Museum)也为公众提供水上安全、水上建设方面的教育、培训和指导。杭州体育博物馆可以借鉴此种模式,以博物馆的场馆为依托,以公信力为保障,以广泛的观众群为基础,开展各类能够植于受众的需求的服务活动。

体育博物馆还可以尝试跨界活动,尝试从艺术、文化或科学的角度解读体育精神。为了纪念 2018 年的奥林匹克精神践行论坛(Olympism in Action Forum)和布宜诺斯艾利斯青年奥林匹克运动会(Youth Olympic Games Buenos Aires 2018),国际奥林匹克委员会委托概念艺术家莱安德

---

① 中国旅游研究院、马蜂窝旅游:《中国体育旅游消费大数据报告(2021)》,2021 年。

罗·埃里奇(Leandro Erlich)创作了一个名为"球赛"(Ball Game)的大型装置(图1)，从新的角度表达奥林匹克精神。该装置首先在举办"奥林匹克精神践行论坛"的会议中心外部展出，而后邀请观众共同努力，推动其穿越过城市，最终放置到伽利莱天文馆旁。该项目将体育的集体精神融入了艺术之中。

**莱安德罗·埃里奇创作的"球赛"装置**

资料来源：国际奥委会网站。

## 四、结　语

博物馆是保护、传承体育文化的重要载体，也是强化地域识别与认同的城市景观。凭借 2022 年杭州亚运会的契机，设立能够保存亚运遗产、发扬体育精神、传播杭州体育文化的体育博物馆是浙江文化软实力建设中的重要一环。2022 年杭州亚运会开幕在即，杭州体育博物馆的筹备计划的开展在当前也具有必要性与急迫性。期待体育博物馆成为杭州体育文化的新窗口。

胡凯云　杭州师范大学经济学院

# 特色体育运动的推广与普及
## ——以英式橄榄球为例

随着体育强国、全民健身和体育产业高质量发展的推动实施,杭州的体育活动和体育赛事逐年丰富,市民参与热情高涨,其中很多内容新颖的国际化体育项目,参与人群也是逐年增多。2022年杭州亚运会项目包含了很多特色体育运动,如七人制橄榄球、棒垒球、街舞、马术和击剑等。随着2020年东京奥运会中国橄榄球女队首次参赛并获得第七名的优异成绩,英式橄榄球也逐渐被大众所认识。不同于足篮排三大球的大众普及化,也不同于羽乒的亚太强项化,更不同于卡巴迪的绝对小众化,英式橄榄球项目的国际化标签尤为浓重,但其易于普及推广、全球化流行的特点,也易被国人所接受和熟知,更易帮助国际友人融入本地生活,提升杭州本地的国际化水平。因此,借助2022年杭州亚运会这一东风,推广与普及特色体育也是提升杭州城市国际化的一个重要手段。本文通过分析特色体育运动特别是英式橄榄球项目的国际化机理,思考特色体育项目对于推动杭州城市国际化和世界名城建设的重要作用。

## 一、特色体育运动的国际化认同

广泛开展国际性体育赛事和交流活动,不仅有助于促进杭州城市的经济发展,还有助于提高外向型经济和国际化水平。特色体育运动一般具有国际化属性强和认同度高的特点,因此推广和普及特色体育运动,将有力提升杭州的品牌经济和城市核心竞争力,助力城市用全球化的标准来构筑清晰准确的国际化发展方向和特色的国际化提升路径。

### （一）国际化的英式橄榄球

英式橄榄球起源于 1823 年的英国，随后传播至全球各地。在英属联邦国家（含美国）中，英式橄榄球是一项受欢迎的运动，号称绅士的野蛮运动；大众运动人群基数远超其他运动。目前有 130 个国家与地区官方组织参与该项运动；有超过 850 万名参与正式比赛的球员，其中包括 320 万名注册球员，530 万名非注册球员，220 万名女子球员，190 万名俱乐部注册球员。亚洲共有 25 个国家和地区开展此项运动。全球范围的橄榄球组织为世界橄榄球协会（World Rugby）。该项运动在 1895 年开始主要流行于贵族学校和执行业余群体，直到 1995 年才出现职业活动和商业联赛；正因为此，国际上对于该项运动的认可非同一般，该项运动的国际化流行程度也越来越广。

目前每四年一届的橄榄球世界杯和足球世界杯以及夏季奥运会并称世界三大体育盛会。2019 年日本橄榄球世界杯期间产生了 43 亿英镑的经济支出，其中 23 亿英镑直接增加到日本 GDP。赛事期间吸引了 178 个国家 242000 名观众到日本观赛，其中 60% 是第一次到日本旅游；赛事期间共卖出门票 183 万张，带动产生 46000 个工作岗位和 13000 名志愿者，极大地提升了民族自豪感和办赛城市的国际影响力。

七人制英式橄榄球在 2016 年重新回归奥运会项目。作为 2016 年里约奥运会项目，有 85 个国家超过 6 万名球员参与；2020 东京奥运会男女各有 12 支球队进入决赛圈，全球共有 178 万名运动员参与该比赛项目。其中中国女队首次参赛，小组赛 29—0 零封日本后进入 8 强，最后 22—10 战胜俄罗斯奥委会代表队获得奥运会第七名。汇丰世界七人制橄榄球系列赛（HSBC World Rugby Sevens Series）由汇丰集团冠名，是一个国际性的七人制橄榄球比赛，转播到 139 个国家。其中每年 4 月份的香港站是该系列赛中商业化成熟度最高、现场参与人数最多、国际游客聚集最多和最受欢迎的举办地。

英式橄榄球是一项高强度对抗的运动,比赛中有且仅允许对持球队员的擒抱,通过扑、搂、抱、拽、拉的方式,来阻止对方的进攻和争夺球权;在激烈的对抗中,运动员必须遵守橄榄球运动精神,以不伤害对手为前提,对抗的部位不得高于肩部。英式橄榄球只能向后传球的独特运动特性,强化了进攻的向前性和队员的沟通支援,鼓励了参与者的勇敢自信和队友间的团队配合。因此,英式橄榄球强调尊重、纪律、热诚、团结和正直五大精神。也正因如此,世界500强企业高管中很多来自名校橄榄球队,他们的成功在某些方面正是获益于英式橄榄球对他们意志力与品质的训练。

### (二) 英式橄榄球在中国

英式橄榄球运动在 1990 年左右,由中国农业大学的曹锡璜教授从日本引进到中国,首先主要在北京的一些高校开展。随着 2010 年中国橄榄球协会的成立和大学生锦标赛橄榄球项目的立项,英式橄榄球逐步推广到全国各地。目前英式橄榄球更多地流行于东北地区、京津冀地区、长三角地区、珠三角地区和成渝地区,在国内有着不俗的发展基础。

现今全国共有近 30 所高校具有英式橄榄球项目单考单招的计划,其中不乏北京体育大学、上海体育学院、沈阳体院和集美大学等 211 高校。目前,国家体育总局小球运动管理中心和中国橄榄球协会每年开展全国大学生橄榄球锦标赛、全国英式七人制橄榄球赛、全国英式 15 人制橄榄球赛以及全国青少年触式橄榄球锦标赛和全国沙滩橄榄球赛事等全国性赛事。

同时,国内的国际友人一直活跃在英式橄榄球运动中。其中,北京杯英式橄榄球联赛、上海十人制英式橄榄球公开赛、青岛全国沙滩橄榄球赛以及厦门鼓浪屿十人制橄榄球邀请赛等城市举办的民间赛事,不仅吸引了本城市的国际友人,更是吸引了全国其他城市的英式橄榄球队参与,参赛人数往往超过 300 人,其中国际友人的参与比例超过 50%。上海十人制英式橄榄球公开赛已经连续举办超过 10 年。

英式橄榄球在国内学校的发展也逐年扩大。除了北京、上海、广州和江苏等地的国际学校外,东北地区、京津冀地区、长三角地区、珠三角地区和成渝地区有千余所中小学和高校也在开展这一项运动。英式橄榄球运动在中国具有一定的基础,但亟待进一步推广开发。

### (三) 英式橄榄球在杭州的扎根和国际化

英式橄榄球进入杭州是 2006 年,由香港引入浙江大学。2009 年浙江大学正式开设橄榄球课程,2011 年浙江大学成立英式橄榄球俱乐部,标志着英式橄榄球运动在浙江大学扎根发芽,并逐步推广至杭州其他高校及中小学。2009 年,在杭国际友人组织成立杭州 harlequin 橄榄球俱乐部,并和浙江大学英式橄榄球俱乐部进行互动合作,在浙江大学球场进行训练和比赛;杭州 harlequin 橄榄球俱乐部已经在杭州活跃了 11 年。2015 年杭州市橄榄球运动协会成立,也是浙江唯一一个橄榄球协会组织机构。

英式橄榄球在浙江的杭州、宁波、绍兴、嘉兴海宁地区、温州以及台州有开展和参与人员,其中杭州是开展最为普及和相对完善的地区。2021 年 7 月份,杭州市橄榄球运动协会承办 2021"橄动杯"全国青少年 U 系列七人制英式橄榄球系列赛,共有 24 支队伍 430 余名运动员参与。杭州市橄榄球运动协会还与浙江省教育厅合作,连续举办了两期浙江省义务教育阶段拓展性课程专项培训——校园英式橄榄球课程开发与实施启蒙班。另外,近三年杭州市橄榄球运动协会与世界橄榄球协会(World Rugby)合作,邀请国际级讲师,举办两期步进橄榄球课程和多期教练员、裁判员培训。杭州市橄榄球运动协会同步跟世界触球联合会(FIT)合作,邀请澳大利亚的讲师,举办了三期裁判员培训班。

根据"外国人喜欢消费酒吧数量统计",在杭州的 139 家酒吧中,绝大多数是运动主题酒吧,均会播放英式橄榄球比赛来吸引国际友人到店消费。在 2019 年橄榄球世界杯决赛期间,杭州某运动酒吧涌入 200 余名国际友人,挤满了整个酒吧。

## 二、推广英式橄榄球的机遇与挑战

### （一）亚运会契机

英式橄榄球于1998年曼谷亚运会第一次成为亚运会比赛项目。曼谷亚运会和釜山亚运会，七人制橄榄球和十五人制橄榄球都作为比赛项目，但从2006年多哈亚运会开始，只保留了七人制橄榄球。从2010年广州亚运会起，女子七人制橄榄球成为亚运会正式比赛项目。目前，中国男子橄榄球队获得过2006年多哈亚运会的铜牌，中国女子橄榄球队获得过2014年仁川亚运会的金牌。

2022年杭州亚运会七人制橄榄球项目的比赛场地位于杭州师范大学仓前校区。通过杭州市橄榄球运动协会的不完全统计，杭州10余所国际学校的100余名外籍教师以及在杭的欧洲、南非、澳新及美洲300余名国际友人，很多都希望能够现场观看2022年杭州亚运会七人制橄榄球比赛。

随着2022年杭州亚运会举办七人制橄榄球比赛，相信在英式橄榄球项目的场馆、专业人才以及文化三方面留下丰厚的亚运遗产，也推动英式橄榄球项目在杭州发展，为杭州城市国际化提供重要的助力。杭州师范大学仓前校区的国际化标准场地将杭州举办国际化英式橄榄球赛事的硬件服务支撑，而场馆所属团队和杭州市橄榄球运动协会的专业竞赛人才，将是杭州举办国际化英式橄榄球赛事的软件服务支撑。推广普及英式橄榄球运动近200年发展所凝结的核心价值，结合当今时代和中华民族伟大复兴历史进程，将会是杭州在实现体育运动助推城市国际化中，进一步实现少年强国、体育强国的中国梦的有利契机。

### （二）现有橄榄球开展模式

近年来，橄榄球项目在杭州已有了初步开展。2017年浙江大学设立橄榄球"三好杯"，将橄榄球比赛正式设立为校级运动项目，鼓励全校学生参与。2017年至2019年期间，杭州共有30余所幼儿园和中小学长期开展英式橄榄球运动,其中不仅包含杭州新增的国际学校,更是包括了杭州的公办学校和民办学校。2019年杭州市橄榄球运动协会带领杭州学员赴马来西亚观看2019触式橄榄球世界杯,帮助学员开阔视野,感受全球顶尖的赛事氛围。

由杭州市体育局主办、杭州市橄榄球运动协会承办的杭州青少年触式橄榄球邀请赛已经成功举办8届。自从2017年第4届邀请赛开始,队伍数量从10余支逐步增加至30余支;除了本地队伍外,更是吸引了来自宁波、绍兴、嘉兴、上海、南京、福州、济南、深圳等地的队伍;其中外籍人员子女学校和国际学校的参赛队伍数量也从零增加到了近一半;当然,现场的裁判、志愿者和观众,不乏在杭的橄榄球爱好者和国际友人。

由杭州市橄榄球运动协会帮助的海亮实验中学橄榄球队,在2019年获得第二届全国青年运动会橄榄球项目亚军,这是浙江省参赛队伍在该全国运动会上获得的唯一一个团体奖牌,并有学生通过英式橄榄球升入高等学府进行深造。杭州市橄榄球运动协会更是赋能其他地区:在嘉兴海宁地区帮助培训中小学教师,在2020年首届海宁市中小学橄榄球比赛中,共有24所学校34支队伍520余名运动员参与该项赛事。

### (三)现阶段推广瓶颈

目前,英式橄榄球项目在杭州推广发展主要通过学校和社会两条途径。在前期推广过程中,本地参赛队伍数量已经进入了一个瓶颈期,而通过跟学校、教师和家长的调研发现,下列几个原因导致了项目推广进入了瓶颈期:一是项目陌生导致参与人数不足;二是没有省市区系统比赛,学校队伍比赛机会少;三是没有教育系统的比赛;四是没有足够的师资导致队伍水平参差不一;五是城区内体育活动场地不足,导致活动无法长久稳定开展;六是政府经费或者社会性商业赞助较少。

橄榄球在国内还属于小众新颖的体育项目,虽然经过几年的推广已有了一些成效,但社会和相关职能部门对该项目还不熟悉,使得虽有一定政策支持,但还不完善、不系统,限制了该项目进一步推广普及,还无法形成人群普及、比赛体系和社会效益的有效闭环。

# 三、对策和建议

特色体育运动的推广和普及,其发展路径和遇到的困境往往具有较大的相似性。以更好地推广普及英式橄榄球为例,结合亚运会项目遗产的开发利用、会展赛事举办、体教融合、人才政策和加强国际联系五大方面的举措,将有效促进杭州城市国际化水平提升。

## (一) 做好亚运文章,推进遗产开发利用

利用亚运会专业的场馆遗产,筹建"中国橄榄球训练基地",包括比赛场、训练场和室内训练中心以及全部配套设施,作为中国橄榄球运动发展的心脏。发挥名校、名企和名人的作用,利用亚运会专业的人才和文化遗产,筹建"中国橄榄球运动推广体验中心",将英式橄榄球运动的观赛、体验、交流和展示传播,主动推向社会大众。

## (二) 举办赛事会展,扩大社会影响力

在杭州召开"世界橄榄球协会中国年度论坛"和"中国橄榄球发展论坛",可以作为杭州西湖博览会的一个专题常设论坛。借助亚运会英式橄榄球项目遗产,引进英式橄榄球洲际赛事,例如超级橄榄球联赛(Super Rugby)分站赛、汇丰七人制橄榄球系列赛分站赛等;通过英式橄榄球国际性大赛,持续提升杭州在国际上的影响力。建立校园赛事体系,借助现有的国际学校赛事和杭州青少年邀请赛,将该项国际化运动纳入杭州中小学校园赛事和高校赛事体系;通过国际化的体育项目,提升和扩展下一代的国际化视野和国际化素养。建设业余赛事体系,鼓励在杭外籍人士、在杭海归人士组建社区球队和企业球队参与。努力打造杭州英式橄榄球业余赛事,在杭州国际日举办英式橄榄球赛事,包括但不限于七人制、10人赛以及沙滩赛,形成闻名全国的英式橄榄球赛事节日,吸引全国的外籍人士参与。

### （三）推动走进校园,增强青少年体魄精神

习近平总书记指出,少年强则中国强,体育强则中国强。英式橄榄球运动起源于英国,盛行于全球。橄榄球运动中蕴含的正直、坚强不屈和团结奋进的精神是人类共同的财富,这种精神与中华民族精神契合共通。橄榄球是年轻者的运动,它催人奋进、激发热情,而未来寄托在年轻人的身上。通过英式橄榄球实现对青少年的身体素质培养和精神品格培育,培养本地青少年的强健体魄和运动风范,"文明其精神,野蛮其体魄",塑造一批坚毅、极具活力的下一代,拒绝"娘炮"形象;同时,通过该项运动,进一步丰富学校的体育项目,通过"走出去"和"引进来"的方式,开阔学生的视野,提升杭州市民下一代的整体素质,从而逐步提升杭州的城市活力和城市竞争力。

### （四）制定人才政策,吸引培养专项体育人才

鼓励培养和引进相关人才,鼓励浙江省、杭州市以优惠政策引进橄榄球类人才,包括国内的专业教练以及知名外籍教练;大量增加橄榄球体育社会指导员,通过政府、高校和企业的三方协同合作,实现橄榄球项目社会体育指导员职业化发展;完善高校体育教育体系,利用其雄厚的师资开设橄榄球相关专业,为社会培养和输送高素质橄榄球人才,以弥补现今橄榄球行业人才的不足。

### （五）加强国际联系,加快国际高端要素引进

增加杭州的国际国内航线,便利国际往来,开通杭州与澳大利亚、新西兰、日本等国家城市的直飞航线,打造成连接世界的国际性区域航空枢纽。增加在杭领事馆数量,提升杭州的国际友城和英式橄榄球结对城市,使得相关人才和商贸流动更加便利化。推动本土企业走向国际舞台,例如可以增强杭州市橄榄球运动协会和本地优质企业与世界级企业家商谈合作的能力。目前在杭国际政府组织机构和非政府组织除了亚太小水电培训研究中心外,常设机构几乎为零。杭州市橄榄球运动协会与中国橄榄球协会、世界橄榄球协会保持紧密关系,已经在杭州多次开展赛事和培

训合作。通过推动世界橄榄球协会中国办事处在杭州常设,有利于增加杭州国际组织的数量,提升杭州城市的综合能级。

钱　锋　浙江大学公共体育与艺术部
柴文韬　原浙江大学英式橄榄球俱乐部

# CONTENTS